Ute Cohen

Der Geschmack der Freiheit

Ute Cohen

DER GESCHMACK DER FREIHEIT

Eine Geschichte der Kulinarik

RECLAM

MIX
Papier | Fördert gute Waldnutzung
FSC® C014889

2024 Philipp Reclam jun. Verlag GmbH,
Siemensstraße 32, 71254 Ditzingen
Umschlaggestaltung: Philipp Reclam jun. Verlag GmbH
Umschlagabbildung: Marzufello/Shutterstock.com;
Doremi/Shutterstock.com
Druck und buchbinderische Verarbeitung:
Friedrich Pustet GmbH & Co. KG,
Gutenbergstraße 8, 93051 Regensburg
Printed in Germany 2024
RECLAM ist eine eingetragene Marke
der Philipp Reclam jun. GmbH & Co. KG, Stuttgart
ISBN 978-3-15-011479-7

Auch als E-Book erhältlich

www.reclam.de

Inhalt

Einleitung

Die herbe Süße eines Quittengelees, der erdige Geschmack einer Morchel oder die Klarheit einer Quellforelle – wer Freiheit kosten will, sollte sie sich nicht nur um die Nase wehen, sondern auch auf der Zunge zergehen lassen.

Die Geschmacksknospen zu öffnen und die Sinne zu befreien von gesellschaftlichen Zwängen, gelingt ganz formidabel in Paris. Der französischen Hauptstadt werden nicht nur amouröse Tändeleien angedichtet. Paris verzückt auch die Papillen. Nicht der Blick geleitet die Flaneurin durch die Stadt, die Nasenflügel weisen den Weg, weiten sich für Gerüche und Aromen, die aus den zahlreichen Bäckereien und Rotisserien dringen. Unwillkürlich wendet man den Kopf den Schaufenstern zu, wo mit delikater Schokolade umhüllte Törtchen zum Verzehr locken, Fruchtspiegel aus Passionsfrucht und Himbeere auf Zuckergebäck in den Auslagen leuchten. Zu süß? Zu üppig? Ein Macaron, mit Jasmintee, Rosenblüten und Zitrusfrüchten aromatisiert, hat weder Marie-Antoinette noch der Flaneurin geschadet. Wenn man einmal davon absieht, dass die Nascherei die Gattin Ludwigs XVI. letztlich den Kopf kostete, etwas verkürzt formuliert freilich.

Dass Gourmandise, hierzulande auch als Schlemmerei bekannt, Gefahr bedeuten kann für Leib und Leben, macht auch ihren Reiz aus. Die Exzesse der Herrschenden, das Darben der Armen und puritanische Verzichtspredigten befinden sich in einem Spannungsverhältnis, das die Gesellschaft auf eine Zerreißprobe stellen kann. Hinzu kommt die penible Vermessung jedweder körperlicher Reaktion. Bodymonitoring erfasst nicht nur den Puls, sondern vermisst auch Gefühle. Sensorarmbänder verzeichnen Hautleitfähigkeit und -temperatur, woraus Rückschlüsse auf den Gefühlshaushalt des Probanden gezogen werden können. Die Angst ist ein schlechter Ratgeber intensiven Fühlens. Schneller, als einem lieb ist, unterjocht man sich Zahlen und Ziffern und lässt sich schurigeln von Kontroll-Gadgets. Freude, Neugier, Genuss und Entspannung sollen im Rahmen bleiben, jeder Ausschlag nach oben oder unten tunlichst vermieden werden. Experimentelle Gelüste und ästhetische Spielereien drohen dabei auf der Strecke zu bleiben.

Was aber sind das Experiment und die Erforschung von Ich und Umwelt anderes als das Begehr nach Freiheit? Diese Freiheit, seit der Französischen Revolution Grundthema bürgerlicher Gesellschaften, ist schon zahlreichen Philosophen auf den Magen geschlagen, denn Revolutionen sind nicht nur politische Ereignisse. Sie vermögen auch die Welt, und mit ihr unser gesamtes Denken, Handeln und Genießen, aus den Angeln zu heben. Eine Rückkehr in die Unfreiheit scheint ausgeschlossen, und doch schwebt über Libertas stets ein Damoklesschwert, denn, das wusste bereits Georg Wilhelm Friedrich Hegel, eine freie Gesellschaft führt immer in die extreme Ungleichheit, wenn sich Freiheit nicht auf ihre historische Einbettung besinnt. Gleiches gilt für die Kulinarik. Zwischen Luxusrestaurants und Fast-Food-Buden kämpfen Mittelstandsgastronomen um ihre Existenz, da sie sich finanziell kaum mehr über Wasser zu halten vermögen. Inflation, Personalmangel, Mieterhöhungen – die Gastronomie ist kein Zuckerschlecken. Eine Rückbesinnung auf die historische Bedeutung der Restaurants als Kulturgüter, als Orte des gesellschaftlichen Austausches und des utopischen Denkens, könnte auch den Wirtschaftsbereich Kulinarik neu beleben und wachsende Unfreiheit ökonomischer Art verhindern.

Selbst die exklusivsten Restaurants vermögen inzwischen dem Druck kaum mehr standzuhalten. Der dänische Gourmettempel Noma schloss seine Türen, nicht ohne bitteren Nachgeschmack: Der Ausbeutung von Mitarbeitern wurde erst ein Ende gesetzt, als die Öffentlichkeit von dem Skandal erfuhr. Da Rentabilität ohne Sklavenmoral im Sektor der Haute Cuisine wohl kaum mehr gewährleistet werden kann, entschieden sich die Gastronomen für eine strategische Neuausrichtung: Schluss mit Küchenrevolutionen ausgetragen auf dem Rücken billiger Suppenknechte, ad acta die hochtrabenden kulinarischen Manifeste. Langfristiger gastronomischer Erfolg kann im Zeitalter der Nachhaltigkeit und sozialen Verantwortlichkeit nicht mit Ausbeutung des Personals und sinnentleerten Firmenpolicies erzielt werden. Hochpreisige Restaurants wie das Noma stehen daher künftig als weniger personalintensive kulinarische Labore in den Diensten gastronomischer Innovation. Der spanische Starkoch Ferran Adrià hatte bereits 2011 den Weg gewiesen und die Türen seines legendären Restaurants El Bulli geschlossen. Die großen kulinarischen Avantgardisten sind aufgrund des ökonomischen Drucks und des unersättlichen Hungers nach Neuerungen gezwungen, sich dem schwindelerregenden Wandel in der Gastronomiebranche zu entziehen, um nicht unterzugehen. Die Revolution frisst ihre Kinder. Unappetitlich, aber wahr.

Was aber bleibt von unserem kulinarischen Erbe, wenn Gastlichkeit und Geselligkeit, Miteinander und Genuss zersplittern in utopische Forschung und schnöde Massensättigung? Was passiert mit dem Paris der Flaneure und der Freiheit? Gibt es eine Resistenz und Resilienz kulinarischer Gelüste?

Saint-Germain-des-Prés strahlt noch den Glanz aus, den wir mit den ruhmreichen Zeiten der Hauptstadt verbinden. Man hört die Stimmen junger Amerikanerinnen, die den Trip nach Europa in ihren Lebensplan einbauen. An den Tischen des Restaurants La Closerie des Lilas sind die Namen französischer Kulturgranden eingraviert: Louis Aragon, Paul Éluard, André Gide. Meeresfrüchteplatten mit bretonischen Austern, Taschenkrebs und Langustinen locken die Gäste ebenso wie klassische, mit Grand Marnier flambierte Crêpes Suzette.

Unerschütterlich scheint Paris Nomadentum und Vergänglichkeit zu trotzen, dem Kratzen am kulinarischen Nationalstolz zu widerstehen. Mühsam allerdings und nicht immer erfolgreich: Die Bistros befinden sich in einer Krise. Die Lust an sündiger Geselligkeit schwindet, das Rauchverbot wurde eingeführt, die Blutwurst wird verschmäht und der Blick des anderen als unerträglich empfunden. Corona brachte diese Orte französischer Lebensart schließlich in eine solche Bedrängnis, dass das Boulevardblatt *Le Parisien* zur Rettung und finanziellen Unterstützung der Bistros aufrief. Immerhin besteht Hoffnung! Die Gastronomie scheint die größte Widerständigkeit gegen den Verfall des Savoir-vivre zu zeigen. Liegt es an der Schulung des Gaumens schon im Kindesalter? In der ›Woche des Geschmacks‹ verkosten schon Grundschüler französische Spezialitäten und lernen den kulinarischen Reichtum des Hexagons kennen. Spielerisch werden die Sinne stimuliert mit Blindverkostungen salziger und süßer Speisen. Die kleinen Bürger werden mit alten Apfelsorten vertraut gemacht und sollen das Verkosten genauso erlernen wie das Lesen und Schreiben. Die Kulinarik ist in Frankreich eine Kulturtechnik, eine ernste Angelegenheit, obschon oder gerade weil der Genuss an erster Stelle steht.

Nicht ohne Grund nahmen die islamistischen Attentäter 2015 auch ein Bistro ins Visier. Denn dort wird geschwatzt und parliert, vor diesem Tresen, in den Cafés und Cabarets, die Honoré de Balzac das »Parlament des Volkes« nannte. Wer dort zuschlägt, trifft das Herz Frankreichs. Der öffentliche Raum leert sich und schrumpft hinein in eine furchtsame Privatheit.

Saint-Germain-des-Prés glänzt, doch morgens um sieben sind die Straßen verwaist. Verlässt man das Herz der Stadt, dann stumpft nicht nur der Glanz ab, und Rimbauds gescholtene Schönheit ergreift die Flucht. Auch der Geruch der Stadt ändert sich, die Straßen sind übersät mit Müll, und die Polizei macht einen großen Bogen um die Elendsviertel, aus denen sie womöglich nicht mehr heil herausfinden würde. Der Regisseur Ladj Ly legte in seinem Film *Die Wütenden* (2019) den Finger auf die schwelende soziale Wunde einer Gesellschaft, die exemplarisch ist für eine immer größer werdende Kluft zwischen Arm und Reich. Er zeigte, auf welch tönernen Füßen Menschlichkeit steht, wenn Existenzen auf dem Spiel stehen und jede Hoffnung flöten geht. Wenn Bistros attackiert werden, was bleibt dann noch von diesem Geist der Freiheit? »*Rauch, Träumerei von Feuer*«, wie der Schriftsteller Jules Renard wohl gesagt hätte. Die Flamme der Freiheit muss sorgsam gehegt werden, um weder zu erlöschen noch rasende Feuer zu entfachen.

Oder birgt das Chaos auch Chancen? Versagt die Vernunft und droht eine diskursive Sackgasse, gilt es Wege abseits eingefahrener Bahnen zu entdecken und auf andere Sinne zu vertrauen. In der Geschichte der Kulinarik liegt ein Verwandlungspotential, das auch gesellschaftlich entfaltet werden will. Das Verbindende im Genuss zu entdecken und persönliche Vorlieben zu erproben, verspricht eine Stimmung zu schaffen, die auch dem versöhnlichen Gespräch förderlich ist. Die kulinarische Verheißung einer von gesellschaftlichen Vorgaben losgelösten Gesellschaft klingt verlockend. Ist es ein allzu gewagter Gedanke, sich auf das Sinnliche zu besinnen, dem traditionellen Schmaus, dem exotischen Genuss, dem herrlichen Mischmasch eine utopische Kraft zuzusprechen?

Denkt man an Burger, Porridge und Bowls, wirkt der Gedanke abwegig. Aufgetischt wird, was fix verzehrt und leicht verdaulich ist. Wenn Gastronomie Indikator gesellschaftlichen Wandels ist, dann möchte man beim Blick auf das Verschwinden gastronomischer Vielfalt *Prost Mahlzeit!* rufen. Kein Grund jedoch, sauertöpfisch zu werden! Ein Blick in die Historie beweist: Die Lust am Denken wächst mit der Vielzahl an Genüssen. Wer sich mit der Zubereitung eines luftigen Soufflés befasst, Saucen zu montieren weiß und Getreidebrei durch bekömmliche Bouillons ersetzt, verfeinert auch den Sinn für raffinierte Gedankengänge.

Nicht selten werden Revolutionen bei Tisch angezettelt; Leidenschaften werden befeuert durch Piment und Pikanterien. Leibeswohl und Tischkultur zeugen auch vom herrschenden Geist, vom Mut der Veränderungswilligen und der Trägheit der Saturierten. Die Freiheit verströmt ein köstliches Aroma und tut es der Liebe gleich: Sie geht durch den Magen und braucht gelegentlich eine Prise Pfeffer.

Eine kulinarische Revolution

Freiheit geht durch den Magen

Die Geschichte der Gastronomie ist auch eine Historie der Freiheit. Ihre Erzählung ist dabei so facettenreich wie die Freiheit selbst. In Éric Besnards Film *À la carte – Freiheit geht durch den Magen* (2021) wird die Entstehung des Restaurants als rebellischer, aus der Not geborener Akt dargestellt. Pierre Manceron, im vorrevolutionären Frankreich Chefkoch des Herzogs von Chamfort, verärgert seinen Arbeitgeber mit einer Kreation aus der schnöden, zur damaligen Zeit gar verpönten Kartoffel. *Délicieux* wird diese Köstlichkeit im Film genannt, eine Kartoffel-Trüffel-Praline, die endlich die lange gehegten Vorurteile gegenüber der von den spanischen Eroberern in Südamerika entdeckten Knolle beseitigen sollte. Der dahinterliegende Gedanke: Was der Zunge schmeichelt, muss auch dem Verstand schmecken. Magen und Hirn gehören zusammen, das wusste man bereits in der Antike.

Der Regisseur war gut beraten, mit den Chefköchen Thierry Charrier und Jean-Charles Karmann zwei auch historisch interessierte Meister ihres Fachs ins Team zu holen. Zubereitungsarten aus dem 18. Jahrhundert wurden recherchiert. Charrier und Karmann kochten mehr als ein Dutzend historisch verbriefte

Gerichte nach, aus denen Besnard schließlich drei dem Szenario gemäße Speisen auswählte. Schließlich musste der historische Genuss auch bildlich vermittelt werden. Besnard ließ sich dabei von der damaligen Genremalerei inspirieren. Jean Siméon Chardin beeinflusste Besnard mit seiner appetitlichen Bildsprache und seinen meisterlichen Früchtestillleben, deren Anblick allein bereits erquickt. Das Besondere an Chardins Malerei war aber nicht nur das Farbgespür, mit dem er Zinnkrug und Pfirsiche in einen reizvollen Kontrast setzte, sondern die Durchbrechung des Statischen. Chardin zeigte Interesse an der Genese der dargestellten Dinge. Der schaffende Mensch findet sich ebenso auf seinen Gemälden wie die Früchte seiner Arbeit. Der Schriftsteller Marcel Proust, dessen in Tee getunkte Madeleine das Reich der Kindheit aufblühen lässt, würdigte Chardin 1895 in seinem Essay *Chardin et Rembrandt*. Von Chardin, so Proust, haben wir gelernt, dass eine Birne so lebendig ist wie eine Frau, eine gewöhnliche Keramik so schön wie ein Edelstein. Die göttliche Gleichheit aller Dinge habe er erkannt. Vorbei die Zeiten, in denen die Schönheit eine »schwächliche Gefangene einer Konvention oder eines falschen Geschmacks« war! In der Wirklichkeit erst könne sie sich offenbaren, frei, stark und universell.[1]

Die aufklärerische Idee der Befreiung von einem starren gesellschaftlichen Korsett findet sich auch in *À la carte – Freiheit geht durch den Magen* wieder. Als der Herzog die *Délicieux*-Praline verkostet, mundet sie ihm sehr, und doch äußert er sich despektierlich über die dargereichte Kreation, da die adlige Tischgesellschaft aus ihrer Verachtung keinen Hehl macht. *Paraître plutôt qu'être* nennen die Franzosen dieses Phänomen, die Deutschen kennen die Vorspiegelung falscher Tatsachen unter »Mehr Schein als Sein«. »Auch heute leben wir wieder in einer Gesellschaft, wo der Schein besonders wichtig geworden ist«, sagt Besnard dazu in einem Interview.[2]

Ganz im Sinne Prousts begibt sich der Regisseur daher auf die Suche nach der wirklichen Schönheit, die ohne den gesellschaftlichen Aufbruch, ohne Freiheit nicht denkbar ist. Ein romantischer, nach Trüffeln und Waldbeeren duftender Historienfilm, der geschichtlicher Wahrheit aber nicht entbehrt.

Manceron, der Koch, wird ob seiner kulinarischen Grenzüberschreitungen gefeuert, nutzt aber seine Chance und gründet, anstatt mit dem Schicksal zu hadern oder Trübsal zu blasen, zusammen mit einer verarmten Gräfin das erste Restaurant.

Wie das Leben so spielt, liegt die Geburtsstunde des Restaurants tatsächlich in der Zeit der Französischen Revolution, wenngleich es eine gastronomische Vorgeschichte gibt. Das Wort rührt vom lateinischen Verb *restaurare* her, was ›erneuern, wiederherstellen‹ bedeutet. Wieder zu Kräften gelangen und dem Körper Energie verschaffen kann man vielerorts, dafür braucht es weder Etikett noch Namensschild.

Zwar gab es bereits im antiken Rom *Thermopolia*, auch Tavernen, wo der Gast auf Reisen verköstigt wurde. In Pompeji legte man über 150 Garküchen und Gasthäuser frei, in denen Imbisse und Getränke serviert wurden. Diesen haftete allerdings oftmals ein lediglich passabler, wenn nicht gar schlechter Ruf an. Die Spreu schied sich vom Weizen: Die guten Köche, oftmals Sklaven, verwöhnten in Privathaushalten reiche Familien, Freigelassene dagegen versuchten ihr Glück in den Thermopolia und setzten den Gästen gegen ein paar Sesterzen nicht immer leicht Verdauliches vor. Meist standen Hülsenfrüchte auf dem Speiseplan, und der Wein wurde mit heißem Wasser vermischt. Thermopolien, Garküchen oder die etwas größeren Tavernen mit mehreren Sitzgelegenheiten galten als verruchte Örtlichkeiten, da sich über der Speiselokalität Räume zur Befriedigung weiterer leiblicher Bedürfnisse befanden. Die Kombination aus Wein, Weib und Gesang samt bequemem Aufstieg ins Bordell stieß auf regen Zuspruch, traf jedoch auf die Skepsis der Obrigkeit, die sich von den Vergnügungen des einfachen Volkes distanzierte.

Einerseits war die professionelle Verköstigung von Fremden aus der Gastfreundschaft, einer der ältesten Tugenden der Menschheit, entstanden, andererseits bot sie immer schon Gelegenheit zum Distinktionsgewinn. Nomadische Lebensweisen in dünnbesiedelten Gegenden erforderten eine wechselseitige Bewirtung und Beherbergung. Mit der Verstädterung kam Konkurrenz auf. Das gastronomische Angebot weitete sich aus, Raffinesse und Vielfalt charakterisierten nun die Speisen und Darreichungsformen. Der Stellenwert in der Gesellschaft bestimmte sich auch über kulinarische Gewandtheit und Kenntnisse. Das Gute und Schöne kristallisierten sich ebenso heraus wie das Abgründige.

In Petrons *Satyricon* (ca. 1. Jh.) gibt der ehemalige Sklave Trimalchio ein Gastmahl, das als Inbegriff der Prasserei in die Geschichte einging. Petrons Schilderungen des neureichen Gelages verursachen Sodbrennen allein schon bei der Lektüre. Erstaunt liest man sich durch die opulenten Gänge und applaudiert den römischen Köchen, die sich offenbar über sämtliche physikalische Gesetzmäßigkeiten hinwegzusetzen wussten: Ein Keiler mit Ferkeln aus Knusperteig wird aufgetischt, nach ausgiebiger Bewunderung wird das Wildschwein schließlich tranchiert, und – ach, grenzenloses Staunen! – aus dem Bauch flattern lebende Drosseln! Ein vulgärlateinischer Wortschwall von Hofschranzen und Schmarotzern ergießt sich über die Leser. Die Gesellschaft im Rom des 1. Jahrhunderts nach Christus entblößt sich in all ihrer sittlichen Verderbtheit. Der kulinarische Striptease entlarvt Trimalchio und seine Tischgenossen als oberflächliche Parvenüs, die den Henker herbeirufen, sobald der Koch einen Fauxpas begeht. Verschwendungssucht bestimmt die Tafel, *luxuria* lässt die Sinne abstumpfen: »Die Stadt des Mars verkommt im Wohlstandsrülpsen; / für deinen Gaumen mästet man im Käfig / den

Pfau, im goldnen Federkleide Babels. / In deinem Kochtopf nistet Rebhuhn jetzt, / Kapaun aus Gallien, und der fromme Storch –«[3]

Immer ausgefallener müssen die Speisen sein, aus aller Herren Länder die Zutaten besorgt werden, um den ersehnten Gaumenkitzel zu garantieren. Roms Größe präsentiert sich auf dem Teller. Petron mokiert sich aber nicht nur über die sinnlichen Exzesse des freigelassenen Sklaven Trimalchio, sondern auch über den verantwortungslosen Umgang mit der plötzlichen Freiheit. Trimalchio kennt weder Maß noch Moral. Gefangen in Herrschaftsmustern, stets darauf bedacht, nicht erniedrigt zu werden, entwickelt er ein kurioses Verständnis vom Widerstand gegen Obrigkeiten: Die zügellose Befriedigung von Bedürfnissen bedeutet ihm Provokation und Aufbegehren. *Ego nullum puto tam magnum tormentum esse quam continere*[4], schreibt Petron, ein Satz, der zeitgenössischer nicht sein könnte: ›Ich glaube, es gibt keine größere Qual, als es einzuhalten.‹ In der Literaturwissenschaft wird der Satz oft auf »zurückgehaltene Winde« bezogen, auf Gase, die bei der Verdauung in Magen und Darm entstehen. Das ist jedoch zu kurz gegriffen, denn Trimalchios Inkontinenz bezieht sich auch auf die Unfähigkeit, Regeln einzuhalten und auf seinen Drang nach immer neuen Lücken in der göttlichen oder gesellschaftlichen Ordnung Ausschau zu halten. Allein das fröhliche Gelärm bei Tisch vermöge Jupiter nicht zu verbieten! Trimalchios infantiles Gebaren ist eine Gegenreaktion auf die Beschränkungen des ehemaligen Sklavendaseins. Jedweden Mangel schließt er aus, verbaut sich dadurch aber auch die Chance auf Erfüllung, denn – das wussten bereits die Stoiker – Lust und Unlust sind unauflösbar miteinander verbunden. Wer sie trennt, ist zur Unfähigkeit des Begehrens verdammt.

Beneidenswert war die Situation eines reichen freigelassenen Sklaven trotz allen Überflusses nicht. Die *manumissio*, die Freilassung, war bereits in der späten Republik verbreitet, wurde unter Augustus jedoch zu einem Massenphänomen mit zahlreichen sozialen Folgen. Es gab unermesslich reiche *liberti*[5], die ihren Einfluss geltend machten und ihre Macht ausspielten, dennoch aber unter einem Mangel an Sozialprestige litten, da sie von der Reichsaristokratie herablassend behandelt wurden.

Mit dem Untergang des Römischen Reiches veränderte sich auch die Bewirtungskultur. Die mittelalterliche Gastlichkeit entstand in Klosterschänken und war, man mag es so nonchalant formulieren, von Bier und Mönchskutten geprägt. Erst allmählich wurden wieder Herbergen an Hauptverkehrsadern gebaut, um die Reisenden zu verköstigen. Mit den zahlreichen Stadtgründungen im Spätmittelalter traten Zapfwirte auf den Plan. Meist waren es Metzger, Bäcker oder Bierbrauer, die sich mit dem Ausschank von Getränken und dem Verkauf einfacher Gerichte etwas dazuverdienten.

Erst im 17. Jahrhundert entstand das Berufsbild des vollerwerbstätigen Gastronomen. Auch gab es bald eine reiche Auswahl an Gasthäusern: Von der Kaschemme bis zur komfortablen, mit dem Wappen der Kundschaft geschmückten Unterkunft reichte das Spektrum.

Mit der Ausweitung des Angebots und einer immer stärkeren Ausdifferenzierung von Gaststätten und Herbergen wuchs auch der Regulierungsbedarf. Der Ausschank von Alkohol musste allein schon aus religiösen Gründen geregelt werden. In der frühen Neuzeit glaubte man den exzessiven Genuss von alkoholischen Getränken vom Zorn Gottes bedroht.[6] Pest, Krankheit und Tod galten als Strafe des Herrn, weshalb »sündige« Orte wie die Wirtshäuser einer gesetzlichen Ordnung und Überwachung bedurften. Zahlreiche Gesetzestexte befassten sich mit der Unterscheidung von »Tafernen«, »Traiteuren«, »Trinck- oder Schenckstuben«, »Sudel- und Garküchen« und anderen Stätten professioneller Gastlichkeit.[7]

Wirtshausordnungen, Brau- und Ausschankmonopole sollten nicht nur die öffentliche Ordnung aufrechterhalten, sondern den Städten beispielsweise auch ein erkleckliches Einkommen garantieren. So beschränkten viele Städte den Handel und die Einfuhr von Bier und privilegierten städtische Brauhäuser aus steuerlichen Gründen.

Suspekt waren den Obrigkeiten die Wirtshäuser ohnehin: Die Gastwirte mehrten mit dem zunehmenden Reiseaufkommen ihren Wohlstand und gewannen so auch an Einfluss. In den Stadträten waren sie neben Händlern und Kaufleuten am häufigsten vertreten. Die Horte der Gastlichkeit begannen eine gewisse Bedrohlichkeit zu verströmen, je mehr sich die Wirte als relevante Größen im gesellschaftlichen Gesamtgefüge etablierten. Martin Scheutz bezeichnet das Wirtshaus der frühen Neuzeit bereits als »Ort der öffentlichen Meinung« und als »Seismograph der Gesellschaft«.[8] Ein rebellischer Esprit begann sich in den Wirtshausstuben herauszubilden: Protestanten zogen über den Papst vom Leder, die Täufer missionierten eifrig bierselige Gäste, »die da oben« kriegten allesamt ihr Fett weg. Da war es nicht erstaunlich, dass junge Wirtshausgänger vom Fleck weg als Soldaten rekrutiert wurden, ob nüchtern oder sturzbetrunken, spielte keine Rolle. Die Jugend sollte diesen Orten der Verführung und der Obrigkeitskritik entzogen werden. Allmählich, aber stetig begann sich das Wirtshausgeschwätz in einen herrschaftsgefährdenden Diskurs zu verwandeln, zumal das herausfordernde Gebaren nicht an den Stadt- und Landesgrenzen Halt machte und immer neue Stätten der Gastlichkeit die Türen öffneten.

Ende des 17. Jahrhunderts bildeten sich in Wien neue Orte der Gastlichkeit heraus: die Kaffeehäuser.[9] Dem Armenier Johannes Theodat war 1685 erstmals eine Genehmigung zum Ausschank von Kaffee, Tee und Fruchtsäften erteilt worden. Zusammen mit dem polnischen Dolmetscher Georg Franz Kolschitzky gründete er eines der ersten Wiener Kaffeehäuser. Kolschitzky hatte nach der Niederlage der Osmanen im Jahre 1683 einige von den Belagerern zurückgelassene Säcke mit Kaffeebohnen vor der Vernichtung gerettet. Er wusste um den Wert des »Weins des Islams«. Die Wiener dagegen hielten die braunen Bohnen für Kamelfutter. Dementsprechend misstrauisch begegneten sie Kolschitzkys Trank. Der Kaffee mundete dem feinen Gaumen der Wiener nicht so recht. Zu bitter, zu sandig war das ungefilterte Gebräu. Zuspruch fand das anregende Getränk erst, als findige Kaffeesieder das Getränk abseihten und ihm mit Milch und Honig eine sanftere Note verliehen.[10] So durfte der Kaffee seine doppelt erquickliche Wirkung entfalten: Er verscheuchte nicht nur die Müdigkeit, sondern schärfte und befeuerte auch das Denken.

Dass Genussmittel und Drogen Weltgeschichte schrieben, ist inzwischen bekannt. Norman Ohler beschrieb in seinem Buch *Der totale Rausch. Drogen im Dritten Reich*[11] (2017) eindrücklich, welche Rolle psychoaktive Drogen in der militärischen und politischen Führungsriege Adolf Hitlers spielten. In den Berliner Temmler-Werken adelte der Chefpharmakologe Hauschild Chrystal Meth zur Reichspille Pervitin. Metamphetamin war der Stoff, aus dem der Endsieg gemacht werden sollte. »Hausfrauenschokolade«, mit Pervitin gepimpte Pralinen, sollten die Frauen kriegsfreundlicher stimmen. Die Soldaten in den Schützengräben und Kampfflieger waren genauso süchtig nach dem Aufputschmittel wie der »Führer« selbst.

Immer noch aber wird der physiologische Aspekt weltverändernder Ereignisse und Geschehnisse unterschätzt. Die Wirkung bestimmter Substanzen wird meist nur im Hinblick auf das Individuum erforscht oder – perspektivisch noch mehr verengt – auf gesundheitlichen Schaden oder Nutzen beschränkt.

Dabei ist es faszinierend, Geschichte nach Genussspuren zu durchleuchten und auf erstaunliche, Leib- und Landesgrenzen überschreitende Wirkungen zu stoßen. Ursprünglich stammte Kaffee aus Äthiopien. Eine entzückende Legende aus dem 7. Jahrhundert besagt, dass der Hirt Kaldi seine Ziegen beim Naschen der roten Beeren eines Strauches erwischte. Seltsam aufgedreht waren die Tiere nach dem Genuss der Früchte. Kaldi berichtete dem örtlichen Abt von den tanzenden Ziegen, woraufhin der Klosterbruder die Beeren genauer unter die Lupe nahm und ein anregendes Gebräu daraus fabrizierte, das im 15. Jahrhundert über das Rote Meer den Jemen erreichte. Ein Sufi-Meister erkannte dort bald die bewusstseinsschärfende, wachmachende, konzentrationsfördernde Wirkung des Kaffeegetränks. Für das nächtelange Durchtanzen und die ekstatischen Trance-Tänze der Derwische war das von erheblichem Vorteil. Als der Jemen 1538 von den Osmanen besetzt wurde, war der Siegeszug des Kaffees auch auf dem europäischen Kontinent absehbar.

In Mekka auf der arabischen Halbinsel waren bereits um 1500 Kaffeehäuser verbreitet, die früh schon den Unwillen des Gouverneurs hervorriefen, weil dort all das getan und geredet wurde, was in der Moschee untersagt war. Es wurde geraucht. Man gab sich homoerotischen Neigungen und zotigen Vergnügungen hin. Das Karagöz-Schattentheater war beliebt, kein harmloser Zeitvertreib, da die Obrigkeiten und der Glaube mit allen Mitteln der Kunst verspottet wurden. Karagöz ist ein Schelm, der das Zeug zum Volkshelden hat. Kein Wunder, dass die Kaffeehäuser der spätosmanischen Gesellschaft bald mit allerlei Verboten zu kämpfen hatten. Kaffee galt als teuflisches Getränk, das radikales Denken förderte. Kaffee wurde als *haram* erklärt. Sultan Murad IV. ließ im 17. Jahrhundert Kaffeehäuser überwachen oder sogar niederbrennen. Es wurden sogar Fatwas gegen das Getränk erlassen, »wegen Schädlichkeit aus politischen Gründen«.[12]

Was den Leib durchfließt und den Gaumen erfreut, ist Obrigkeiten oftmals nicht geheuer, ganz unabhängig von der geographischen Lage und vom politischen System. Was Lebenskraft verleiht und Lebendigkeit versprüht, stellt eine Gefahr für Recht und Gesetz dar, gibt die Genusslust doch den stärksten Impuls für Ausbruch und Grenzüberschreitung.

Wenn Sinnesfreuden und gedankliche Erleuchtung zusammentreffen, entsteht ein explosives Gemisch – womit wir in Frankreich wären.

»[D]er Kaffee [wird] so zubereitet, daß er denen, die ihn trinken, Geist verleiht«, heißt es in Montesquieus *Persischen Briefen.*[13] Vom Nutzen des Kaffees für die geistige Erleuchtung war der französische Philosoph und Historiker, der Begründer der politischen Theorie der horizontalen Gewaltenteilung, überzeugt. Dennoch klagte er über das infantile Verhalten seiner genussfreudigen Zeitgenossen: »Bei diesen Schöngeistern mißfällt mir aber, daß sie sich nicht ihrem Vaterland nützlich machen und ihre Fähigkeiten mit kindischen Dingen beschäftigen.«[14] Montesquieu begrüßte die Cafés als Orte des Austausches und des angeregten Beisammenseins. Den Disput um des Disputes willen aber beklagte er. Von abgeschmackten Scherzen ist die Rede, von hitzköpfigen Streitigkeiten. Den Herausforderungen und Notwendigkeiten des Lebens sei man mit einer, wenn auch gefürchteten, Begabung für den Streit nicht gewachsen.

Das Café, diese neue kulturelle Errungenschaft, kann ihren gesellschaftlichen Zweck nur erfüllen, das darf man Montesquieus Briefen entnehmen, wenn es zu mehr als purem Hedonismus anregt. Montesquieus *Persische Briefe,* anonym erschienen 1721 in Amsterdam, sind ein Schlüsseltext der Aufklärung. Der Autor übt eine bissige Gesellschaftskritik, indem er die beiden fiktiven Briefkorrespondenten Usbek und Rica staunend über die französischen Verhältnisse berichten lässt. Dieses Staunen hat bei Montesquieu aber weder etwas Kindliches noch der Welt Abgewandtes. Es ist ein sinnliches, behagliches Staunen, das es dem Autor ermöglicht, über eine reine Persiflage der Verhältnisse und eine rationale politische Kritik hinauszugelangen. Die sinnliche Grundierung Montesquieus kommt in seiner Beschreibung der Weiblichkeit zum Ausdruck. Die Haremsdamen sind keineswegs Opfer ihres Gebieters, der sich im Übrigen als rechter Feigling erweist und freiwillig in die Verbannung begibt, sondern von einer selbstbewussten Frivolität, der auch Montesquieu im wirklichen Leben nicht abgeneigt war.[15] Montesquieu war vielleicht kein *homme à femmes*, ein Frauentyp, gewiss aber ein *coureur de jupons*, ein Schürzenjäger. Die aphrodisischen Vergnügungen im Serail der *Persischen Briefe* beschrieb Montesquieu mit einer Raffinesse und Wollust, die ihm die Bewunderung des Hofes einbrachte: Das *terrain d'entente*, die Verständigungsbasis des Aufklärers und seiner politischen Gegner, war die Sinnlichkeit. Zuvörderst war dies möglich, da sich der Verkünder politischer Tugend nicht zum spröden Sittenwächter aufschwang. Auf dem *Index librorum prohibitorum* landeten die *Persischen Briefe* 1761 dennoch, ebenso wie zehn Jahre zuvor Montesquieus Hauptwerk *Vom Geist der Gesetze*. Schöngeist und Geist der Gesetze waren des Guten zu viel. Das lodernde Feuer der Freiheit aber war bereits entfacht – zu spät, es mit schnöden Verboten zu ersticken.

Den Magen zu besänftigen war eine andere Methode, den Volkszorn zu dämpfen. Während *la grande famine*, der großen Hungersnot im Jahre 1709, schnellten die Getreidepreise um mehr als das Zehnfache in die Höhe. Es kam zu Ausschreitungen, auf die das Königreich mit einer Vielzahl Verordnungen und strengen Strafen reagierte. Es war das letzte Aufbäumen eines zum Untergang verurteilten Ancien Régime. Den Historikern François Furet und Denis Richet[16] ist es zu verdanken, dass die Französische Revolution nicht mehr als monolithischer Block betrachtet wird, sondern in ihrem Spannungsverhältnis zwischen Ideen- und Ereignisgeschichte ins Blickfeld rückte. Furet und Richet unterscheiden zwischen drei Revolutionen: der Revolution der Eliten, der Revolution der Bauern und der Revolution des einfachen städtischen Volkes.

Sie interessieren sich für die politische Leidenschaft, die bei Alexis de Tocqueville bereits als »Empfindung« Eingang fand in die Erklärung politischer Gesellschaften. 1853 schreibt Tocqueville in einem Brief: »Ich bin fest davon überzeugt, dass sich politische Gesellschaften nicht über die Gesetze erklären lassen, sondern über die Gefühle, den Glauben, die Ideen, die Gewohnheiten des Herzens und des Geistes der Menschen, darüber, wie Natur und Erziehung diese Menschen geformt haben.«[17]

Tocqueville weist mit diesem Ansatz sowohl über die revolutionäre Triebfeder des Individuums als auch über eine rein rechtsgeschichtliche oder institutionelle Erklärung der Revolution hinaus. Gefühle, Angst, Wut, Traurigkeit, Scham und Freude, um nur die fünf Grundgefühle zu nennen, haben eine geschichtsverändernde Kraft, weshalb kluge, nicht zuletzt auch verzweifelte Herrscher den Magen des Volkes zu füllen trachten. Ludwig XVI. forderte daher seine Botaniker auf, nach einem Ersatz für das durch Frost ruinierte Getreide zu suchen, um den Groll des hungrigen Volkes einzudämmen. Dem Botaniker und Pharmazeuten Antoine Parmentier stellte er eine Parzelle vor den Toren der Hauptstadt zur Verfügung, damit dieser seinen Forschungen zu einer nahrhaften, aber im Land noch weithin verpönten Knolle nachgehen könne. Bereits Anfang des 17. Jahrhunderts hatte Olivier de Serres, einer der Väter der französischen Agronomie, die Kartoffel von einer Reise nach Helvetien mitgebracht. *Cartoufle* nannte man sie damals. Ludwig XIII. verschmähte sie jedoch sogleich, zu herb, zu bitter, zu wässrig, so dass sie flugs wieder in Vergessenheit geriet. *Pomme de terre* nannte sie 1762 erstmals der Botaniker Henri Louis Duhamel du Monceau. Parmentier hatte an diesem Erdapfel nicht nur ein botanisches Interesse. Er verdankte der Kartoffel sein Leben. Als er Kriegsgefangener im Siebenjährigen Krieg gegen Preußen gewesen war, hatte ihn die nahrhafte Knolle vor dem Hungertod bewahrt.

Es bedurfte allerdings eines Tricks, um dem Volk die Kartoffel schmackhaft zu machen. Den Bauern war das Gewächs nicht geheuer. Allenfalls den Schweinen würde man sie zum Fraß vorwerfen. In manchen Gegenden galt sie sogar als giftig. Parmentier aber wusste nicht nur um die Physiologie der Pflanzen, sondern auch um die Natur des Menschen. Er ließ sein Ackerstück von Soldaten bewachen und weckte somit die Neugier des Volkes. Die Bauern schlichen sich nachts an die Parzelle heran und sackten einen Teil der Kartoffeln ein. Dass dies mit dem Einverständnis der Kartoffelgarde geschah, war ihnen freilich nicht bewusst. Parmentiers Marketing-Coup war geglückt!

Auch von Friedrich dem Großen ist diese List überliefert.[18] Die Legende besagt, dass die als widerborstig geltenden brandenburgischen Bauern der königlichen Order, Kartoffeln anzubauen, nicht Folge leisten wollten. Selbst geschenkte Kartoffelsamen samt Pflanzanweisung führten nicht zum erwünschten Ziel, die Kartoffel im Königreich zu verbreiten. Den Bauern war die Knolle suspekt. Als Hexenpflanze war das Nachtschattengewächs mit seinen giftigen Blüten verpönt. Schon Friedrichs Vater war daran gescheitert, seine Untertanen zu deren Anbau zu bewegen. Es galt also, das Projekt »Tartoffel«, so Friedrichs Bezeichnung für die Knolle, »begreiflich zu machen«. Er polierte daraufhin das Image der Kartoffel auf und pries sie als begehrenswerte Speise auf des Königs Tafel. Auch er soll der Legende nach durch Bewachung der Felder das Begehr der Bauern angestachelt haben. Ob Friedrich Parmentier inspiriert hat oder der Franzose die preußische Legende? Die Kartoffel umranken viele Mythen. Die Tartoffel ist ein *tricky business.*

Parmentier verfasste 1789 im Revolutionsjahr eine *Abhandlung über den Anbau und die Verwendung von Kartoffeln*, die der König mit einem weitsichtigen Kompliment würdigte: »Frankreich wird Ihnen dieses Brot der Armen eines Tages danken.«[19]

Die Revolutionskomitees konsultierten den Apotheker und Günstling des Königs, als das Ancien Régime längst passé und der Kopf des Königs unter der Guillotine gefallen war. Parmentier wurde nicht nur mit agrarwissenschaftlichen Fragestellungen betraut, sondern auch wieder einmal mit der Volksgesundheit und -ernährung. Im Schloss von Versailles hängt heute noch ein Porträt von François Dumont l'Aîné, das Parmentier mit seinen Schriften, dem Offizierskreuz der Ehrenlegion und einem Strauß aus Weizenähren, Maiskolben und Kartoffelblüten zeigt. Die *Bouillie*, die *Potage*, die Suppe, die er am Hofe des Königs servierte, ist nur eines der vielen Gerichte, die seinen Namen tragen. Das bekannteste unter ihnen: das *Hachis Parmentier*, ein Kartoffel-Hackfleisch-Auflauf, der zum Klassiker der französischen Hausmannskost wurde.

So ist Parmentiers Karriere allein Beweis für die These der Historiker Furet und Richet, dass die Französische Revolution durch Brüche und Kontinuität zugleich gekennzeichnet war.

Während der Großteil der Franzosen schlichtweg um das tägliche Brot flehte und kämpfte, waren die Eliten des Landes mit der genussvollen Befriedigung ihrer Gelüste befasst. Kein leichtes Unterfangen, sobald man sich außer Hauses begab, denn an den weitverbreiteten *tables d'hôte* war man gezwungen, sich mit Fremden an einen Tisch zu setzen sowie auf Geschmack und Tagesform des Wirtes zu vertrauen. Die Auswahl war sehr beschränkt, oftmals wurde nicht mehr als ein Gericht angeboten, und die Tischmanieren waren ohnehin nicht vom Feinsten, in französischen Landen zumindest.

Michel de Montaigne, der Begründer der Essayistik, konnte

sein Erstaunen kaum verhehlen, als er während seiner Deutschlandreise Ende des 16. Jahrhunderts in Lindau am Bodensee im Gasthaus zur Krone einkehrte. In seinem Reisetagebuch ist er voll des Lobes über den Aufwand an Lebensmitteln und die Abwechslung der Suppen, Saucen und Salate. Mit dem Wohlgeschmack der Speisen könne selbst die Küche des französischen Adels kaum verglichen werden.[20]

In Frankreich dagegen zeigten sich die gesellschaftlichen Verwerfungen auch an Tisch und Herd. Findige Wirte erkannten das wachsende Bedürfnis nach neuen Formen des gesellschaftlichen Austausches im erstarkenden, auch mit zunehmendem politischen und kulturellen Selbstbewusstsein ausgestatteten Bürgertum. Das Restaurant sollte Quell und Hort der bürgerlichen Freiheit werden. Es war jedoch noch ein weiter Weg hin zu unserer heutigen Restaurantkultur, gespickt mit bürokratischen Hürden. War der Hindernisparcours einmal überwunden, sollten die Restaurants die gastronomische Landschaft zukunftsweisend verändern.

Es bedurfte neuer Örtlichkeiten, die dem revolutionären Gedanken gerecht werden und dem empfindlichen Magen der Denker genügen würden. Im berühmten Café Procope, dem Treffpunkt der kulturellen und politischen Wortführer der Aufklärung, noch heute ansässig in der Rue de l'Ancienne Comédie Nr. 13, nahmen zwar auch Revolutionäre Platz. Danton speiste dort und selbst Robespierre. Das Procope war jedoch ein klassisches Kaffeehaus.

Der Begriff und die Einrichtung Restaurant tauchten erstmals im 18. Jahrhundert auf. Zu Beginn des 16. Jahrhunderts verstand man unter *restaurant* noch ein stärkendes, die Kräfte ›restaurierendes‹ Lebensmittel. Mitte des 17. Jahrhunderts bezeichnete es eine Brühe auf der Basis von Fleischsaftkonzentrat. Die Legende besagt, dass ein gewisser Boulanger Erfinder des Restaurants gewesen sei. Boulangers Spezialität war »Geflügel mit grobem Salz«. Damit zog er den Unwillen der Zünfte auf sich, die den französischen Speisemarkt klar aufgegliedert hatten. Brenzlig wurde es für Boulanger, als er Hammelfüße in weißer Sauce anbot, ein Privileg der Traiteure. Die Zünfte zerrten ihn vor Gericht, verloren jedoch den Prozess.

Boulanger fühlte sich bestärkt in seinem Konzept und wandte das ursprünglich eine Bouillon bezeichnende Wort auf die Lokalität selbst an: Über dem Portal seiner Gaststätte ließ er einen vom Matthäus-Evangelium inspirierten Spruch anbringen: *Venite ad me omnes qui stomacho laboratis, et ego restaurabo vos.*[21] Das Motto ›Ich werde euch erquicken‹ (*restaurabo*) sollte namengebend werden. Bald schon war von Boulangers Restaurant die Rede. In seinem Restaurant wurde der Gast an Einzeltischen bedient, die Preise waren auf einer Tafel verzeichnet, und man servierte Gerichte, die speziell auf die Gelüste des Gastes abgestimmt waren.

Inzwischen ist jedoch erwiesen, dass Mathurin Roze de Chantoiseau der erste Pariser Restaurateur war. Als »Champ d'oiseau« (Vogelfeld), einem akustischen Missverständnis geschuldet, ging er in die Geschichte ein. 1766 eröffnete er eine Suppenküche, in der er allerlei Bouillons anbot und die er mit einem sich von Boulanger deutlich unterscheidenden Werbespruch anpries: *Hic sapide titillant juscula blanda palatum / Hic datur effoetis pectoribus salus.*[22] Zu Deutsch: ›Hier kitzeln beruhigende Bouillons schmackhaft den Gaumen / Hier wird dem angestrengten Gemüt Heil geschenkt.‹[23]

Abgesehen von der gesundheitsfördernden Wirkung galten die Bouillons als bürgerlich. Die neue Flüssignahrung unterschied sich sowohl von der verpönten sämigen Kost des Adels als auch dem bäuerlichen Getreidebrei.

Bald schon wurde Chantoiseau von *tout Paris* als beste *maison de santé* (›Haus der Gesundheit‹) gerühmt, was nicht weiter verwunderlich war, da Chantoiseau auch Herausgeber des Pariser *Almanach général* war.[24] Ein geschickter Schachzug, den eigenen Verlag zur Beförderung für andere Geschäftszweige zu nutzen! Wieder einmal erweist sich ein Gastronom als Vorreiter auch heute noch üblicher Geschäftspraktiken.

Die Konkurrenz ließ nicht auf sich warten. Zahlreiche in Adelshaushalten engagierte Köche waren mit der Revolution arbeitslos geworden und strömten auf den Markt. Die Selbständigkeit schien damals wie heute in konjunkturschwachen Zeiten goldenen Boden zu versprechen.

Antoine Beauvilliers, Koch des Prinzen von Condé, eröffnete in der Rue Richelieu Nr. 26 die Grande Taverne de Londres, das erste Grand Restaurant, wo er seinen Gästen wie in Versailles zu speisen versprach.

Eine anregende Mélange aus adliger Raffinesse, bürgerlicher Schlichtheit und bäuerlichem Bewusstsein für die guten Dinge der Natur bildete sich heraus. Ein delikates Gleichgewicht auch, das noch heute den Verlockungen der Einseitigkeit zu widerstehen hat. Jean-Jacques Rousseau war es, der eine frugale, ja spartanische Küche propagierte. Gesellschaftlichem Pomp und gastronomischer Ausschweifung setzte er in seinem Roman *Émile* (1762) Natürlichkeit und Einfachheit entgegen. Dementsprechend gilt er als Ahne und Avantgardist des ›grünen‹ Lebens, als Apologet der Authentizität, der jegliche Verfälschung und Verfremdung ablehnt. So reizvoll Rousseaus Naturverbundenheit aus der heutigen Sicht überreizter Städter auch sein mag, es liegt auch Strenge in ihr. Naturcalvinismus hat dem Gaumen noch nie ein Wohlbehagen beschert. Zunächst aber wirkte sich die Abkehr von sämigen, üppigen, überladenen Speisen als Vorteil für die Gastronomie aus. Fischsuppe, gebeizte Rebhühner, Spinat und Artischocken auf der Speisekarte lockten nicht nur Menschen mit empfindlichem Magen.[25]

Im Laufe des 19. Jahrhunderts entwickelte sich im Restaurant eine Form von bürgerlicher Geselligkeit, die den sozialen Zusammenhalt stärkte und das freiheitliche Streben des Individuums beförderte. Und endlich waren Frauen wieder präsent in der Gastronomie, gelten sie doch als die eigentlichen Begründerinnen des Gastgewerbes. Bereits in Mesopotamien zwischen Euphrat und Tigris hatte es Bierlokale gegeben, die ihren Ruhm weiblicher Braukunst verdankten. Zu den französischen Restaurants hatten Frauen Zutritt, das Prinzip der *Égalite*, der Gleichheit, hielt Einzug in alle Bereiche des täglichen Lebens. Das mochte ausländische Besucher erstaunen, nicht aber die Franzosen: Bereits zu Beginn der Revolution hatten Frauen ihre politische Durchschlagskraft bewiesen. Olympe de Gouges forderte 1791 in ihrer *Erklärung der Rechte der Frau und Bürgerin* die Gleichstellung von Mann und Frau.[26] Die *poissardes*, die Fischweiber, waren bereits zwei Jahre zuvor nach Versailles gezogen, begleitet von der aufständischen Nationalgarde. Legendär ist ihr Schlachtruf: »Versailles schlemmt, Paris hungert.«

Vor 1789, dem stürmischen Begehren nach Freiheit, hatte es keine hundert Restaurants in Paris gegeben, zehn Jahre später war deren Zahl bereits auf bis zu 600 angewachsen, wenige Jahre später waren es bereits Tausende. Nicht Herkunft und Stand entschieden nach der Französischen Revolution über den Zugang zu leiblichen Genüssen, sondern das Geld, der Zielpunkt bürgerlichen Strebens. Der Gastrosoph Jean Anthelme Brillat-Savarin brachte es auf den Punkt: »Jeder, der über fünfzig bis zwanzig Franken zu verfügen in der Lage ist, kann sich an den Tisch eines erstklassigen Restaurants setzen und wird dort ebenso gut oder sogar besser verpflegt werden als an der Tafel eines Fürsten.«[27]

Pikante Allianzen

Goldene Löffel auf Reisen, im Exil

Die Flucht der Adligen erwies sich als Segen für die deutsche Gastronomie. Auf den Markt strömten zahllose durch die Französische Revolution arbeitslos gewordene Köche und Diener. So landete der Koch der guillotinierten Königin Marie-Antoinette in Hamburg und eröffnete dort 1794, als Robespierre in Frankreich sein Unwesen trieb, das erste Restaurant namens Girard. Hamburg entwickelte sich zu einer der größten französischen Emigrantenkolonien Europas. Anhänger des Ancien Régime, Royalisten und republikanisch gesinnte Flüchtlinge trafen im liberalen Klima der Stadt aufeinander.

Auch der französische Offizier César Lubin Claude Rainville floh vor den Revolutionswirren 1794 in den Norden. In Altona, das damals zu Dänemark gehörte, herrschte eine freiheitliche Atmosphäre. Glücksritter wie Rainville nutzten die Handelsfreiheit und erprobten bisher unerkannte Talente. Der Offizier und Adjutant kehrte nach dem Ende der Revolution nicht nach Frankreich zurück, sondern erwarb das Hamburger Bürgerrecht. Er sattelte beruflich um und eröffnete 1799 ein Restaurant mit herrlichem Elbblick. Zeitweilig hatte er sogar wieder heimatlichen Boden unter den Füßen, denn Hamburg gehörte von 1811 bis 1814 zu Frankreich. Das von Christian Frederik Hansen im klassizistischen Stil erbaute Landhaus war ein vornehmes Anwesen. In Rainvilles Gasthof und Garten bildeten sich deutsch-französische Allianzen. Das Hamburger Bürgertum verlustierte sich dort ebenso wie adlige Franzosen, die Frankreich für immer den Rücken gekehrt hatten. Seine exklusiven Veranstaltungen, die von privaten Dîners über Gartenfeste bis zu Staatsempfängen reichten, brachten ihm den Ruf eines »Gottes der Gastwirte« ein.[1] Die Terrassen, die Rainville am Elbhang anlegen ließ, verlockten *tout Hamburg* zum Flanieren und Promenieren. Französische Eleganz und englische Freiluftkultur ergänzten sich auf glückliche Weise in Rainvilles Gastgarten, aber auch auf der Terrasse Daniel Louis Jacobs in Blankenese. Zu den illustren Gästen gehörten Heinrich Heine und Admiral Horatio Nelson, aber auch ehemalige Revolutionshelden wie General Charles François Dumouriez. Diese Vielfalt der Besucher war zwar reizvoll, barg aber auch Zündstoff. Ausgerechnet bei dem in Frankreich geächteten und mit Hinrichtung bedrohten Rainville begehrte der Generalkonsul der Französischen Republik im Jahre 1798 den 14. Juli, den Jahrestag des Sturms auf die Bastille, zu feiern. Rainville erklärte sich sogar *d'accord*, die Altonaer Polizei, besorgt um die öffentliche Ordnung, machte dem Wirt jedoch einen Strich durch die Rechnung.[2]

Lustbarkeiten und *Amusement à la française*, Freuden des Gaumens und der Sinne überbrücken offenbar sogar ideologische Gräben. Stärker als ein rebellischer Geist, versöhnlicher als ein Appell zum Frieden ist die süße Verheißung einer Köstlichkeit, den finanziellen Gewinn, das gesellschaftliche Prestige stillschweigend vorausgesetzt.

Rainville war nicht der einzige Fachfremde, der in der Hamburger Gastronomie ein Auskommen fand. Ein ehemaliger Kapitän der königlichen Armee diente seinem ursprünglich unter ihm stehenden Leutnant, einem Gastwirt, als Kellermeister. Der Sohn eines Gouverneurs de France war Restaurateur. Ihm schloss sich ein Vicomte mit seinem ehemaligen Koch an. Die Gastronomie der Exilanten mit ihrer Aufhebung der Hierarchien wurde paradoxerweise zum demokratischen Versuchslabor oder, wie es der Hamburger Domherr formulierte: Ein interessanter Fall des »Glückswechsels der menschlichen Dinge«.[3]

Auch die Geschlechterunterschiede ebneten sich ein. Frauen, die unbegleitet mit ihren Kindern ins Exil gingen, verdienten sich als Putzmacherinnen, Gesellschafterinnen oder auch Parfümeriebesitzerinnen ihren Lebensunterhalt. Die Nachfrage nach Luxusartikeln und französischem Savoir-faire verstärkte so auch die emanzipatorischen Bestrebungen der Zeit.

Auf die Küche wirkten sich die Vielfalt der Veranstaltungen und die soziale Durchmischung der Gäste positiv aus: Zubereitung und Ästhetik der Speisen zielten nicht in erster Linie darauf ab, die Gäste zu beeindrucken. Auch in deutschen Landen wurde die Natur ganz im Sinne Rousseaus im Zweifelsfall einer als dekadent empfundenen Zivilisation vorgezogen. Johann Heinrich Voß, ein deutscher Dichter und Philologe der Spätaufklärung, besingt in einem Gedicht die kulinarischen Gaben der Natur: »Nimm denn auch gütig vorlieb mit meiner geringen Bewirtung! / Zuckererbsen in Schoten und zwei gebratene Küchlein / Bring ich nur, und schickst du dich gut, Erdbeeren zum Nachtisch. / Auch will ich Tafelmusik bei den Grillen und Fröschen bestellen / Und bei dem Rosengebüsch und den Nachtviolen Gerüche.«[4]

Genussorientierung und der Eigengeschmack der Zutaten gewannen an Bedeutung. Es sollte allerdings noch fast hundert Jahre dauern, bis sich das Restaurant flächendeckend in Deutschland und Europa ausbreitete. Außer Haus zu speisen war zunächst nur wohlhabenden Bürgern möglich.

Das Beispiel des Offiziers und Gastronomen Rainville ist charakteristisch für die europäischen Wandlungsprozesse durch Migration Ende des 18. Jahrhunderts. Exilfranzosen versuchten, die Nachbarländer Frankreichs gegen die Revolution zu mobilisieren. Die militärischen Aktionen von Emigrantentruppen waren jedoch zum Scheitern verurteilt, so dass sich schnell die Frage nach dem Lebensunterhalt stellte.[5] Die wenigsten Exilanten beabsichtigten allerdings, auf Dauer fern der Heimat zu leben. Die meisten kehrten spätestens nach dem Sturz Napoleons und der Wiedereinsetzung der Bourbonen im Jahre 1814 zurück nach Frankreich. Die Revolutionsmigration unterschied sich daher grundlegend von der religiös bedingten Auswanderung der Hugenotten im 17. Jahrhundert. Während sich die Hugenotten dauerhaft in ihren Aufnahmegesellschaften verankerten, hatte für die Revolutionsexilanten die Rückkehr nach Frankreich oberste Priorität: Das europäische Ausland war lediglich ein *Außenfrankreich,* ein *Frankreich der Außenwelt,* und doch gab es Flüchtige, die die Erfahrung des Exils und die Chancen der Auswanderung zu schätzen wussten. Der emigrierte General Charles François Dumouriez, ein General und früherer Revolutionsanhänger, riet seinen Schicksalsgenossen aus dem Hamburger Exil heraus: »Der Mensch, der von Natur rechtschaffen, weise und vernünftig ist, bringt aus dieser gezwungenen Wallfahrt einen Schatz männlicher und weiblicher Tugenden zurück, die ihn geschickter machen, seinem Vaterlande zu dienen und ihn zu einer allgemeinen Menschenliebe zu leiten, welche die schrecklichen Folgen des Nationalegoismus verhindert.«[6]

Diese weise, universalistische Sicht auf unabwendbare Gegebenheiten eignete sich auch Rainville, an, zumal er als Adjutant in den Diensten des Generals gestanden hatte.

Mit moralischen Appellen und aufgeklärten Gedanken allein ließ sich jedoch kein Lebensunterhalt bestreiten. Die ökonomischen Zwänge der Exilanten verstärkten sich im Laufe der Zeit. Ein Leben im Transit, im ewigen Zwischenraum, war unvorstellbar. In prekären Verhältnissen lebten nicht nur flüchtige Geistliche, Angehörige des Dritten Standes, sondern zunehmend auch Adlige. Das hohe Renommee französischer Kultur erwies sich in dreifacher Hinsicht als von Vorteil: Franzosen wurden als kulturelle Bereicherung betrachtet, als kulinarische Impulsgeber und als Botschafter der Abschreckung vor Revolution und Terror. Geschäftlich ließ sich daraus Gewinn schlagen.

Das Leben der Exilanten war nicht nur von Zwängen und äußerem Druck beherrscht. Den Umbruch begriff man auch als Chance: Traiteure, Gastwirte, selbst Metzger schmiedeten Allianzen mit dem Personal aus Adelshäusern, um ihre unternehmerischen Interessen gemeinsam durchzusetzen. Patisserien wurden gegründet, Cafés und Delikatessengeschäfte eröffnet. Bis ins 18. Jahrhundert waren Köche von Gutdünken und Wohlwollen des Adels abhängig gewesen. Die Noblesse kämpfte um die besten Köche und damit um das höchste Prestige. Erst nach der Revolution konnten sich die Köche mit der Selbständigkeit ihr eigenes Renommee erarbeiten. Das erstarkende Bürgertum auf der Suche nach Raffinesse war die perfekte Klientel für dieses Unterfangen.

François-René de Chateaubriand, der Begründer der französischen Romantik, wusste das schnöde ökonomische Potential romantisch zu verbrämen und auch den Papillen schmackhaft zu machen: »Das Exil, das auf die Verfolgung von Menschen folgt, ist für den Geist keineswegs so ungünstig, wie man meinen könnte. Der heilsamste Honig ist der, den die Biene, aus ihrem Stock verjagt, manchmal in der Wüste macht.«[7]

In diesem Bonmot zum Exil scheint die für Chateaubriand typische Sehnsucht nach einer volleren, weiteren Welt auf, die dem menschlichen Geist zur ganzen Blüte verhelfen könnte.

Reisen und die Erkundung der Welt stillen zumindest zeitweise das unersättliche Begehren. Chateaubriands Wüstenhonig ist ein schönes Bild für ein unwirkliches, surreales menschliches Sehnen, das sich mit dem Verstand allein nicht erfassen lässt. Deshalb ist es superb, dass auch Chateaubriands wie schon Parmentiers Name in der Kulinarik verewigt wurde. Das nach seinem Namen benannte, aus Kopf oder Mitte des Rinderfilets geschnittene Doppellendensteak bringt das respektable Gewicht von 400 bis 600 Gramm auf die Küchenwaage. Die Chateaubriand-Sauce basiert laut *Larousse Gastronomique* auf einem Kalbsfonds, der mit Weißwein, Schalotten und Pilzen eingekocht wird. Nach dem Abseihen wird er mit Butter und Estragonblättern zu einer sämigen Sauce verrührt. Abgeschmeckt wird mit Zitronensaft, Salz und Pfeffer. Ein solides Gericht, das dank dem Lakritzgeschmack des Estragons einer gewissen Raffinesse nicht entbehrt. Es heißt, dass Chateaubriands Koch das Steak à la Chateaubriand erfunden haben soll, als der Schriftsteller in London lebte. Anzunehmen ist, dass es sich bei der Entstehungsgeschichte um eine der zahllosen gastronomischen Legenden handelt, deren historische Quellenlage zweifelhaft ist. Gewiss aber ist, dass Chateaubriands Betrachtungen über das Exil einer leiblichen Erfahrung entsprungen sind. Die Flucht vor der Französischen Revolution führte den Grafen nach Amerika und England. In Rom und Berlin war er als Diplomat tätig. Als er mit Napoleon im Streit lag, begab er sich auf eine aufregende Orientreise, die ihn über Griechenland, Konstantinopel und Jerusalem nach Alexandria, Kairo und schließlich Tunesien führte.[8]

Die Erkenntnis, dass Reisen die Sinne schärft und die Gedanken formt, begann im 18. Jahrhundert eine Breitenwirkung zu entfalten. Gottfried Wilhelm Leibniz war bereits ein passionierter Reisender gewesen, der sich seine Reisefreiheit als Bibliothekar und Hofrat in Hannover sogar im Dienstvertrag verbriefen ließ. Entdeckerlust ist nun einmal weit einfacher zu befriedigen mit vollem Portemonnaie. Reisen bildet – dieser Devise folgten viele, die Humboldt-Brüder unternahmen ausgedehnte Forschungsreisen auch ins revolutionäre Frankreich und bereicherten damit Ethnologie wie Staatstheorie. Als couragierte Humanisten entwickelten sie das Reisen zur anthropologischen Methode.

Dieses Leben *con brio* wurde nach der Revolution auch Menschen möglich, die sich nicht in der bequemen Situation des Staatsbediensteten mit vertraglich garantierter Reisefreiheit befanden. Felix Berger, der Koch des schwedischen Diplomaten Axel von Fersen, kam nach der Revolution in den Genuss, mit seinem Herrn durch Europa zu reisen und seinen kulinarischen Horizont über Frankreich hinausgehend zu erweitern. Pikant an dieser Allianz ist, dass Fersen einer der Favoriten und, wie man inzwischen weiß, tatsächlich Liebhaber[9] Marie-Antoinettes war. Die geheime Korrespondenz zwischen den beiden Liebenden wurde inzwischen veröffentlicht. Dass Krieg nicht nur mit Bajonetten geführt wird, sondern auch mit spitzer Feder, gilt auch für die Französische Revolution. Sogenannte Libellisten, professionelle Verleumder, dichteten der Königin Laster aller Art an: Wollüstig wie Messalina sei sie gewesen, als verschwenderisch galt *Madame Déficit* ohnehin. Sogar Inzest mit dem eigenen Sohn wurde ihr unterstellt. Auch die *nouvelles à la main*, »handschriftliche Newsletter gegen Bezahlung«[10], kursierten und verbreiteten Verleumdungen und Gossip über frevlerisches Tun der verhassten Österreicherin. Der Ausspruch »Wenn sie kein Brot haben, sollen sie doch Kuchen essen« stammte gar nicht aus Marie-Antoinettes Munde, sondern war Teil einer Medienkampagne der revolutionären Spindoktoren. Schon damals spielte Rufschädigung bei der Entthronung der Mächtigen eine entscheidende Rolle. Weit waren die Libertins noch davon entfernt, ein eigenwilliges, auch sexuell selbstbestimmtes weibliches Leben zu goutieren.

Die leidenschaftliche Romanze der Königin mit Axel von Fersen nahm ein unseliges Ende. Die Königin wurde 1793 guillotiniert. Fersen, der zur Rettung Marie-Antoinettes aufgerufen und selbst aktiv als Kutscher die Fluchtversuche der königlichen Familie unterstützt hatte, musste Zuflucht im Ausland suchen. Felix Berger trat 1799 in die Dienste von Fersens ein und sollte den Diplomaten zehn Jahre lang als Koch begleiten. Es gelang ihm, nicht nur die Freundschaft seines Arbeitgebers zu gewinnen, er machte auch Fortüne. In den Briefen an seinen Bruder äußerte sich Berger über die Schwierigkeiten, einen Herrn zu verlassen, der ihn liebe wie sein eigenes Kind.[11] Diese zärtliche Zugewandtheit mag seltsam wirken aus heutiger Perspektive, lässt sich aber nicht nur mit persönlicher Sympathie, sondern auch der enorm gestiegenen Reputation von Köchen in der damaligen Zeit erklären. Köche wurden mit Künstlern verglichen, und selbstverständlich mussten Köche, mit denen man renommieren konnte, Franzosen sein. In seinen Tagebüchern erwähnt von Fersen, dass der Auswahl von Köchen für den königlichen Hof oft aufwändige Ausleseverfahren vorausgingen. Die zu diesen Testveranstaltungen geladenen Gäste mussten ihre Bewertungen kundtun. Eine Gelegenheit, mit dem auf Reisen erworbenen kulinarischen Wissen zu brillieren und seinen verfeinerten Geschmack unter Beweis zu stellen. Umfangreiche Korrespondenzen entspannen sich zwischen adligen Emigrierten, die auf der Suche nach dem besten Koch und dem vorzüglichsten Maître d'hôtel ein neues Betätigungsfeld gefunden hatten. Das Recruiting-Netzwerk spannte sich über den ganzen europäischen Kontinent. Trotz aller Wertschätzung der Profession tauchen die Namen der Köche in der Geschichtsschreibung kaum auf. Ein idealer Koch sollte diskret sein und sich ganz gemäß Voltaires Vorstellung vom *divin mortel* (›göttlicher Sterblicher‹) verhalten: Die Kunst durfte gerühmt werden, der Künstler selbst sollte sich in Demut üben.[12] Ein Ratschlag, der, sofern er befolgt wurde, den exquisiten Köchen ein erkleckliches Auskommen bescheren sollte. Felix Berger erwähnt in seinen Briefen, dass er auf seinen Reisen nicht nur von Fersen zu Diensten war, sondern auch an andere Adlige ›verliehen‹ wurde. In diesen Kreisen zu verkehren und als Leihkoch oder Kurzzeit-Caterer Freunden des eigenen Herrn zu dienen, setzte Umgangsformen und Gewandtheit voraus. Auch mussten die Köche den Verdacht entkräften, jakobinisches Gedankengut zu verbreiten. Die Feuerstellen des Hauses drohten vielerorts zum Brandherd der Revolution und zur Gefahr für Leib und Leben der Gastgeber zu werden.

Felix Berger aber war Axel von Fersen ein treuer Gefährte. Als sich von Fersens Gesundheit verschlechterte und dieser an Gicht zu leiden begann, erwiesen sich die ernährungsphysiologischen Kenntnisse und die Kräuterkundigkeit des Kochs von Vorteil. Von Fersen selbst war Marie-Antoinettes von den Aufklärern angeregter Naturküche zugetan gewesen. Er selbst soll gelegentlich vom Pferd gesprungen sein und den Bauern bei der Ernte geholfen haben. Marie-Antoinette hatte im Petit Trianon im Schlosspark von Versailles ihren Traum vom einfachen Leben gelebt und sogar ein von Rousseau inspiriertes kleines Dorf, den *Hameau de la Reine*, erbauen lassen. Als Bäuerin verkleidet sah sie beim Melken der Kühe und Schafe zu und flüchtete sich vor den Zwängen des höfischen Lebens in eine ländliche Idylle. Befördert wurde die Rückkehr zur Natur auch vom Schweizer Arzt Samuel Auguste Tissot.[13] In seinem Werk *Von den Krankheiten vornehmer und reicher Personen an Höfen und in großen Städten* aus dem Jahre 1771 appellierte er an den Adel, einer ungesunden Lebensweise abzuschwören und Fleisch, Zucker sowie Genussmittel wie Kaffee, Tee und Alkohol nur in Maßen zu sich zu nehmen. Trotz der sexualfeindlichen Moral – Tissot war ein Eiferer gegen die Onanie – hatte sein Naturpuritanismus einen interessanten emanzipatorischen Nebeneffekt: Weg mit den Korsetten, forderte er, der »Zwang der Fischbeine« sei schädlich für die inneren Organe. Die Befreiung vom Korsett war verlockend, doch war die höfische Gesellschaft noch anderen Zwängen ausgesetzt. Als Marie-Antoinette in einem schlichten Seidenkleid posierte, zog sie den Zorn der Seidenweber auf sich. Höfische Kultur war mit einer Unzahl von Geschäftszweigen verbunden, die von der Luxusliebe des Adels abhingen.

Tissots ernährungsphysiologische Ratschläge richteten sich an die ganze Gesellschaft: Auch um die Bauern war er besorgt, zumal in ländlichen Gegenden ein starker Bevölkerungsrückgang zu verzeichnen war. Eine gesunde Ernährung und eine verbesserte Hygiene sollten dem Missstand entgegenwirken.

Marie-Antoinette nahm die Anregungen der Hygieniker zwar auf, gestaltete sie aber auf eine sinnenfreundlichere Weise. Den öffentlichen Dîners zog sie den intimen Rahmen ihrer Empfänge im lauschigen Petit Trianon vor. Auf feinstem *Porcelaine de Sèvres* servierte sie die Milch ihrer Kühe, den Honig ihrer Bienen und frische Erdbeeren aus dem Garten; damit zelebrierte sie auch ein Stück Heimat. Am Wiener Hof ihrer Mutter wurden gesunde Gerichte und natürliche Zutaten bevorzugt, in Versailles dagegen schwere Saucen oder in Blut gekochter Hase, *lièvre à la royale*, ein Wildgericht, das der König besonders schätzte, die Königin jedoch verschmähte.[14] Dass die Königin trotz ihres Faibles für Natürlichkeit eine ausgeprägte Schwäche für Süßigkeiten hatte, steht auf einem anderen Blatt.

Ihre raffinierten Dîners mit Früchten und Gemüse aus dem *Hameau de la Reine*, Barschen und Karpfen aus nahegelegenen Flüssen und Teichen, Kapaunen und Tauben serviert auf feinstem Porzellan, waren Avantgarde. Marie-Antoinette brach mit der jahrhundertelangen kulinarischen Opulenz der Monarchie und gab ihren Gästen einen Vorgeschmack auf ein neues aufgeklärtes Zeitalter. Mit Marc-Antoine René de Voyer de Paulmy d'Argenson pflegte sie eine freundschaftliche Beziehung. Der Marquis besaß nicht nur eine umfangreiche Bibliothek mit zahlreichen Bänden zur Kulinarik, sondern teilte auch die Leidenschaft der Königin für Desserts. Seiner Anregung und Unterstützung ist auch die erste von dem Jesuiten Le Grand d'Aussy verfasste *Histoire de la nourriture* (›Geschichte der Ernährung‹) zu verdanken.[15] Marie-Antoinette war der lebende Beweis dafür, dass Freiheit auch eine individuelle, im Privaten stattfindende Wahl darstellt und nicht nur auf eine abstrakte rechtliche Ebene, das passende System beschränkt werden kann. Individuelles Aufbegehren, ein Leben *à rebours*, gegen den Strich, kann sich auch im königlichen Garten ereignen, und – der makabre Scherz sei erlaubt – es kann einen den Kopf kosten. Den Siegeszug dieser Cuisine erlebte die letzte Königin Frankreichs nicht mehr. Ihre gastronomischen Impulse beflügelten jedoch Köche und Gourmets, die der Guillotine entkamen.

In freiheitlich gesinnten Städten mit viel Toleranz und Neugierde auf das Fremde konnte sich das umwerfende Potential der ersten Restaurants entfalten, ohne vom revolutionären Furor der Gleichmacherei verhindert zu werden. Gleichzeitig durften royale Errungenschaften einfließen in eine Kulinarik, die fern der *Terreur* mehr auf die Freiheit der Papillen vertraute als auf die Vorschriften und Verbote einer entgleisten, auf Revolution getrimmten Gesellschaft. Es waren pikante Melangen, die entstanden zwischen den Welten, auf Reisen, im Exil, serviert mit den goldenen Löffeln einer Königin, auf dem weißen Steingut der ersten Restaurateure.

À la carte!

Freiheit auf dem Silbertablett serviert

Die Zeiten fehlender Auswahl und eines starren gesellschaftlichen Gefüges waren nach der Französischen Revolution vorbei. Man speiste à la carte. Die Gerichte wurden auf einer Tafel notiert oder auf Papier, gelegentlich gar gerahmt, dem Gast mit Stolz präsentiert. Transparente Preise und einzeln aufgeführte Gerichte auf einer Speisekarte spiegelten das bürgerliche Bedürfnis nach Selbstbestimmung. Ob sich die Franzosen tatsächlich der Erfindung der Speisekarte rühmen dürfen, ist jedoch umstritten. In Wien soll der Gastwirt Josef Merina in seiner Wirtschaft Zum Roten Apfel bereits 1784 seinen Gästen einen handgeschriebenen »Kuchenzeddl mit Tariffen« vorgelegt haben. In Frankreich blieb es jedoch nicht bei einer Zettelwirtschaft, die Speisekarte wurde zu einem unabdingbaren Bestandteil der gastronomischen Landschaft.

Ein Restaurantbesucher verfügte ganz nach Gusto über sein Budget, nachdem er an der *table d'hôte* noch der Willkür des Wirtes ausgesetzt gewesen war. Beim Spaziergang durch die Stadt war der Flaneur in Paris Ende des 18. Jahrhunderts bereits mit einer Fülle an Restaurants konfrontiert, so dass man fast schon von einer Qual der Wahl sprechen möchte. Besonders die

Galerien des Palais Royal wurden zu einer Hochburg der Restaurants. Le Grand Véfour[1] ist eines der wenigen Etablissements der Gründerzeit, das die Jahrhunderte überdauert hat. Noch heute zeugt es mit der Täfelung im Louis-XVI.-Stil und den pompejanischen Fresken aus der Kaiserzeit von der zunehmenden Raffinesse der ursprünglich doch recht schlicht gehaltenen Restaurants. Um eine nach Neuheiten begierige Gesellschaft zufriedenzustellen, wurde im Le Grand Véfour frühzeitig mit Speisenvielfalt und Darreichungsformen experimentiert. Im Angebot war auch das *déjeuner à la fourchette*. Ein mit der Gabel eingenommenes Mittagessen war nicht selbstverständlich, denn lange war der Löffel das einzige gebräuchliche Esswerkzeug gewesen, zumal bis zur frühen Neuzeit bei den meisten oft lediglich ein Topf mit gekochtem Getreide oder Brei für alle auf den Tisch kam. Mitspeisen durfte nur, wer seinen eigenen Löffel zur Hand hatte. Selbst auf Reisen hatte man die oftmals kunstvoll geschnitzten Löffel dabei. Ohne Löffel keine Nahrung! In manchen Gegenden gab es ein Wandbrett, an dem der Löffel nach vollendeter Mahlzeit aufgehängt wurde. Wer den Löffel abgab, nahm Abschied von der Tischgesellschaft. Die Wendung ›den Löffel abgeben‹ stand sprichwörtlich bald für den Tod. Nahrungsaufnahme wurde in erster Linie als Notwendigkeit begriffen, die das Überleben sicherte.

Erst die Verfeinerung der Speisen und eine wachsende Genussfreudigkeit bedingten neue Esswerkzeuge. Der Löffel, einer schöpfenden Hand, einer Muschel oder auch einem Blatt nachempfunden, ist eines der ursprünglichsten Werkzeuge des Menschen zur Nahrungsaufnahme. Auch das Messer entwickelte sich aus einem archaischen Gebrauchsgegenstand, dem Faustkeil, mit dem die Jäger ihre Beute zerkleinerten. Die Gabel dagegen war lange weitgehend unbekannt als Tischobjekt und Esswerkzeug.[2] Astgabeln oder zweizinkige Spieße hatten dazu gedient, die erlegte Beute über dem Feuer zu rösten. Als Essbesteck tauchte die Gabel zwar bereits im alten Ägypten auf, unterschied sich mit den gekrümmten Zacken jedoch deutlich von heutigen Gabeln. In Rom dagegen bestand lange Zeit kein Bedarf für das Instrument. Selbst wenn man wie wohlhabende Römer liegend das Essen einzunehmen pflegte, wäre eine Gabel zwecklos gewesen: Die von Sklaven zubereiteten mundgerechten Häppchen waren Fingerfood im wahrsten Sinne des Wortes. Heutigem Essbesteck vergleichbare Gabeln verwendeten zuerst vermögende Byzantiner, die aufgrund enger Handelsbeziehungen für eine baldige Verbreitung der Gabel in Italien sorgten.

In Frankreich bestand Katharina von Medici[3], die Gattin Heinrichs II., im 16. Jahrhundert erstmals darauf, anlässlich eines Banketts zur Geburt ihres Sohnes als Tafelbesteck auch eine Gabel aufzulegen. Der Italienerin war die *fourchette* aus der Heimat bekannt, in Frankreich und Deutschland dagegen galt sie als Werkzeug des Teufels. Hildegard von Bingen soll bereits gesagt haben, wer die Gabel statt der Finger benutze, verhöhne Gott. Ähnelte das Design der Gabel nicht allzu sehr dem Dreizack, dem Symbol Satans? Als »muselmanisch« wurde sie obendrein verunglimpft, da sie in der arabischen Welt schon lange zu den Tischsitten gehörte.

Von der religiösen Verdammung zur misogynen Beschimpfung war der Weg nicht weit. Als unmännlich galt die Gabel, unsittlich und manieriert. Martin Luther und Erasmus von Rotterdam mokierten sich über Gabeln als weibisches, sinnloses Geziere. Gewiss spielte auch eine Rolle, dass vor allem adlige Damen mit ihren Obst- und Dessertgäbelchen aus Elfenbein, Gold und Silber in Überfülle stocherten. Nach derlei anfänglichen Schwierigkeiten war die Gabel im Laufe des 18. Jahrhundert an den Tafeln schließlich zum Standessymbol geworden.

Restaurants, die etwas auf sich hielten, lockten ihre Kundschaft auch mit diesem Objekt der Begierde. Mit Sauberkeit und schlichtem weißen Steingut vermochte man sich kaum mehr einen Wettbewerbsvorteil zu verschaffen. Selbst elegante Salons und gutgekleidete Kellner wurden inzwischen als selbstverständlich angesehen. Restaurants à la mode ließen sich folglich immer wieder Neues einfallen für ihre anspruchsvolle Klientel, damit diese nicht dem Ennui verfiele oder, schlimmer noch, zur Konkurrenz überliefe.

So wurden in Madame Hardys Café zwischen 10 und 12 Uhr Geflügel, Fleisch, Nieren und Fisch unter einer großen Speiseglocke präsentiert. Mit einer großen Gabel entnahm der Oberkellner die gewählten Stücke und legte sie vor den Augen des Gastes auf einen silbernen Grill. Diese frühe Form der Showküche wussten die Gäste besonders zu schätzen, da sich darin Wahlfreiheit, Chefattitüde und Amüsement ganz köstlich vereinten. Selbst wenn sich daraus nicht unbedingt eine Nachahmung der Noblesse oder Anzeichen der Restauration erkennen ließen, zumindest jedoch das *phénomène du petit chef*, eine Vorliebe für Hierarchien, die auch heute noch sehr französisch ist.

Auch zeichnet sich bereits eine Ausdifferenzierung des gastronomischen Sektors ab. Das Kostspielige mag ein Anreiz für die wohlhabende Bourgeoisie gewesen sein. Le Grand d'Aussy deutet an, dass sich Gäste, die es nicht gewagt hätten, an einer *table d'hôte* Platz zu nehmen, schamlos im Restaurant niederließen.[4] Sensationsgier und das unbändige Bedürfnis, einer *Haute volée*, einer Elite anzugehören, sind mächtiger als Scham und Scheu.

Die erhöhte Nachfrage nach Restaurants mit großem Angebot führte zugleich aber auch zu einer Einschränkung der Wahlfreiheit weniger betuchter Kunden. Das für Restaurants charakteristische À-la-carte-Prinzip galt so uneingeschränkt nicht: Neben den Restaurants mit freier Speisenwahl und entsprechenden Preisen entstanden andere, in denen man gut und günstig zu Festpreisen speisen konnte. Heute bieten französische Restaurants meist eine Kombination aus beiden Modellen an. Der Gast hat die Wahl zwischen einem Menü zum fixen Tarif und À-la-carte-Speisen. Meist ist er gut beraten, sich um der Frische willen für das feste Menü zu entscheiden, sofern es sich nicht um ein Restaurant mit reißendem Absatz handelt.

Obschon mit den Gepflogenheiten des Adels geliebäugelt wurde, bildete sich ein neues bürgerliches Bewusstsein heraus, das ganz eigener Formen und Sitten bedurfte.[5] Die bürgerliche Gesellschaft griff begierig die Ideen der Aufklärung auf, die sie in Zeitschriften und Lesegesellschaften diskutierte. Der mündige Bürger stand im Zentrum der säkularisierten Gesellschaft. Seinem Bedürfnis nach einer vernünftigen Regelung der Verhältnisse mussten auch die Institutionen gerecht werden. Obrigkeitsstaatliches Denken war diesen neuen, auf Selbständigkeit und Individualität bedachten *citoyens* zuwider. Arbeit, Leistung und Bildung lösten die Geburtsprivilegien des Adels ab. Die Suche nach einer bürgerlichen Form erstreckte sich auf alle Lebensbereiche. Ohne Regeln, ohne Ordnung drohte der freiheitliche Lebensentwurf des Bürgertums zu scheitern. Der Markt, der Rechtsstaat mit Verfassung und Parlament und nicht zuletzt eine kritische Öffentlichkeit, die tradierte Lebensweisen unter die Lupe nahm, trugen dazu bei, dass sich individuelle Freiheit und Konkurrenz mit gemeinschaftsorientierten Ideen auf für die Gesamtgesellschaft vorteilhafte Weise verbanden.

Das Alte und Ungerechte musste vom Tisch gefegt werden. Die Art und Weise, wie sich bürgerliche Gesellschaften auszutauschen pflegten, bedurfte auch neuer Sitten und Abläufe. Selbstverwirklichung, Mündigkeit und Gleichheit sollten sich auch in den Servierweisen bei Tisch spiegeln. Pomp, Prunk und Pracht zählten bei Hofe; am bürgerlichen Esstisch, im bürgerlichen Restaurant dagegen der Komfort und das Wohlbefinden des Gastes.

In Adelshäusern wurde *à la française* serviert.[6] Auf klassisch französische Art wurden alle Gerichte in Form eines Banketts zugleich serviert. Der visuelle Eindruck zählte, der Geschmack war nachrangig. Verschiedene Gerichte wurden gleichzeitig in mehreren Serien aufgetragen. Zuerst wurden die Hors-d'œuvres und Suppen serviert, in einer nächsten Sequenz Fleisch und Fisch in Sauce. Darauf folgten die großen herzhaften Gerichte, Braten und Salate, in einer weiteren Serie Gemüse, Pasteten und Käse, abschließend Desserts, Obst, Kompott und Eis.

Sobald die Platten, Terrinen und Schüsseln einer Serie aufgetragen waren, bedienten sich die Gäste selbst. Am Nebentisch tranchierte das Personal und fügte kunstvoll zerlegtes Geflügel, aber auch Obst den einzelnen Serien hinzu. In besonders noblen Häusern wurde dem Gast ein Kellner zugesellt, der die ausgewählten Stücke servierte. Der Anblick der opulenten, schwelgerisch gedeckten Tische war eine Wonne, die Speisen aber waren oftmals bereits kalt, wenn die Gäste sie kosteten. Der *service à la française* erforderte einen erheblichen Personalaufwand, eignete sich also perfekt dazu, den eigenen Reichtum zur Schau zu stellen.

Dem bürgerlichen Ordnungssinn kam diese Servierweise nicht zupass. Zu Beginn des 19. Jahrhunderts wurde der traditionelle *service à la française* vom *service à la russe* abgelöst. Peter I. hatte damit begonnen, die Gerichte sukzessive in mehreren Gängen auftragen zu lassen. Die russische Servierart war in aristokratischen und diplomatischen Kreisen vom russischen Botschafter in Frankreich, Alexandre Kourakine (1808–12), eingeführt worden. Sie sollte sich nicht nur in Frankreich, sondern in weiten Teilen der Welt durchsetzen. Die Restaurateure waren begeistert von der neuen Servierweise, da sie praktikabler war und den Bedürfnissen des Gastes nach einer individuellen Bedienung, Überschaubarkeit und Regelhaftigkeit entgegenkam.

Mit der russischen Servierart wurden klare Regeln bei Tisch eingeführt: Aufgetragen wurden die Speisen linkerhand des Gastes, abserviert von rechts. Auch der Wein wurde zur Rechten des Gastes gereicht. Die Gänge wurden nacheinander serviert. Ein Bratenstück, präsentiert und geschnitten auf einem Beistelltisch, bildete das Zentrum des Mahls.

Der Vorteil des *service à la russe* war, dass sich die Gäste nicht mehr erheben mussten, um sich zu bedienen. Die einzelnen Gänge folgten aufeinander, wurden zunächst auf einem kleinen Beistelltisch tranchiert und angerichtet, anschließend dem Gast serviert. Das war dem Komfort förderlich, der Selbstbestimmung mitunter aber abträglich. Während beim französischen Service alle Speisen zugleich präsentiert wurden, wussten die Gäste beim *service à la russe* nicht, was als nächstes folgen würde.

Um den Gast vor unangenehmen Überraschungen zu bewahren, begann man daher Speisekarten zu verfassen. Oftmals kunstvoll gestaltet, verliehen sie den Restaurants einen Glanz, der einer gebildeten, das Wort schätzenden Klientel gefiel.

Die damals entstandene Tischkultur herrscht in anspruchsvollen Häusern noch heute: Serviette, Messer, Gabel und Löffel liegen *à la russe* auf dem Tisch. Geschirr und Besteck wird ein präziser Platz auf der Tafel zugewiesen. Auf dem Unterteller steht ein Teller mit einer Serviette als Dekoration. Die Gabeln liegen auf der linken, die Messer mit der Schneide nach innen und der Löffel auf der rechten Seite. Dessertlöffel und -gabel liegen oberhalb des Tellers, der Löffel nach links, die Gabel nach rechts ausgerichtet. Die Gläser werden rechts vom Teller positioniert. Je nach Verwendungszweck, zum Beispiel für Wasser oder Wein, sind sie unterschiedlich groß und spezifisch geformt.

In Deutschland bevorzugte man eine weniger personalintensive und aufwendige Methode. Filetiert wurde das Fleisch bei Tisch, die Beilagen wurden in Schüsseln auf den Tisch gestellt und von den Gästen untereinander weitergereicht.

Dass eine ausgefeilte, regelkonforme Tischordnung nicht nur Selbstzweck war und schon gar nicht als Neurose oder Pedantismus des aufstrebenden Bürgertums diskreditiert werden kann, ist offensichtlich. Der bürgerliche Wertekosmos beeinflusste entscheidend den Wandel eines auf Privilegien fußenden Systems zur modernen Gesellschaft. Bildung gewann einen emanzipatorischen Charakter. Jeder Einzelne sollte die ihm von der Natur verliehenen Anlagen weiterentwickeln und zum allseits gebildeten Bürger aufsteigen. Bildung wurde als bürgerliche Pflicht empfunden, als universal ganz im Sinne der Französischen Revolution, als Menschenbildung außerdem. Allen Bürgern wurde das gleiche Recht zugestanden, ihren Beruf selbst zu bestimmen und sich einen sozialen Stand und gesellschaftliche Anerkennung durch Leistung zu erringen.[7] Dieses liberale, auf die Fähigkeiten und Urteilskraft vertrauende Menschenbild fand seine konkrete Ausprägung in einem spezifischen Lebensstil und einem bürgerlichen Habitus, unter dem der französische Soziologe Pierre Bourdieu »ganz allgemein anwendbare Prinzipien der Sichtung und Ordnung« versteht.[8] Diese Regelhaftigkeit galt auch für den privaten Raum, die Familie, zumal die bürgerliche Lebensweise bereits von Kindesbeinen an eingeübt und angeeignet werden sollte. Wer Teil der bürgerlichen Gesellschaft sein wollte, musste mit ihren Gepflogenheiten und ihrer Symbolik vertraut sein. Ein gepflegtes Erscheinungsbild und ein gewählter Ausdruck erwiesen sich als Vorteile in der bürgerlich kultivierten Gesellschaft.

Diese bürgerliche Wertschätzung der Umgangsformen führte trotz aller Bewegungsfreiheit und Aufstiegschancen auch zu einer Vornehmheit, die der adligen Distinktion nicht unähnlich war. Zugleich waren die neuen Bürger auf Gleichheit bedacht, die sich auch in ähnlichen Verhaltensmustern und Konventionen zeigte. Die bürgerlichen Salons und Festlichkeiten setzten die Beherrschung eines Kodex voraus, der politisches Wissen ebenso einschloss wie Geschichtskenntnisse. Wer des kundigen Plauderns nicht fähig war, wurde schnell zum allgemeinen Gespött. Es war also ratsam, sich einzufügen und gesittet aufzutreten. Auch ist die sich verändernde Tischkultur ein Exempel für den bürgerlich-pragmatischen Sinn des rechten Maßes. Zugleich ist der für das Bürgertum charakteristische Ordnungssinn auch ein Beweis dafür, dass mit adligen Formen nicht radikal gebrochen wurde. Die Geschichtlichkeit des Bürgertums zeigt sich in dem Willen, nicht radikal Tabula rasa zu machen, sondern im Zuge der eigenen Identitätsfindung auch aus der Historie zu schöpfen. Leitprinzip war das ausgleichende Zusammenwirken von Sicherheit und Mobilität.

Zentrale Elemente adliger Tafelkultur wurden in neue bürgerliche Formen der Repräsentation integriert. Das *Surtout* diente ursprünglich dazu, Ordnung auf dem Tisch zu schaffen, indem Kerzen, Salzgefäße, Essig, Öl und Gewürze auf dem meist aus Silber gefertigten Tafelaufsatz arrangiert wurden. In den letzten Jahren des Ancien Régime nahm die Prunksucht auch in der Tafelmitte absurde Ausmaße an. Der *Mercure de France* befriedigte seine Klatsch und Skandal liebende Leserschaft mit einer detaillierten Schilderung der Hochzeit des Prinzen von Guéméné mit Mademoiselle de Soubise im Jahre 1761: Auf dem Tisch thronte unter anderem ein Tafelaufsatz, der den Tempel des Hymen samt Hof und Säulenhallen darstellte.

Dieser Gigantomanie schwor das Bürgertum ab, behielt jedoch das *Surtout* als zentrales Dekorationsobjekt bei. Auf dem flachen Untersatz wurden Miniaturnachbildungen von römischen Figuren und Baudenkmälern platziert, die zu kultivierten Tischgesprächen anregen sollten. Weltläufigkeit demonstrierte man, indem man sich bei den Dekorateuren des Kaisers inspirieren ließ, aber auch bei angesagten Innenarchitekten aus Italien. Der aus Bologna stammende Maler Filippo Pelagio Palagi avancierte zu Beginn des 19. Jahrhunderts zum führenden Designer und machte den französischen Innendesignern den Rang streitig. Im ästhetischen Sinne gewann der bürgerliche Tisch durch diese Konkurrenz: Europa begann sich nicht mehr als nur französisch, sondern tatsächlich als europäisch zu verstehen, nicht zuletzt durch den Wettbewerb der Manufakturen und den bürgerlichen Blick über den Tafelrand hinaus.

Die Beweglichkeit und Durchlässigkeit der bürgerlichen Gesellschaft wurden erweitert durch die Entstehung neuer Berufe, die den wachsenden Bedürfnissen einer nach Anerkennung und Komfort strebenden Schicht gerecht würden. Auch im Gastronomiesektor war der Bedarf an qualifiziertem Personal hoch. Die Art des Service mit seiner geregelten Abfolge der einzelnen Gänge erforderte eine große Anzahl an fachkundigen Mitarbeitern. Höflichkeit und Beflissenheit sollten das Dienstleistungspersonal ebenso auszeichnen wie ein umfassendes Wissen über Tischkultur.

Beim *service à la russe* werden für jeden Gast in bürgerlichen Privathaushalten und Restaurants ein Kellner und ein *majordome* (Butler) benötigt, die einem *maître d'hôtel* (Oberkellner) unterstellt sind. Dem Oberkellner obliegt der reibungslose Ablauf des Service und die Betreuung der Gäste. Der *majordome* muss mindestens drei Servicetechniken kennen und beherrschen:

- den »Tellerservice«, bei dem er den leeren Teller abräumt und durch den nächsten Gang ersetzt;

- den »Service mit der Zange« (*service à la pince*), bei dem mit einer Zange von der Platte auf den Teller serviert wird;
- das »Servieren am Guéridon«, bei dem das Hauptgericht, meist ein Braten, zunächst dem Gast präsentiert und dann auf einem Guéridon zur Vorbereitung und zum Schneiden platziert wird.

Selbstverständlich muss er auch wissen, dass Speisen von links auf- und von rechts abgetragen werden und dass die Weine rechts eingeschenkt werden.

Der Guéridon, der Beistelltisch mit Bestecktasche und Vorlegebesteck, ist beispielhaft für die auch kolonial geprägte Geschichte der Gastronomie. Frankreich hatte bereits im 16. Jahrhundert die ersten Kolonien erworben und wurde im 19. Jahrhundert zur zweitgrößten Kolonialmacht nach Großbritannien. In Paris taucht das aus Afrika stammende Wort 1614 im Titel zweier Farcen auf. Zur selben Zeit findet sich in satirischen Liedern der Refrain »ô gué laridon«. Auch wurde im Laufe des 17. Jahrhunderts eine Ballettfigur, die allein in der Mitte einer Gruppe von Tänzern positioniert ist und eine brennende Fackel halten muss, während die anderen sich um sie herum küssen, als *guéridon* bezeichnet. Noch heute sagt man im Französischen gern *il tient la chandelle*, wenn jemand in Liebesdingen als dienstbarer Mittler fungiert, dem selbst aber die Freude der Teilhabe verwehrt bleibt.

Zur selben Zeit begann in adlige Haushalte ein Möbelstück Einzug zu halten, auf dessen Sockel die Statue eines Schwarzen mit Fackel oder Kandelaber und einer kleinen Ablagefläche stand. In einer Zeit, in der Rassismus noch kaum ein Begriff war, war es nicht verwunderlich, dass der Fackelträger nach der einfältigen Ballettfigur benannt wurde und das Möbelstück ebenso. Et voilà, der Guéridon war geboren! Bis ins 19. Jahrhundert hinein und auch heute noch findet sich in manch bürgerlichem Haushalt diese Art Beistelltisch. Der Fackelträger aber wurde längst abgelöst von einem Sockel.

Es ist ein langwieriger Ablösungsprozess von herrschenden Vorurteilen, der sich dem Bürgertum als Aufgabe stellt. Für die Aufklärer war die Geschichte eine ständige Fortschrittsbewegung, in der sich die europäische Kultur mit ihren moralischen Prinzipien und der Vorstellung von menschlicher Würde Bahn brach. Dass damit auch ein Überlegenheitsgefühl verbunden war, mit dem Geringschätzung gegenüber anderen Lebensweisen einherging, war eine späte Einsicht, ebenso wie der Gedanke, dass es immer wieder eines sorgfältigen Austarierens zwischen Humanismus, individuellen und gruppenspezifischen Besonderheiten bedarf. Eine Rückbesinnung auf die Ursprünge der Aufklärung hilft bei dieser delikaten Aufgabe: Jeder möge seine Kraft der Menschlichkeit zur Wirkung bringen, ohne sich zu erheben, heißt es schon in Gotthold Ephraim Lessings Ringparabel. Mit der Entsorgung oder Umgestaltung eines Guéridons ist es nicht getan. Es ist eine Gratwanderung zwischen Gleichheit, Distinktion und Ausgrenzung, nicht jeder ist schließlich mit einem goldenen Löffel im Munde geboren.

Die Zeiten der Vorbestimmung von Status, Stil und Stand waren vorbei. Die industrielle Revolution beschleunigte die gesellschaftliche Umwälzung, die auch die Produktionsweisen für Waren des täglichen Bedarfs erfasste. Waren Löffel in professionellen Löffelmachereien seit dem 15. Jahrhundert aus rohem Eisen geschmiedet worden, schnitten die Handwerker nun Essbesteck schnell und effizient aus Metall. Den Niedergang edler Manufakturen bedeutete das aber nicht unbedingt. Das Großbürgertum wusste das Porzellan und die Tischwaren des Adels weiterhin zu schätzen. Noch war man aber weit entfernt vom Tugendkatalog der spätmodernen »Gesellschaft der Singularitäten«[9]. Einzigartigkeit und Originalität bestimmten nicht den Daseinszweck. Der Imperativ der Anpassung bestimmte weitgehend den Lebensstil.

Weniger begüterte Bürger begnügten sich mit industrieller Fertigung, die aber nicht nur als günstig, sondern auch als fortschrittlich galt, da sie die bürgerliche Forderung nach Gleichheit erfüllte. Das Konsumniveau stieg, und die materielle Kultur verankerte sich auch außerhalb der herrschenden Eliten. Obwohl die Reallöhne im 18. Jahrhundert sanken, stieg das Bedürfnis nach Geschirr, Möbel und Heimtextilien. Der goldene Löffel war passé, aber das richtige Gedeck, das passende Besteck wurden in mehr Haushalten denn je begehrt und geschätzt.

Noch zeigten sich Freiheit und Gleichheit adrett drapiert auf bürgerlichen Tischen. Mit Maßlosigkeit und Unterwerfung sollten ihre Verfechter erst später die Messer wetzen.

Gens de lettres

Schonkost für den empfindsamen Geist

An den Einzeltischen der Restaurants nahmen gern auch die *gens de lettres* Platz. Noch im 16. und 17. Jahrhundert waren Schriftsteller vom Gutdünken und der Großzügigkeit eines Mäzens abhängig gewesen. Diese finanzielle Unselbständigkeit wurde vom Adel belächelt, vom aufstrebenden Bürgertum mit Herablassung betrachtet. Ein klägliches Dasein fristeten die Literaten nicht nur in monetärer Hinsicht. Trotz umfassender Bildung gelang es ihnen lange Zeit nicht, gesellschaftliche Anerkennung zu erlangen. Stattdessen erhöhten sie lediglich das kulturelle Prestige ihrer Arbeitgeber, die sich den Luxus der schönen Künste und den *homme de lettres* als Accessoire leisteten. Erst im Zuge der bürgerlichen Selbstvergewisserung begannen auch Literaten nach Möglichkeiten Ausschau zu halten, sich ihre schriftstellerischen Leistungen honorieren zu lassen. Nach einem Schattendasein als Sekretäre und Erzieher in Adelsfamilien eroberten sie sich einen Platz als Schriftsteller und Journalisten. Mit der Einführung des Urheberrechts war ein erster Schritt getan. Formell anerkannt wurde es 1777 von Ludwig XVI., 1791 und 1793 wurde es erneut von der revolutionären *Convention* bestätigt. Nur wenigen Schriftstellern gelang es jedoch, von ihren

Einnahmen zu leben. Die meisten Literaten blieben in Unkenntnis ihrer Rechte in prekären Verhältnissen beschäftigt. Erst der große Schriftsteller Honoré de Balzac setzte sich 1836 bei seinen Kollegen für die Gründung eines Schriftstellerverbandes ein. Rund 50 Schriftsteller, darunter Victor Hugo, Alexandre Dumas und George Sand, versammelten sich am 28. April 1838 bei dem Journalisten Louis Desnoyers und erarbeiteten die Satzung der *Société des gens de lettres*. Ein großer erster Schritt zur Durchsetzung von Berufsinteressen der schreibenden Profession! Ein Meilenstein für Autorinnen außerdem: Nicht von ›*hommes*‹ *de lettres*, von männlichen Autoren, war die Rede. Die Gruppe entschied sich vielmehr für die geschlechtsneutrale Formulierung *gens*, ›Leute‹ – ganz im Sinne der Aufklärung. Als kollektives Vorbild diente die Vereinigung der Theaterautoren, die bereits einige Jahre zuvor ihre Aufführungsrechte eingefordert hatten. Die *Société* entwickelte sich schnell zum Treffpunkt der literarischen Elite Frankreichs, ließ aber, was Effizienz betraf, zumindest für Balzac zu wünschen übrig. Balzac, der nicht selten manisch bis zu 17 Stunden am Tag schrieb und darüber hinaus noch weiteren Verpflichtungen nachkam, verließ den Verband bereits nach drei Jahren wieder. Wenngleich die Zusammenarbeit mit den Kollegen nicht von Erfolg gekrönt war, inspirierten ihn die Erfahrung mit der *Société* und ihren *gens de lettres* doch zu formidablen Texten über exaltierte und überempfindliche Fashion-Literaten. In *Verlorene Illusionen* beschreibt er, wie sich der junge, aus der Provinz stammende Dichter Lucien de Rubempré durch seinen unangemessenen Kleidungsstil zum Gespött der Pariser Schickeria macht. Der falsche Anzug, die falsche Krawatte sind Grund genug, zum Paria zu werden in einer Gesellschaft, die sich über Codes und Zeichen definiert. Balzac selbst wusste diese Fehltritte zu vermeiden, da er sich in seinen journalistischen Texten mit den Dos and Don'ts der tonangebenden

Schichten intensiv befasste. Wer die Regeln kennt, hat auch ein feines Gespür für Abweichungen. Balzac lässt für Lucien de Rubempré schließlich doch noch den Champagner in Strömen fließen, mokiert sich aber über die Effekthascherei und Durchtriebenheit einer Branche, deren Entstehung er selbst begleitet und mitgestaltet hatte.

Jedem Anfang aber wohnt, wenn nicht ein Zauber, so doch Empfindsamkeit inne. Der Wechsel von einer lange währenden, stabilen Situation zu einem noch unerforschten, ungewissen Territorium sozialer und kreativer Möglichkeiten geschieht in einer Zwischenphase, in der sich Verunsicherung und Neuausrichtung in einem produktiven Prozess befinden. Der Mensch der Schwellenphase löst sich von den Verbindlichkeiten seiner ursprünglichen Lebenswelt, experimentiert mit Bekanntem und verfremdet Vertrautes. Diesen Schwebezustand, der auch etwas Magisch-Poetisches hat, nennt der Soziologe Victor Turner »Liminalität«. Die Liminalität ist »gleichsam das Samenbeet kultureller Kreativität«.[1]

Dieses Samenbeet samt geheimem Garten fand der Frühaufklärer Rousseau abseits städtischer Erregungskultur in der beschaulichen Gemeinde Montmorency. In der ländlichen Abgeschiedenheit entwickelte er seine Idee von einem Naturzustand des Menschen, in dem noch keine verderbten Sitten herrschten. Natürliche Güte stellte er Kants vernunftgeleitetem kategorischen Imperativ gegenüber. Das natürliche Gefühl des Mitleids, nicht die Ratio mache aus einem Menschen ein moralisches Wesen.[2] Dafür bedürfe es einer tätigen und sittlichen *sensibilité*, einer Reizbarkeit, die sich von der rein passiven des Körpers durch ihre moralische Qualität unterscheide. Empfindsamkeit ist eine natürliche Empathie, das Gegenteil von zivilisatorischer Entfremdung und rücksichtslosem Begehren. Rousseaus Vergötterung von Unschuld und Authentizität leistete einer Ablehnung und Vergeistigung des Leibes Vorschub. Indem Rousseau der Frau das Grundgute und Reine zuschreibt, verbannt er Lust und Begierde aus dem weiblichen Leben. Frauen hätten sich ihrer angeblichen Natur gemäß über die Verneinung zu definieren, über vornehme Zurückhaltung und Schüchternheit gegenüber sinnlichen Reizen. Andernfalls riskierten sie eine nervliche Überspanntheit, die durch Reizvermeidung vermieden werden könne. Männliches Konkurrenzdenken und enthemmtes Streben sollen eingehegt werden durch natürliches Mitleid und ein gesundes Maß an Selbstliebe. Die Wohltemperierung von Leib und Seele, die Rousseau vorschwebte, lässt sich in der Gesellschaft jedoch nur durch zivilisatorische Prozesse erzielen. Rousseau mochte diesem Dilemma durch seine Stadtflucht entkommen sein, alle anderen aber, so sehr sie auch liebäugelten mit Rousseaus Naturphilosophie, mussten sich mit den Zwängen urbanen Lebens arrangieren.

Norbert Elias spricht in seinem Buch *Über den Prozeß der Zivilisation*[3] (1939) der fortschreitenden Disziplinierung menschlichen Verhaltens eine positive Wirkung zu, da durch die Ausbildung eines Über-Ichs die Triebe gedämpft und die Affekte reguliert würden. Damit das individuelle Freiheitsbegehren und die Empfindsamkeit nicht in einen unauflösbaren Widerspruch zu gesellschaftlichen Sitten gerieten, lag es nahe, äußere Zwänge durch Selbstdisziplin mit einem erhöhten Formbewusstsein zu verbinden. Auch erhöhte sich die persönliche Peinlichkeitsschwelle, vergleichbar der Renaissance der Scham im 21. Jahrhundert. *Shame on you* ist gegenwärtig ein allseits verbreiteter Ausspruch. Von Fremdscham ist die Rede, und »Ich schäme mich« ist zur inflationären Standardformel verkommen.

Das ganze Malheur mit der Scham begann, als Eva dem sich in Selbstzufriedenheit suhlenden Adam den berühmten Apfel anbot. Laut Bibel schämten sich beide plötzlich ihrer animalischen

Gelüste und pflückten fleißig Feigenblätter. Im paradiesischen Urzustand hatte die Scham noch nichts zu suchen. Erst als Gott, der Teufel und die Religion ins Spiel kamen, war es vorbei mit der unverschämten Nacktheit. In der Antike wurde ein humorvoller Umgang mit der Scham gepflegt, obschon auch damals die Scham einer überirdischen Tugend gleichkam. So bestrafte die Göttin Artemis den Jäger Aktaion für seinen Voyeurismus. Dass er seiner Neugier gefrönt hatte, kam ihn teuer zu stehen. Die Göttin der Keuschheit, schamerfüllt ob ihrer Nacktheit, verwandelte ihn in einen Hirsch, der von seinen eigenen Kumpanen gejagt und erlegt wurde.

Im 16. Jahrhundert erlebte die Schamlosigkeit noch eine kurze Renaissance. In den Romanen *Gargantua* (1534) und *Pantagruel*[4] (1532) des französischen Gelehrten François Rabelais wurde noch nach Herzenslust gegessen und getrunken und den Bedürfnissen freier Lauf gelassen. Geräusche bei Tisch waren gang und gäbe. Den Abgang von Gas aus Magen und Eingeweiden empfand man als wohltuend und natürlich. Rabelais, der auch Arzt war, war nicht nur für seinen derben Witz und die obszöne Sprache berühmt-berüchtigt, sondern zudem für seine detaillierten und saftigen Beschreibungen von Körperreaktionen. Diese katholische Sinnenfreude stieß auf den Widerstand seiner protestantischen Gegner.

Rousseau und die Naturpuritaner verhüllten die Scham wieder mit leibfeindlicher Empfindsamkeit. Passé waren die Zeiten, als körperliche Bedürfnisse Ausdruck von Natürlichkeit gewesen waren. Die *sensibilité*, die vergeistigte Empfindsamkeit, tabuisierte den unfeinen Leib. Die Calvinisten verabscheuten nicht nur Rabelais' libertäre Neigungen samt Religions- und Gesellschaftskritik, sondern fühlten sich empfindlich verletzt durch seine Wortwahl und die provokante Melange aus Gelehrsamkeit und Derbheit.

Erst Ende des 19. Jahrhunderts sollten Körpergeräusche wieder ›salonfähig‹ werden, in einer auf andere Weise kunstvollen Ausprägung als bei Rabelais allerdings. Joseph Pujol, ein mit einem kuriosen Flatulenztalent gesegneter Bäcker, brachte als Le Pétomane die Bretter des Moulin Rouge zum Beben.[5] Die besondere Elastizität seines Schließmuskels und eine über Jahre eingeübte Technik erlaubten es ihm, Durtonleitern, Salutschüsse und Kinderlieder zu pupsen. Pujol, der »Pupsomane«, begeisterte Abend für Abend mit seiner Geräuschkunst. Der Kontrast zwischen seinem formvollendeten Auftritt in schwarzem Frack und weißen Handschuhen einerseits und anal modulierten Tonfolgen andererseits faszinierte das Publikum. Eine illustre Zuhörerschaft, angereist aus aller Welt, erfreute sich an den rückwärtigen Darbietungen. Seine Leistungen ließ sich der Darmwindkünstler fürstlich bezahlen. Der dänische und der belgische Monarch hofierten ihn genauso wie der britische Thronfolger.

Dass auch Sigmund Freud Interesse am pupsenden Pujol zeigte, verwundert nicht. Die kulturell geformte und erhöhte Lust am Analen, dargeboten und zelebriert in aller Öffentlichkeit, musste den Begründer der Psychoanalyse faszinieren. Freuds Text über *Charakter und Analerotik*[6], der 1908 in einer psychiatrischen Wochenzeitschrift in Schlesien erschienen war, verhandelte die Transformation des in der Kindheit bereits verpönten Vergnügens am Analen in damals zumindest geschätzte Charaktereigenschaften wie Ordentlichkeit und Sparsamkeit. Pujols kunstvolle Verbindung von analem Lustgewinn und musikalischer Kultiviertheit schien Freuds Theorien zu widersprechen. Pläsier und Enttabuisierung des Analen waren zumindest auf Pujols Bühne und in des Maîtres Enddarmtrakt gegeben. Vielleicht aber war mit Pujol auch der Gipfel der Sublimierung sexueller Energie erreicht. Fakt ist: Das Publikum tobte und ergötzte sich am Spektakel.

Noch 50 Jahre zuvor wäre diese Show undenkbar gewesen. Es war die Ära der Empfindsamkeit gewesen, in der sich auch allerlei Empfindlichkeiten herausbildeten. Svenja Flaßpöhler unterscheidet zwischen vier Arten von Sensibilität[7], die sich im 18. Jahrhundert entwickelten:

Erstens die *leibliche Sensibilität*, die unsere Empfindsamkeit für Schmerz erhöht, so dass wir körperliche Nähe oftmals bereits als Gewalt empfinden. Von dort vermag man eine Linie zur Verflüssigung des Gewaltbegriffs in der Gegenwart zu ziehen. Die zu Rousseaus Zeiten in Gang gesetzte Dynamik der Entleiblichung findet sich in einem gewandelten Gewaltbegriff wieder. Einerseits führte diese inflationäre Verwendung des Begriffs zu einer Verflüchtigung und zur Unsichtbarwerdung realer Gewalt, andererseits wird Gewalt heute überall empfunden und vermutet. Selbst im Strafrecht hat Gewalt verschiedene Phasen durchlaufen: von ursprünglich physischer Gewalt über psychische hin zum Hinwegsetzen über den Willen des Opfers. Dadurch findet nicht nur eine »Buzzisierung«, eine Sinnentleerung des Begriffs statt, sondern auch eine Abwertung der individuellen Widerstandskraft. Rousseaus erträumter Naturmensch und dessen Epigonen laufen Gefahr, in der Zivilisation überall Gewalt zu wittern und vor allem zu fühlen.

Die zweite, *psychische Sensibilität* resultiert nach Flaßpöhler aus der Transformation von Fremdzwängen in Selbstzwänge. Positiv gesehen könnte man diese Fähigkeit zur Anverwandlung und Internalisierung auch als Chance begreifen, zumal auf konstruktive, selbstbestimmte Weise eine gegebene Zwangssituation überwunden wird. Stattdessen fand diesbezüglich wie schon bei der leiblichen Sensibilität eine Entgrenzung statt, die eine das Subjekt entmachtende Verletzlichkeit förderte.

Als dritte Form führt Flaßpöhler die *ethische Sensibilität* an. Im 18. Jahrhundert wurde darunter die Fähigkeit verstanden, mit anderen mitzufühlen. Die Betonung der Empathie für Mitgeschöpfe und die auf dem Universalismus fußende Identifikation mit den Leidenden waren damals noch zwei sich ergänzende philosophische Stränge. Gegenwärtig scheint jedoch Rousseaus Empathie-Postulat aufzutrumpfen und eine Zuspitzung zu erfahren, die auf Kosten des aufklärerischen Universalismus geht.

Die vierte Komponente der Empfindsamkeit ist schließlich die *ästhetische Sensibilität*, die sich in einer Aufmerksamkeit für das Schöne und Hässliche zeigt. Ihre Vorzeichen finden sich bereits im 17. Jahrhundert, als sich Galanterie und Eleganz entwickelten und zeitgleich die Lust an Exzentrik und Inszenierung wuchs.[8] Sehen und gesehen werden, lautete die Devise. Dem gesellschaftlichen Maskenspiel und der gewaltvollen, ungerechten Existenz stellte Rousseau Authentizität entgegen, verleugnete dabei freilich die Künstlichkeit und ästhetische Formung seines Natürlichkeitspostulats. Auf der Strecke zu bleiben drohten in Rousseaus Zivilisationskritik gesellschaftliche Finessen und ästhetische Vorlieben, die sich in lustvollen Zirkeln und anregenden Gesellschaften herausgebildet hatten.

Von Anbeginn bewegten sich Luxusdebatte und Gesellschaftskritik im Spannungsfeld zwischen Begehren und Nützlichkeitsdenken.[9] Die Konsumrevolution des 18. Jahrhunderts ermöglichte zwar ein wachsendes Freizeitangebot auch für breitere gesellschaftliche Schichten, geriet aber zunehmend in einen Konflikt mit dem bürgerlichen Arbeitsethos. Selbst die Lektüre, sofern exzessiv, geriet unter Beschuss. Lesesüchtige wurden zur maßvollen Lektüre angehalten, das Verschlingen von Romanen als Leseluxus stigmatisiert. Auch zeitliche Opulenz war den neuen Asketen zuwider. Der Flaneur, der seine Schildkröte an der Leine durch die Passagen führt, wurde zum Sinnbild des verschwenderischen und damit kritikwürdigen Umgangs mit Zeit.

Dem Schildkrötentempo der Flaneure stand die Effizienzprämisse des aktiven Bürgertums entgegen.

Die größte Gefahr aber, die eine überspannte Ausprägung von Empfindsamkeit barg, war die Auflösung des Subjekts. Mit der Verflüssigung von Begriffen und der Übertragung eigener Widerständigkeit auf eine Zivilisation, die noch dazu als feindlich gesehen wurde, drohte das mühsam errungene bürgerliche Selbstbewusstsein wieder zu schwinden.

Friedrich Nietzsche schmähte die Überreizung und Unfähigkeit zum Handeln des modernen Menschen in seinem *»Gleichniß von Ernährung und Verdauung«*[10]. Rousseaus Sensibilität sagte er den Kampf an. In der »Verweichlichung, Schwächung, Vermoralisirung des Menschen« erkennt er einen »Haß gegen die aristokratische Cultur«. Der von ständigen Reizen überflutete Mensch »wehrt sich instinktiv, etwas hereinzunehmen, tief zu nehmen, etwas zu ›verdauen‹«. Die »Schwächung der Verdauungskraft« sei verbunden mit einer Unfähigkeit, zu »agiren«.

Die Anfangszeit der Restaurants aber war eine Experimentierphase für die Suche nach Natürlichkeit bei gleichzeitiger Zivilisiertheit. Noch sahen sich die *gens de lettres* der Herausforderung gewachsen, die Sinne zu stimulieren und gleichzeitig die Vielzahl der Anregungen in eine schöpferische Kraft zu verwandeln. *Prodesse* und *delectare*, Nutzen und Vergnügen, schienen kompatibel.[11] Die liberalen Elemente des Bürgertums überwogen gegenüber den repressiven. Das Anliegen der *gens de lettres* war es, sich als selbständige Bürger und sensible Literaten in Personalunion zu erweisen. In der Revolutionszeit waren die *gens de lettres* noch nicht von den Zwängen der Boulevardpresse gebeutelte Schreiberlinge, sondern feinbesaitete Geister mit empfindlichen Mägen. Ihre Finesse und Feinfühligkeit drückten sie auch bei Tische aus: Das sensible Gemüt stärkten sie mit Bouillons. Man restaurierte sich mit Schonkost.

In Antoine Furetières Universallexikon wird 1690 bereits die *restaurant* genannte Bouillon als ein »Nahrungsmittel oder ein Heilmittel« bezeichnet, das die Fähigkeit besitze, die verlorenen Kräfte eines Kranken oder eines müden Menschen wiederherzustellen. Ein Consommé vom Rebhuhn sei beispielsweise ein gutes *restaurant.* Auch in den Kochbüchern der Zeit finden sich Rezepte für magenfreundliche Bouillons. In Pierre de Lunes *Le Nouveau Cuisinier* aus dem Jahre 1656 etwa werden Rebhuhn, Kapaun, Hammel und Kalb zwölf Stunden lang im Wasserbad gegart, um die Essenz des Fleisches zu extrahieren.

Diese Zivilisierung der Mägen vollzog sich zunächst in einer kulturellen Oberschicht, die sich Rousseau ideell verbunden fühlte und Marie-Antoinettes Kult bukolischer Exzentrik zelebrierte. Die *gens de lettres* grenzten sich mit diesem Image von den rustikalen Essgewohnheiten der unteren Schichten ab, ohne sich allzu sehr an bürgerliche Sitten anzupassen. Gleichzeitig übten sie mit dieser Lebensweise einen solchen Einfluss auf Nachahmer aus, dass sie selbst dem Zwang zur immer weiteren Verfeinerung ihrer Bourgeois-Bohème-Sitten verfielen. In der 1829 gegründeten Zeitschrift *La Mode,* einer Wochenzeitung für Fashion und Lifestyle, amüsierte sich Balzac über die Gewohnheiten dieser neu entstehenden literarischen Bohème. Am 29. Mai 1830 erschien sein Artikel über die »Nouvelle théorie du déjeuner« (›neue Theorie des Mittagsmahls‹)[12], in dem er sich über die Verweichlichung und das kränkelnde Gebaren seiner schreibenden Zeitgenossen mokierte. Dass sich Tee zum unangefochtenen Modegetränk entwickelte, erklärt sich Balzac mit der Neigung seiner Mitbürger, Trends sklavisch zu befolgen. Nach Gründen zu suchen für bestimmte Essmoden und »unerklärliche Bizarrerien« sei zwecklos. Letztlich sei doch alles eine Frage des Glaubens. Er hegt jedoch eine Vermutung, was den Erfolg des Fashiongetränks Tee betrifft: »Liegt es daran, dass er die Sensibilität fördert?« Die Sehnsucht nach einer nahezu körperlosen Empfindsamkeit treibe Rousseaus Anhänger zu einer Verzichtsethik, die sich auch im spartanischen Essverhalten zeige:

»Da es im À-la-mode-Leben eine Art Horror vor dem Essen gibt, der übrigens um sechs Uhr abends endet, muss man also den Magen auf geniale Weise unterhalten, Verdauung vermeiden und den Verstand ganz den Geschäften überlassen, ohne ihn zu vernebeln ...«[13] Um dieses Ziel zu erreichen, ernährten sich die Sensiblen vor allem von Gemüse, Eiern, Salaten, Sodawasser, Früchten und Reis. Dieser Empfindsamkeitsdiät stand Balzac, der Bonvivant und bekennende Royalist, skeptisch gegenüber. Die sich in allen Lebensbereichen grundlegend wandelnde Gesellschaft vergleicht er mit einer sich häutenden Schlange, der die Häutung nicht so recht gelingen will, zumal ihr Kopf perfide und der Schwanz debil sei. In der *police de bouche*, der von ihm sogenannten »Mundpolizei«, mit ihren zahlreichen Regeln und Verboten erkennt er nichts Gutes, denn der Mensch umgehe genüsslich ihre Regeln. Wer auf das *déjeuner*, das Mittagessen, verzichte, stopfe sich abends voll und liege träge wie eine Boa, die ein Rind verschlinge, auf dem Sofa. Die Couchpotato lässt grüßen!

Die Gesprächskultur der Aufklärung sieht Balzac bedroht von zwei Seiten: Behäbigkeit und abendliche Völlerei führten zu einer Trägheit des Geistes, Askese hingegen bewirke bei den schwindsüchtigen Sensiblen die Verflüchtigung des Esprits. Die Erkenntnisse der auf Maß und Genuss bedachten Gastrologie des 18. Jahrhunderts drohten verlorenzugehen. Vorbei die Zeiten, »als im Kerzenschein ein spöttischer, tiefgründiger Geist aufblitzte«, der die Konversation entschärfte und versöhnlich stimmte! Die neue Vorherrschaft der Ernährungsphysiologie fand Balzac befremdlich. Mit seinem untrüglichen Sensorium für menschliche Schwächen und Kuriositäten befürchtete er eine Diskriminierung und Stigmatisierung von falschen Essgewohnheiten. Die ersten Anzeichen erkannte er bereits zu seiner Zeit: Café au lait genehmigten sich nur noch einfache Leute, Champagner und Austern seien verschrien beim *homme à la mode*. Balzac dagegen weiß sehr wohl zu differenzieren zwischen dem eleganten Gebrauch von Genussmitteln, zwischen Infantilität und Schrulle. Freiheit bedeute nicht, sich maßlos und affektiert zu verhalten, sondern stilvoll, im rechten Moment am rechten Ort zu genießen. Der Schriftsteller hält genüsslich eine Lobrede auf die Pfeife und rümpft die Nase über Rauchbanausen, die mit kratzigem Tabak die Luft verpesten: »Ein Mann, der auf der Straße raucht, missbraucht die individuelle Freiheit.« Seine zweite goldene Regel des Rauchgenusses lautet: »Gewohnheitsrauchen zeugt von intellektuellem Niedergang.«

Die Verbindung zwischen Rauchgenuss und Freiheit findet sich unter heutigen Denkern auch bei Robert Pfaller. Der österreichische Philosoph hält Raucher sogar für besonders revolutionsaffin: »Mir fällt jedenfalls keine Revolution seit 1789 ein, die nicht von Rauchern geplant worden wäre.«[14] Unweigerlich läuft eine Revolution der Raucher, so der Gedanke, aufgrund der verbindenden Kraft des Rauchens auch auf eine sozial gerechte Welt hinaus, denn die »Tabakkultur« verbinde nicht nur Genuss und die »Bereitschaft zu teilen«, sondern stelle auch eine der »umfassendsten sozialen Verpflichtungen zur Großzügigkeit« dar.[15]

Balzacs Blick nimmt den Raucher weniger als rebellisches denn als soziales Wesen ins Visier, dessen Habitus über Akzeptanz oder Missfallen entscheidet. Der *modimane*, so nennt Balzac die neumodischen Ernährungsfanatiker, beurteile den Menschen nicht mehr anhand seiner Worte, sondern angesichts des Tellers. Das *déjeuner* werde zum Unterscheidungsmerkmal zwischen Traditionalisten (*classiques, perruquistes*) und Progressiven. Im Ancien Régime war das Mittagsmahl, damals noch *dîner* genannt, eine hochgradig formelle Angelegenheit. Erst zu Beginn des 19. Jahrhunderts, mit der Verbreitung der Restaurants, ging das *déjeuner* als Mittagessen, vormals die Bezeichnung für das Frühstück, in den allgemeinen Sprachgebrauch ein. Eine semantische Verschiebung, die den tiefgreifenden Wandel in der Gesellschaft und den wachsenden Stellenwert des Essens für die Bourgeoisie widerspiegelt.

Der Blick auf den Teller genügt, so Balzac, um den Grad persönlicher Vervollkommnung, aber auch charakterliche Mängel auszumachen. Die ersten Anzeichen einer krankhaften Persönlichkeit ließen sich an deren *déjeuner* ablesen. Eine unselige Pathologisierung der Gesellschaft begann sich mit derlei Thesen einzuschleichen, die mit einer Demontage des wehrhaften Subjekts einherging und auch heute wieder ein Revival erlebt. Obwohl Gesellschaft nicht einem kranken Körper oder einer kranken Psyche vergleichbar ist, ist man mit Krankheitsmetaphern schnell zur Hand. Krisen werden als von außen verursachte »Infektionen« dargestellt, bestimmte Gruppen gar als »Krebsgeschwür« einer Gesellschaft beschimpft. Auch Befindlichkeiten oder Charakterzüge wie Schüchternheit werden allzu oft pathologisiert, anstatt auf die Mündigkeit und Entwicklungsfähigkeit der Menschen zu vertrauen.

Balzac erweist sich in seinem Essay über das Mittagessen nicht nur als spitzzüngiger Kritiker übertriebener Empfindsamkeit, sondern auch als scharfer Beobachter einer gesellschaftlichen Schieflage:

> »Man beginnt, die Tafel zu verachten. Da die Überlegenheit der Intelligenz von Tag zu Tag stärker empfunden und gewünscht wird, hat jeder begriffen, wie sehr die Seele im täglichen Kampf um eine Speise an Schwung verliert. Der Ehrgeizige isst wenig, der Gelehrte ist nüchtern, und der Gefühlsmensch verabscheut die Fettleibigkeit. Wo ist nun der

> Modebewusste, der nicht zu einer dieser drei Klassen gehört? Diese Geringschätzung gastronomischer Genüsse wird die französische Küche notwendigerweise einen gigantischen Schritt weiterbringen: Es wird für sie darum gehen, so viel Substanz wie möglich in die kleinste Form zu bringen, die Nahrung zu verkleiden, unseren Mahlzeiten andere Formeln zu geben, Rinderfilets zu verflüssigen, das Nährprinzip in einem Löffel Suppe zu konzentrieren und das Interesse eines Supreme durch mächtigere Interessen zu ersetzen … Das ist ein Fortschritt. Warten wir die Zukunft ab.«

Balzac, ein Prophet der Molekularküche? Mag sein, ein ästhetischer Visionär zweifelsohne.

Restaurants als Hotspots

In aller Munde sein

Das Bürgertum, Literaten und Künstler zeigten sich an *Hotspots* der Pariser Gastronomie, damit auch ihr eigener Name in aller Munde war. Wer in der Gesellschaft etwas gelten wollte, musste gesehen und gehört werden, vor allem aber ein Leben à la mode führen. Dazu gehörte es, nicht nur die passende Kleidung zu tragen, sondern auch das richtige Buch zu lesen und angesagte Speisen in modischen Restaurants zu verzehren. Weniger war allerdings von Interesse, was man aß, als wo und vor allem mit wem. Der französische Schriftsteller Louis-Antoine Caraccioli lästerte in seinem Buch *Paris, das Muster aller Nationen, oder das französische Europa* (1777)[1] über Modenarren, *hommes à la mode*, für die ein Buch nur ein Blumenbouquet sei, das sie auf den Kaminsims stellten. Nach ein paar Tagen gehöre es bereits der Vergangenheit an, passé, *fané*, verblüht, vergessen. Ein ähnliches Schicksal ereilt heute Bücher, die in Stapeln für Instagram abgelichtet werden oder allenfalls als *coffee table book* posieren dürfen.

Die Vergänglichkeit kultureller Schöpfungen und ihre immer schnellere Ablösung durch Neues waren auch der Produktwerdung geistiger Erzeugnisse geschuldet. Das Buch begann sich vom Prestigeobjekt zum Fashion-Accessoire zu verwandeln.

Dass sich Caraccioli so despektierlich über die neumodische Konsumhaltung von Kultur äußerte, hatte einen Grund wohl auch darin, dass ihm ein solcher Status verwehrt blieb. Die *Nouvelle biographie générale* nennt ihn einen *littérateur*, eine Art Textproduzenten. Der ehrenvollere Titel *écrivain,* ›Schriftsteller‹, blieb ihm versagt. Ein minderer Verlust, da sich der aus einer neapolitanischen Familie stammende Caraccioli ganz als Franzose verstand, als Vertreter einer Nation, deren Strahlkraft damals ganz Europa erfasste. Im Vorwort seines Buches lobt er Frankreich, aber auch die europäischen Nationen, die gut daran taten, die Franzosen nachzuahmen, denn »gute Vorbilder vermag man nur zu wählen, wenn man über Urteilsvermögen und guten Geschmack verfügt«.[2] In bester aufklärerischer Tradition stellt er kognitives, moralisches und ästhetisches Urteilsvermögen über spontanes Befinden und eitle Befindlichkeiten.

Im 18. Jahrhundert kam dem Geschmack noch eine besondere Bedeutung für die Erkenntnis zu.[3] Der Geschmackssinn ermöglicht es uns, zwischen süß, sauer, bitter, salzig und umami zu unterscheiden. Im übertragenen Sinne schmecken wir, ob etwas gut oder verwerflich ist. »Das schmeckt mir nicht«, mit diesem Ausspruch tun wir nicht nur kulinarische Abscheu kund, sondern auch ein Unbehagen in einer als ungut empfundenen Situation. Als eine Frage des guten Geschmacks empfinden wir aber auch ein sozial angemessenes Verhalten, das auf Takt und Rücksichtnahme basiert. Der Geschmack ist demnach eine wesentliche Voraussetzung gesellschaftlichen Miteinanders.

Erst mit der Verfestigung bürgerlicher Konventionen begann dem Geschmack der Ruch des Konservativen und Elitären anzuhaften. Auch die »Alamodisierung« der Gesellschaft bedrohte den guten Geschmack. Einerseits erprobten sich die neuen Bürger an eigenen Ritualen und verstärkten ihre Gruppenzugehörigkeit durch spezifische Verhaltensmuster, Kleidung und

Objekte der Begierde, andererseits riskierte man durch Epigonentum der vor noch nicht allzu langer Zeit erworbenen Geschmacksautonomie wieder verlustig zu gehen.

Die bürgerliche Öffentlichkeit sah sich mit der Herausforderung konfrontiert, den ständigen Fortschritt, diese ureigene Idee der Aufklärung, zu verfolgen, ohne dabei in einen selbstentfremdenden Modewirbel hineingezogen zu werden. Alexandra Schauer beschreibt das Risiko dieses Wirklichkeitsspektakels in ihrem Buch *Mensch ohne Welt* (2023): »Die Aufwertung des Singulären und Spektakulären, des Besonderen und Einzigartigen weist auf den Bedeutungsverlust der Welt als Ort kollektiver Selbstverständigung hin. Statt sich in dieser Sphäre zu engagieren, zieht sich der Mensch in das innere Universum seines Erlebens zurück.«[4] Die Gratwanderung zwischen Selbstinszenierung, sinnlichem Erleben und bürgerlicher Öffentlichkeit galt es zu bewältigen. Der Welt als Ort der Verständigung und des gemeinsamen Handelns verlustig zu gehen, würde Konsequenzen haben für den bürgerlichen Leitgedanken, die Wirklichkeit frei, nach eigenen Vorstellungen gestalten zu können.

Mit einer feinen Ironie beschreibt Gustave Flaubert den Konflikt des Bürgertums zwischen den eigenen sinnlichen Bedürfnissen und einer oktroyierten Mode. Zu Gast im Hause eines Marquis, zeigt sich seine Romanheldin Emma Bovary hin- und hergerissen zwischen einer romantischen Natursehnsucht einerseits und dem Vergnügen am Luxus und exquisiten Sinnesfreuden andererseits:

»Es wurde frappierter Champagner gereicht. Emma überlief es am ganzen Körper, als sie die Kälte im Mund spürte.«[5] Und weiter heißt es dort:

»Jetzt aß sie Maraschino-Eis aus einer vergoldeten Silbermuschel, die sie in der linken Hand hielt, und sie schloss halb die Augen, den Löffel zwischen den Zähnen.«[6]

Der goldene Löffel des Aristokraten schien das Bürgertum mindestens so zu locken wie Rousseaus Pläsiere der Natur.

Dieser sinnliche Konflikt mit der zivilisatorischen Austerität wurde auch ausgetragen in den Restaurants, an den neuen Orten bürgerlicher Zusammenkunft par excellence. Dort erprobte man sich an einer Zivilisiertheit, die frei und selbstbestimmt aus Tradition wie Innovation schöpfte. In die postrevolutionären Restaurants hielten nicht nur Finesse und Raffinesse Einzug, sondern auch die bürgerlichen Prinzipien der Wahl- und Entscheidungsfreiheit. Genuss wurde demokratisiert sowie in seiner Vielfältigkeit erkannt und gelebt. Das zeigte sich auch in einer Integration fremder, dem französischen Gaumen – vom Adel einmal abgesehen – noch nicht bekannter Naturalien. Emma Bovary delektiert sich an Ananas, sie bewundert Granatäpfel im Hause des Marquis. Aber auch in den Restaurants werden fremdländische Spezialitäten wie Mokka und Madeiraweine gereicht. Brillat-Savarin betrachtet die neuen Genüsse als Bereicherung: Nicht nur der Kaffee sei zum »Volksgetränk« geworden, die französische Küche habe sich auch »fremder Speisen bemächtigt, wie Curry und Beefsteak, fremder Gewürze, wie Caviar und Soy, fremder Getränke, wie Punsch und Cardinal.«[7]

Auch die neu entstehenden Berufszweige wussten die Produktvielfalt zu schätzen. Kleinpasteten- und Zuckerbäcker waren nicht nur aufgeschlossen für neue Zutaten, sondern nutzten auch die Erkenntnisse von Chemie und Physik für ihr Metier. Die Herstellung von Meringen, Macarons und Biscuits setzte auch physikalische Kenntnisse voraus. Auch die Fortschritte im Gartenbau waren von Vorteil für die Genussvielfalt. In Gewächshäusern wurden fortan nicht nur für den königlichen Gaumen tropische Gewächse kultiviert. Die Cantaloupe-Melone, eine Zuckermelone mit orangefarbenem Fruchtfleisch, die sich heute in beinahe jedem Supermarkt findet, fand aufgrund ihrer ausnahmslos guten Qualität Verbreitung. Mit den Launen der Natur gab man sich nicht mehr zufrieden: Sorten, die geschmackliche und qualitative Überraschungen boten, wurden von stabileren Züchtungen verdrängt. Der kulinarische Entdeckerdrang war dabei immer mit einem Fortschrittsdenken gepaart: Einen Qualitätsverlust wollte man trotz aller Experimentierfreude mit allen Mitteln vermeiden.

Das freiheitlich gesinnte Bürgertum suchte sich auch von der Beschränktheit des durch Herkunft bestimmten Geschmacks zu emanzipieren. Angst wäre ein schlechter Begleiter gewesen für ein Bürgertum, das sich gesellschaftliche Macht erobern wollte. Wer blind vor Angst ist, lässt sich gängeln und verleiten. Eine Gesellschaft, die sich aus risikoaversen Mitgliedern mit Scheuklappen zusammensetzt, ist anfällig für autokratische Strukturen. Das zu vermeiden aber ist oberste Pflicht und innigster Wunsch jedes Demokraten. Einfallsreichtum und Experimentierfreude wurden zu bürgerlichen Tugenden erhoben, die sich auch in kulinarischen Neuerungen zeigten. Kochen wurde zu einer neuen Disziplin, einer *nouvelle cuisine*: Mehr Natur! Mehr Freiheit! Mehr Hygiene! Das war der Ruf, der nun erschallte, auch in deutschen Landen übrigens.

Bürgerliche Freigeistigkeit und Experimentierfreude machten der Sensibilität ihren Rang streitig. Brillat-Savarin mokierte sich über die Verzärtelung der empfindsamen Zeitgenossen: »Soll man aber Mäulchen genügen, die sich nur zum Lächeln öffnen, Frauen befriedigen, die in Duft aufgehen, Mägen in Bewegung setzen, die aus Papier bestehen, und Zierpuppen anlocken, deren Appetit nur ein Gelüste ist, das augenblicklich hinstirbt, so bedarf man mehr Erfindungsgabe, mehr Scharfsinn und Arbeit, als wenn es gilt, eine der schwierigsten Aufgaben der Geometrie des Raumes zu lösen.«[8]

Diese Herausforderung waren immer weniger Restaurateure anzunehmen gewillt. Die Gastronomie begann sich zu einer Wissenschaft herauszubilden, die einen höheren Anspruch erhob, als lediglich heilsame Wirkung auf empfindliche Mägen auszuüben. Erstmals findet sich der Begriff der Gastronomie in Joseph de Berchoux' Lehrgedicht *La gastronomie ou l'homme des champs à table* aus dem Jahre 1800.[9] Wenige Jahre später taucht der Begriff *gastronome* auf, der den sozialen Status des kenntnisreichen Konsumenten bezeichnet.[10] Der *gourmand*, ein dionysischer Gierschlund, ein Vielfraß, der maßlos und unterscheidungslos der Völlerei frönt, begann aus dem Sprachgebrauch zu verschwinden. Jahrhundertelang hatte die Kirche versucht, soziales Verhalten zu regulieren und den menschlichen Hang zum Exzess einzudämmen. Völlerei bezeichnet die katholische Kirche neben Hochmut, Habgier, Wollust, Zorn, Neid und Trägheit als fünfte der Sieben Todsünden. Völlerei ist den fleischlichen Sünden zuzurechnen, die alle drei miteinander verknüpft sind. Wer sich schwelgendem Essensgenuss hingibt, so die Überlegung, neigt entweder zu Trägheit oder befeuert im Gegenteil die sexuelle Begierde. Diese Folgesünden waren den Schöpfern dieses Sündenkatalogs aus dem 5. nachchristlichen Jahrhundert besonders suspekt. Als Mönche übten sie sich in asketischem Leben und permanenter Selbstkontrolle. Ihre Einsichten in die Grundtypen menschlicher Laster waren kein Selbstzweck, sondern untermauerten den christlichen Aufruf zu Selbstdisziplin, eine religiöse Überformung anthropologischer Grundkonstanten. Nach der Abschaffung des Katholizismus als Staatsreligion im Jahre 1789 entstand eine säkulare, von der Religion unabhängige Betrachtung menschlicher Leidenschaften und Verhaltensweisen. Leibfreundlicher war diese jedoch nicht, im Gegenteil: Mit dem Siegeszug der Wissenschaften ging auch eine Psychologisierung und Pathologisierung von Passion und Genuss einher. Maßlosigkeit sei gesundheitsschädlich und Hysterie fördernd. Auch den *gourmet*, diesen feinsinnigen Genießer, ereilte zeitweise ein solches Schicksal. À la mode war ab Mitte des 19. Jahrhunderts der *gastronome*, der Savoir-faire und Savoir-vivre in maßvollem, wissendem Genuss vereinte. Erst allmählich bildete sich das Feinschmeckertum zum Distinktionsmerkmal der bürgerlichen Gesellschaft heraus.[11]

In der Erstausgabe der *Encyclopédie* aus dem Jahre 1757 äußert sich der Autor Jaucourt noch sehr abwertend über die *gourmandise:* »Die gourmandise ist ein Verdienst in Ländern des Luxus und der Eitelkeit, wo die Laster zu Tugenden erhoben werden.«[12] Jaucourt bedauert nicht nur die Umdeutung der Werte, sondern auch das Aufkeimen einer neuen Untugend: der Eitelkeit. Mit dem Besuch angesehener und von der bürgerlichen wie künstlerischen Elite frequentierter Restaurants war gesellschaftliche Anerkennung verbunden. Ein neuer, auf Luxus und Ansehen erpichter Bürger erschien auf der öffentlichen Bühne. Das Restaurant wurde zum Schauplatz öffentlicher Eitelkeiten. Sehen und gesehen werden waren von zentraler Bedeutung für das Image und die Reputation. Wer gesehen wird, existiert! Wer gesehen wird, ganz kaufmännisch betrachtet, zählt! Das Visuelle wird Medium einer Kulturtechnik, die zur Sichtbarmachung von Interessen und Machtverhältnissen dient.

Bereits in der Antike hatten sich Philosophen intensiv mit dem Sehen befasst. Pythagoras und seine Schüler gingen davon aus, dass das Auge ein auf die Gegenstände gerichtetes Sehfeuer ausstrahlt, während Demokrit und Aristoteles eine Empfangstheorie postulierten: Das Auge empfange passiv von außen ein Bild. In der Renaissance erkannte man schließlich, dass sich die Wahrnehmung weit komplexer gestaltete als angenommen: Der Mensch bewegte sich in einem Spannungsfeld zwischen Welterkenntnis und Sinnestäuschung.[13] Als der italienische Architekt Filippo Brunelleschi zwischen Betrachter und Gegenstand einen

Spiegel schob, um die Größenverhältnisse abzuzeichnen, wurde die natürliche Perspektive durch eine künstliche abgelöst. Die Entdeckung der Zentralperspektive unterwarf die Wirklichkeit dem Betrachtenden, dessen Standpunkt nun von eminenter Bedeutung war. Mit der Zentralperspektive wurde sich der Mensch der Renaissance bewusst, wie manipulierbar die Wirklichkeit war. Verstärkt wurde dieser gestalterische, formende Aspekt mit der Erfindung der *camera obscura*. Die räumliche Distanz, der Rückzug des Betrachters in den dunklen Raum, bietet dem betrachtenden Subjekt erstmals die Möglichkeit, den anderen als Objekt zu sehen. Dem bürgerlichen Selbstverständnis kam diese Verfügungsgewalt über die Welt zupass. Das machtbegierige Bürgertum hatte die Unterwerfung der Wirklichkeit im wahrsten Sinne des Wortes im Blick. Einen distanzierten Blick auf die Wirklichkeit zu richten bedeutete auch, den eigenen Blick zu schulen und sich selbst ästhetisch ansprechend in Gesellschaft zu präsentieren. Die optische Erscheinung wurde dem bürgerlichen Leistungsprinzip untergeordnet wie jeder andere Lebens- und Arbeitsbereich auch. Materielle und soziale Güter sollten nicht mehr nach Geburtsprivilegien verteilt werden, sondern nach individueller Leistung. Arbeitsethos und Optimierungsstreben dehnten sich auch auf das Äußere aus. Nachdem das Bürgertum erfolgreich die vom Ancien Régime gezogenen Grenzen aufgelöst hatte, bedurfte es neuer Distinktionsmerkmale, die sich im Ästhetischen zeigten.

In der Frühphase der Restaurants gab es noch eine klare Abgrenzung zu Betrieben von Traiteuren (Köche/Caterer für den Adel / das Großbürgertum), Charcutiers (Wurstwarenhersteller) und Rotisseuren (Bratenköche). Es war genau geregelt, welche Gerichte die neuen Restaurateure auf ihrer Speisekarte anbieten durften: neben den obligatorischen Bouillons waren das Kompotte, Crèmes, auch Makkaroni. Feingebäck aber durfte beispielsweise nur von den Pâtissiers vertrieben werden, Essig von den Essigmachern. Erst mit der Abschaffung der Zünfte im Jahre 1791 durften die Restaurateure ihre Angebotspalette erweitern. Es war ein beeindruckender Sieg, den das Bürgertum mit dem Niederreißen dieser Unternehmertum und Freiheit hinderlichen Institutionen errungen hatte! In Deutschland sollte diese Liberalisierung erst im Laufe des 19. Jahrhunderts folgen. Allerdings fand kurz darauf bereits wieder eine Neustrukturierung des Gastronomiemarktes in Frankreich statt. Dieses Mal aber bestimmten der Wirt und das Portemonnaie des Gastes über die Art des Etablissements, nicht eine Zunft. Es etablierten sich Restaurants, die nicht nur die *gens de lettres* oder wohlhabende Bürger als Gäste anvisierten, sondern eine breitere Kundschaft. Auf ihren Schildern lockten nicht mehr die Wappen der noblen Gäste, sondern man pries schlichtweg eine *cuisine bourgeoise*, gutbürgerliche Küche, an. Parallel dazu etablierten sich sogenannte Bouillons, wo Arbeiter und Marktleute ein einfaches Mahl zu sich nehmen konnten. Die erste Bouillon wurde von einem Metzger namens Duval gegründet, der Kalbskopf mit Vinaigrette und gekochtes Rindfleisch zu günstigen Preisen anbot.

Im Laufe des 19. Jahrhunderts aber begannen auch in diesem Bereich die Grenzen zu verschwimmen. Der Unterschied zwischen Cafés, Restaurants und Bouillons begann wieder zu verschwinden. Stattdessen bildeten sich Restaurants à la mode heraus. Laut Brillat-Savarin stand Antoine Beauvilliers 15 Jahre lang an der Spitze des Restaurantrankings. Sein Lokal erlangte internationalen Ruhm. Ein englischer Reisender widmete ihm in einem 1803 in London erschienenen Buch mehrere Seiten und erwähnte die mehr als 250 Gerichte, die auf der Speisekarte des Lokals aufgeführt waren, Weine noch nicht einmal mitgerechnet. Es gehörte zum guten Ton und es war à la mode, sich bei Beauvilliers zu zeigen und an der Qual der Wahl zu delektieren.

Neben der Hautevolee, Schickimickis und Incrowds frequentierten auch Adabeis, Möchtegerns, Mitläufer, die üblichen Verdächtigen eben, die neuen Szenelokale. Brillat-Savarin beobachtete die Vielfalt der Gäste nicht ohne Zärtlichkeit:

> »Man trifft dort auch Leute, deren Gesicht Jedermann kennt und deren Namen Niemand weiss. Sie sind wie zu Hause, suchen häufig mit ihren Nachbarn Gespräche anzuknüpfen, gehören zu jenen namenlosen Existenzen, die man nur in Paris trifft, die weder Güter noch Capitalien, noch eine Industrie Haben und dennoch viel Geld ausgeben.«[14]

Es ist diese unerklärliche, eine spezielle Anziehungskraft ausübende Mischung der Gäste, die ein Restaurant zum Magneten für bürgerliche und geistig-kulturelle Eliten macht. Gäste, die sozusagen ›zum Inventar gehören‹, zählen dazu ebenso wie *auteurs gastronomes* und *écrivains gourmands*[15], Kulinarikautoren, Schlemmerliteraten, vor allem aber Menschen, die eine bestimmte Aura mögen, die über das rein Optische, so sehr es auch eine Rolle spielt, hinausreicht. Im Restaurant gedieh nicht nur eine bürgerliche Öffentlichkeit, sondern auch ein *Je ne sais quoi*, das Neugier und Begierde anstachelte. Kein Ruhm dauert jedoch ewig. Die Gunst des Gastes ist ein wechselhaftes Spiel, die Launen des Gourmets sind dem Kalkül entzogen. Also versuchten die Gastronomen dem Alamodismus der französischen Küche mit speziellen Kreationen gerecht zu werden, die auch von den Anhängern des neuen Gastrokults goutiert würden.

Das richtige Branding der Gerichte war Voraussetzung dafür, in aller Munde zu sein. Mit dem Namen ihres Restaurants etwa war zwei aus Marseille stammenden Gastronomen ein fabelhafter Coup gelungen. In der Nähe des Palais Royal am Ausgang der Galérie d'Orléans in der Rue Valois Nr. 8 eröffneten die Brüder

Meot 1792 ein Restaurant, das Bœuf à la mode. Benannt war es nach einem Rind, einer im Speisesaal stehenden Skulptur, die den wechselnden Pariser Moden gemäß gekleidet war. In der Zeit des Direktoriums nach der Französischen Revolution stattete der neue Besitzer das Rind mit Kleidungsstücken nach dem letzten Schrei aus. Auch das Insigne über dem Portal wurde der Mode angepasst: Darauf war das Rind im Stil der *merveilleuses* (›Wunderbaren‹) gekleidet. Diese exzentrische, aus der Antike schöpfende Mode mit fließenden Gewändern und Tuniken spiegelte die Sehnsucht nach Leichtigkeit, die sich in den Jahren nach der Terreur verbreitete. Man sehnte sich nach atemberaubender Schönheit. Unglaublich sollten die postrevolutionären Wesen sein, zumindest aber Ausrufe des Staunens entlocken. Die Damen der Gesellschaft gewandeten sich elegant und vor allem transparent. Der durchschimmernde Leib und die grazile sinnliche Bewegung wurden zum Modephänomen. Am Körper des massigen Tieres im Bœuf à la mode allerdings wirkte die diaphane Kleidung weder wunderbar noch atemberaubend, sondern belustigend. Noch kurioser wurde das Outfit während der Restaurationszeit, als der Restaurantinhaber Tissot das Rind mit Schal, Federhut und Kette dekorierte.

Abgesehen vom Alamodismus entsprach dieses Amüsement mit gesellschaftlichen Phänomenen dem Faible für Satire im 19. Jahrhundert. Die Satirezeitungen *La Caricature* und *Le Charivari* gewannen an Beliebtheit, weil sie schonungslos Obrigkeiten aufs Korn nahmen und sich über Modetorheiten belustigten. Karikaturisten wie Honoré Daumier befassten sich nicht nur mit dem Menschlich-Allzumenschlichen, sondern ließen auch die Grenze zwischen Mensch und Tier verschwimmen oder verliehen dem Menschen tierische Formen. Daumier ließ sich bei der karikaturalen Darstellung von kämpfenden Körpern auch von dem befreundeten Tierbildhauer Barye inspirieren. In der Skizze

»Zwei Figuren und zwei Tiere« unterscheiden sich Mensch und Tier kaum in Bewegung und Wölbung der Körper. Menschliche Schwächen wie Trägheit und einen Mangel an Flexibilität schreibt er bestimmten Tieren zu, ganz in der Tradition des großen französischen Fabeldichters Jean de La Fontaine.

Beim Anblick des Bœuf à la mode kam gewiss so manchem Tischgenossen Jean de la Fontaines Fabel vom Frosch, der gern ein Rind gewesen wäre, in den Sinn. Der Frosch blähte sich auf, vom Größenwahn gepackt, und platzte. So harmlos naiv, wie es den Anschein haben mochte, war das Bœuf à la mode nicht. In jedem aufgedonnerten Rind steckt auch ein saturierter Spießbürger, ein Möchtegern. *Tout bourgeois veut bâtir comme les grands seigneurs,* heißt es bei Jean de la Fontaine: Hoch hinaus will auch der kleine Mann.

Parallel zur Vermenschlichung des Tieres amüsierte sich Balzac mit der »Vertierung« des Menschen. In seinem Artikel über das *déjeuner* unterscheidet er zwischen dem *homme-poisson*, dem Fischmenschen, den es nach Saucen und Flüssigkeit gelüste, dem *homme-oiseau*, Vogelmenschen, der gern Körner aller Art futtere, darunter Reis und Getreide, aber auch Kaffee, und schließlich dem *homme-quadrupède*, dem Vierfüßlermenschen, der sich von Grünfutter wie Spinat und Salat ernähre.[16]

Das Bœuf à la mode dagegen lockte den ganz normalen Durchschnittsbürger mit einer Vielfalt an Speisen. Auf der Speisekarte standen Austern, Parmesansoufflé, Forelle, Hummer mit Remoulade, Schnecken und Kaviar, aber auch Eierspeisen wie Omelette oder Eier auf römische Art und natürlich die Spezialität des Hauses, das Bœuf à la mode, ein mit Gewürzen marinierter und in Rotwein geschmorter Rinderbraten mit Zwiebeln und Karotten. In Deutschland ist das Gericht unter der Verballhornung *Böfflamott* geläufig. Napoleon hatte die Spezialität auf seinem Feldzug mit nach Bayern gebracht.

Einen Strich durch die Rechnung machte dem Wirt des Bœuf à la Mode nach einer respektablen Phase des Erfolgs ein gewisser *batteur de pavé*, ein Pflastertreter, der sich in seinem 1826 erschienen *Petit dictionnaire critique et anecdotique des enseignes de Paris* (›Kleines kritisches und anekdotisches Wörterbuch der Pariser Schilder‹) über den versalzenen Rinderbraten und das verkleidete Rindvieh mokierte. Von Mode, so stand zwischen den Zeilen, hätten die Provinzler aus Marseille eben keine Ahnung. Man ahnt es schon, kein anderer als der Meister der *Verlorenen Illusionen* steckte hinter dem Pseudonym des Streuners. Balzac höchstpersönlich ließ den Band in seiner Druckerei herstellen. Er durchforstete die Stadt nach bemerkenswerten Schildern, die einen Eintrag in das Lexikon verdienten. Die herablassende Kritik schädigte bald den Ruf des Restaurants. Das Rindfleisch kam aus der Mode, das Restaurant verlor seinen guten Ruf und wurde schließlich nach zahlreichen Besitzerwechseln zum einfachen Bistro. Nach einer letzten kurzen Blütezeit unter dem Chefkoch und kulinarischen Schriftsteller Prosper Montagné musste es im Jahre 1936 endgültig die Türen schließen.

Balzac, der sich nicht nur des Einflusses seiner Feder bewusst war, sondern auch ein feines Gespür für Herrschaftsverhältnisse besaß, hatte ein zwiespältiges Verhältnis gegenüber den Orten öffentlicher Selbstinszenierung. Am Tresen der Cabarets, Bistros und Cafés wurde parliert und paktiert. Anstatt den goldenen Löffel an den Mund zu führen, trug man sich ins *livre d'or*, ins Goldene Buch, ein. Aus den Vorlieben seiner Zeitgenossen für die Bühnen der öffentlichen Meinung destillierte Balzac aber auch menschliche, herkunfts- und klassenunabhängige Grundkonstanten heraus: Boshaftigkeit und Gier lassen sich im Bistro oder Cabaret genauso nieder wie im bourgeoisen »Café de la Paix«. *À la mode* hin oder her!

Restaurantkritik und kulinarische Gesprächskultur

Die Worte auf der Zunge zergehen lassen

Geschmackvoll oder degoutant? Wer sich keine Blöße geben will, muss die Regeln des guten Geschmacks kennen. Für die neue bürgerliche Öffentlichkeit gilt das ebenso wie für den Adel zu Zeiten des Ancien Régime. Angesichts der Vielzahl der auf den Markt drängenden Köche und der zahllosen Neugründungen von Restaurants keimte das Bedürfnis nach klaren Bewertungskriterien auf. Bürger, die sich ihren Stand in der Gesellschaft hart erkämpfen mussten, legten Wert auf eine sachkundige Beurteilung dessen, wofür sie die Scheine auf den Tisch blätterten.

Die Spreu vom Weizen trennen zu können setzt voraus, dass der Geschmack geschult wird durch die Verkostung verschiedenster Speisen und die Ausbildung eines kulinarischen Vokabulars. Die sprachliche Ausgestaltung von Sinneseindrücken erfordert aber nicht nur Bildung und Talent, sondern auch Zeit, eine Ressource, die beim geschäftigen Bürgertum knapp bemessen war. Des einen Mangel, des anderen Chance! Mit der Entstehung der Restaurants und eines kultivierten Bürgertums begann sich eine neue Disziplin herauszubilden: die Restaurantkritik.

Findige Literaten erkannten im Erfolg, den die Kulinarik beim Bürgertum genoss, eine gute Gelegenheit, Fortüne zu machen, zumal auch ein der Kritik gedeihliches Gesellschaftsklima herrschte.

Geplaudert wurde bei Tisch seit jeher viel. Das gemeinsame Mahl regt nicht nur zu einer lebendigen Geselligkeit an. Schon der deutsche Aufklärer Immanuel Kant sprach den Tischgesprächen eine ermunternde Kraft zu. Im Kapitel über das »Begehrungsvermögen« (1798) heißt es: »Allein zu essen ist für einen philosophierenden Gelehrten ungesund. Der genießende Mensch, der im Denken während der einsamen Mahlzeit an sich selbst zehrt, verliert allmählich die Munterkeit, die er dagegen gewinnt, wenn ein Tischgenosse ihm durch seine abwechselnden Einfälle neuen Stoff zur Belebung darbietet, welchen er selbst nicht hat ausspüren dürfen.«[1]

Der gemeinsame Genuss verstärkt nicht nur die Bindung der Gäste untereinander, sondern regt auch zum sprachlichen Nacherleben an. Im Gespräch über die verzehrten Speisen ist der Zunge ein doppeltes Vergnügen vergönnt. Der Sprachgenuss verzückt aber auch das Ohr und den Verstand, er verbindet Leib und Seele.

Begünstigt wurde die Entstehung der Gastrokritik zu Beginn des 19. Jahrhunderts durch vier Hauptfaktoren: die Herausbildung einer gastronomischen Szene mit einer Vielzahl an Restaurants, ein neues Kritikverständnis, die Verwissenschaftlichung des Essens in der Gastrosophie und zu guter Letzt ein sinnliches Verständnis von Sprache.

Die postrevolutionäre Zeit war von einer bis dato ungekannten Dynamik und Beschleunigung in Kunst und Wissenschaft geprägt. In der Literatur begannen sich Kritiker von lähmenden Traditionen und der Herrschaft des Textes zu lösen. Eine neue, moderne Form der Kritik begann dem philologischen Exerzitium der *ars critica* den Rang abzulaufen. Vorrangig war nicht mehr die Sicherung und Ausdeutung eines Kanons, sondern die Hinwendung zu aktuellen Stoffen und die Bereitwilligkeit, zeitgenössischen Schöpfungen einen Eigenwert zuzuerkennen. Der universal gebildete *criticus* wurde zu einer überholten Figur in einer auf Arbeitsteilung und Ausdifferenzierung von Geschäftszweigen basierenden Gesellschaft. In der *critique mondaine*,[2] einer spezialisierten Form der Kritik, lag ein enormes Befreiungspotential, das sich in der Ablehnung von kultureller Dominanz zeigte, zugleich aber auch im Willen, genauestens das Erfolgsrezept der Konkurrenten zu studieren, um diese überflügeln zu können. Dieser kompetitive Ansatz war der bürgerlichen Denkweise wesensverwandt und stieß deshalb früh auf positive Resonanz. Schließlich ließ sich diese Form der Kritik nicht nur als Dienstleistung in die Gesellschaft integrieren, sondern auch Profit daraus schlagen. Guter Geschmack war gewiss begrüßenswert, eine weit höhere Wertschätzung wurde ihm jedoch zuteil, sofern man ihn auch in bare Münze umsetzen konnte. Bei La Rochefoucauld hieß es im 17. Jahrhundert dagegen noch, der *bon goût*, der gute Geschmack, der jedem Ding den rechten Preis zu geben und den Wert einer Sache zu erkennen vermag, sei äußerst selten.[3] Geschmack und Monetarisierung waren noch getrennt.

Die Auseinandersetzung über eine zeitgemäße Form der Kritik fand im Rahmen einer allgemeinen Debatte über den Geschmack statt. In Deutschland wie in Frankreich wurde die Bedeutung des Gefühls für den Geschmack erörtert, nationale und historische Prägungen festgestellt oder im Gegenteil die Vorrangstellung der Logik behauptet. Johann Christoph Gottscheds Antirelativismus und die Betonung der Logik verdrängten Johann Ulrich von Königs Überlegungen zum guten Geschmack. Das *sentiment* wurde mehr und mehr von einem Kriterienkatalog abgelöst. In dieser Abkehr von einem sehr subjektiven Geschmacksbegriff lag auch ein Bruch mit aristokratischen Traditionen, denn der *bon goût* war noch in den Kochbüchern des 17. Jahrhunderts mit dem Geschmack bei Hofe identisch gewesen.

Verbunden mit der Rationalisierung der Kritik war eine Rückbesinnung auf Denker der Antike, für die Essen und Trinken nicht bloße Tätigkeiten zum Lebenserhalt gewesen waren, sondern Teil der praktischen Philosophie. Der Begriff ›Diät‹ rührt vom griechischen Wort *díaita* her. Man verstand darunter eine Lebensführung, die sich nicht nur auf Ernährungsvorschriften beschränkte, sondern als Teil einer ethischen Norm begriffen wurde. Die Sinneseindrücke flossen in das Denken ein, Philosophie betrieben Platon und Sokrates auch mit dem Magen. Im Mittelalter war dieser Zusammenhang in Vergessenheit geraten. Erst im 18. und 19. Jahrhundert wurde die genussvolle Verbindung von Essen und Denken wiederentdeckt in der Philosophie. Dem Erlanger Philosophen Ludwig Feuerbach ist es zu verdanken, dass der Leib wieder aufgewertet wurde gegenüber der entsinnlichten Vernunft.[4] Feuerbach denkt die menschliche Existenz vom Bauch her: »Der Mensch ist, was er ißt.«[5] Seine Philosophie des Essens gründet in Epikurs »Freude des Magens«, reicht aber über den hedonistischen Aspekt hinaus: Im Essen liegt der Anfang der Weisheit. Feuerbachs Kollegen wiesen diesen materialistischen, leibfreundlichen Ansatz scharf zurück. Der unliebsame Philosoph wurde seiner universitären Funktionen entbunden und als Häretiker gebrandmarkt. Feuerbach konnte die Feindseligkeit jedoch nicht erschüttern. Unbeirrt hielt er an der identitätsstiftenden und anthropologischen Dimension des Essens fest. Mit einem köstlichen Furor zog er über die »Scheinkultur« und die Verlogenheit seiner Kritiker her: »Welche Gemeinheit! Welcher Verstoß gegen die gute Sitte, auf dem Katheder der Philosophie über den Materialismus aus allen Leibeskräften zu schimpfen, dafür aber an [sic] *table d'hôte* von ganzem Herzen und von ganzer Seele dem Materialismus im gemeinsten Sinne zu huldigen!«[6]

Im Bewusstsein dieser Heuchelei erliegt Feuerbach nicht der Versuchung, aus der Notwendigkeit des Essens eine Beeinträchtigung der menschlichen Freiheit abzuleiten. Ganz im Gegenteil gestaltet er die Esskultur zu gelebter Freiheit aus. Der Mensch trifft eine Wahl, wenn er isst, er verweigert bestimmte Speisen und goutiert andere. Dem volkstümlichen Glauben an die bestialische Fresswut schwört Feuerbach ab. *Hunger wie ein Wolf* zu haben, *einen tierischen Hunger* zu verspüren, diese Redewendungen würde Feuerbach mit scharfem Widerspruch quittieren. Sein Magen ist menschlich, und menschliche Freiheit erstreckt sich im universalistischen Sinne über das ganze Wesen. Kurzum: Freiheit geht durch den Magen.

Auf den Begriff gebracht hat die Verbindung von Philosophie und Essen schließlich der preußische Offizier und Schriftsteller Friedrich Christian Eugen Baron von Vaerst.[7] Im Jahre 1851 fügte er die altgriechischen Wörter *gastér* (›Magen‹) und *sophía* (›Weisheit‹) zum Kompositum *Gastrosophie* zusammen und definierte damit die Lehre von den Tafelfreuden. Zur Gastrosophie zählte er nicht nur die Ästhetik der Esskunst, sondern auch das Benehmen bei Tisch, Theorie und Praxis der Kochkunst, Physiologie und Chemie der Nahrungsmittel, Diätetik, aber auch Viehzucht, Ackerbau, Gartenkultur und Fischfang. Essen wurde von der Produktion bis zum Anrichten der Lebensmittel auf dem Teller aus allen Blickwinkeln beleuchtet und damit einer systematischen Betrachtung unterzogen. Darin bestand die eigentliche Neuerung von Vaersts. Die Grundlagen der Gastrosophie hatte bereits der französische Schriftsteller Jean Anthelme Brillat-Savarin mit seiner 1825 erschienenen *Physiologie des Ge-*

schmacks gelegt. Auch besinnt sich schon Michel de Montaigne im 17. Jahrhundert auf die antiken Erkenntnisse zum Zusammenhang zwischen Magen, Denken und Lustbefriedigung. Auf seiner Reise nach Deutschland bemerkt er die Unterschiede zwischen der französischen und der deutschen Art und Weise, die Essenslust zu befriedigen. Die Deutschen, so Montaigne, jagten den Wein durch die Kehle, anstatt ihn auf der Zunge zergehen zu lassen: »Ihre Lust wird so auf viel üppigere und schnellere Weise befriedigt.«

Der physiologische Aspekt der Lustbefriedigung durch Essen ist inzwischen bekannt. Unser Gehirn verfügt über ein ausgeklügeltes Belohnungssystem, das uns Glückshormone beschert, wenn wir unseren Hunger stillen. Montaigne aber hebt auf kulinarische Lustbarkeiten ab, die weniger physisch als kulturell geprägt sind. Die Kultur des Kulinarischen begnügt sich nicht mit der bloßen Bauchfüllung. Sie erhebt die Nahrungsaufnahme vielmehr zu einem Gegenstand der philosophischen Betrachtung[8] und delektiert sich im doppelten Sinne an den Speisen. Die *lingua*, Zunge und Sprache zugleich, gibt sich nicht mehr mit dem Verkosten zufrieden, sondern beschert sich auch einen verbalen Genuss. Das sprachliche Nachschmecken verlängert das Vergnügen und kultiviert Genuss zu einer Kunst. Um kulinarische Finessen und kulturelle Unterschiede zum Ausdruck zu bringen, bedarf es einer Sprache, die der sinnlichen Erkenntnis als Äquivalent der Vernunft angemessen wäre. Sinnlichkeit aber lässt sich nicht auf einen Begriff bringen. Sie birgt die Vielzahl und Verschiedenheit bereits in sich. Ludwig Feuerbach schätzt diese Besonderheit der Sinne:

> »Nur wo der Kaviar oder sonst ein exotisches Reizmittel des Appetites den Anfang macht, hört der Gemeingeist des Geschmacks auf, wird der Geschmack und mit ihm die mensch-

> liche Glückseligkeit überhaupt ›subjektiv‹, ›partikulär‹ und ›singulär‹, wozu ihn unsere spekulativen Philosophen ohne Unterscheidung zwischen exquisiter table d'hôte und gemeiner Hausmannskost gemacht haben.«[9]

Dass sinnliche Mannigfaltigkeit überhaupt ins Blickfeld rückte, hängt mit einer Verschiebung in den Sprachwissenschaften zusammen. Anstatt einer verlorenen vermeintlichen Universalsprache nachzutrauern, begannen sich Philologen für die Schönheit und den Nutzen sprachlicher Vielfalt zu interessieren. Die babylonische Sprachverwirrung, der Ursprung der Sprachen im biblischen Sinne, wurde nicht mehr als Malheur, sondern als Chance für die Menschheit begriffen. In Deutschland trat vor allem Johann Gottfried Herder dafür ein, den Menschen nicht nur vom Allgemeinen aus zu denken, sondern auch die konkreten empirischen Erscheinungsformen mit einzubeziehen.[10] Sprache kommt in dieser auf Vielfalt bedachten Anthropologie eine zentrale Rolle zu. Für die Entstehung der Restaurantkritik sollte sich diese Ausdifferenzierung des Sprachverständnisses als Segen erweisen. Gourmets auf der Suche nach gustativem Vergnügen begannen genauer hinzuhören, schärften die Sinne und schulten das Ohr für die Sprache des Essens, die so facettenreich ist wie Feuerbachs Geschmäcker. *De gustibus non est disputandum*, über Geschmack lässt sich nicht streiten, hieß es noch in der scholastischen Philosophie. Nun aber werden Kritik und Streit zu einer Kunst erhoben, die den Jargon der Fischhändlerin genauso aufgreift wie die Wortschöpfungen des Bäckerlehrlings, sich aber auch nicht scheut, in die Sprachgefilde des Adels hineinzuhorchen. Das adlige Erbe einer kulinarischen Gesprächskultur war sogar der Sockel, auf dem die bürgerliche Restaurantkritik gründete. Das in Jahrhunderten gepflegten Geplauders erworbene raffinierte Vokabular passten die *gens de lettres* und Journalisten an die neue bürgerliche Küche an. Man sah sich nicht mehr genötigt, den Marquis oder den König mit der exquisiten Wortwahl zu beeindrucken, nutzte aber stilistisches Empfinden und klare Bewertungskriterien als Distinktionsmerkmal gegenüber weniger kultivierten Zeitgenossen und als Mittel zum gesellschaftlichen Aufstieg.

Diese Befreiung von sprachlichen Schranken und Konventionen sowie den Versuch, verschiedene Sprachregister zu ziehen, verdankten die ersten Restaurantkritiker den *Libertins*, Sinnlichkeitshasardeuren, die Raffinesse und Derbheit in der Sprache der Erotik erprobten. In der Alltagssprache des 18. Jahrhunderts hat das Wort Libertinage noch so unterschiedliche Bedeutungen wie sinnliches Vergnügen, Freigeistigkeit, Redefreiheit, aber auch Ausschweifung. Eingeengt auf sexuelle Zügellosigkeit wurde der Begriff erst später. Charakteristisch für den Libertin ist, dass er ein doppeltes Spiel spielt: Er blendet mit vollkommenen Umgangsformen, und zeigt sein wahres Gesicht im Separee. Um diesen Spagat zu bewältigen, muss er die Sprache der Gesellschaft genauso kennen wie die der Sinne. Codes, Signale und Feinheiten des Jargons seines Publikums zu erlernen ist der Schlüsselfaktor seines erotischen und sozialen Schauspielerfolgs.

Der wohl bekannteste dieser Freigeister war Donatien Alphonse Marquis de Sade. Er war es, der der Einbildungskraft wieder einen Stellenwert verschaffte. »Die Phantasie ist der Stachel der Lust«, sagt eine seiner Figuren. Jede erotische Praktik ist Resultat eines Plans, eines Entwurfs, der natürlich auch in Worte gefasst werden muss. De Sades Lust entzündet sich an der Sprache: »Die Sexualität Sades ist zuerst eine Lust des Sprechens. Nicht regt der Körper die Phantasie auf und stimuliert die Sprache, sondern umgekehrt entzündet erst die Wollust der Rede das müde Fleisch.«[11]

Dieses Verständnis sinnlicher Erregung durch die Sprache sollte sich auch im Schreiben über Essen reflektieren. De Sade plädierte dafür, die Bedürfnisse des Leibes, Hunger, Durst und sexuelles Verlangen, ohne falsche Scham zu befriedigen. Er selbst tat sich keinen Zwang an. Während seiner Haft in der berüchtigten Bastille gab sich der Marquis maßlosem Genuss hin und führte darüber ausführlich Protokoll. De Sade frönte dem Essen in gleichem Maße wie der Selbstbefriedigung: Über 6000-mal soll er in zweieinhalb Jahren laut eigener Aussage onaniert haben. Seine sexuellen Phantasien tat er in *Die 120 Tage von Sodom* kund. In einem Godemichet, einem speziellen Dildo, den seine Frau bei Handwerkern im Faubourg Saint-Antoine hatte anfertigen lassen, schmuggelte er das Manuskript aus dem Gefängnis. Mit gleicher Wollust und Präzision beschrieb er die verzehrten Speisen: gekochte Eier, Seezunge, Spinat, Poularde mit Trüffeln, Marmelade aus gegrillten Äpfeln, Charlotte und Schokoladencreme. Die Bastille verließ der Vorzugsinsasse de Sade als ein mehr als wohlbeleibter Mann.

In der russischen Literatur, die für das 19. Jahrhundert prägend werden sollte, findet sich de Sades zügellose Fleischeslust bei Dostojewski wieder: Essen und Sex werden zu Akten von Gier und Gewalt. Tolstoi dagegen beschreibt den Verzehr von Speisen als eine bezaubernde Einverleibung, ein libidinöses Vergnügen.

Zwischen diesen beiden Polen bewegt sich nicht nur die Literatur, sondern auch die Alltagssprache des Essens. Die Sprache der lebensmittelverarbeitenden Berufe war seit jeher eine saftige, dem Animalischen und Natürlich-Kreatürlichen weit mehr verbundene als der Sprödigkeit eines Kritikers im Elfenbeinturm. Noch heute zeugen die Namen traditioneller Speisen von der Lust an Tabubrüchen und der Erschaffung auch sprachlicher Kreationen. Im deutschen Sprachraum besticht vor allem die

Konditorei mit einem Faible für tierische Namen: *Kalter Hund, Maulwurfskuchen, Zimtschnecken* und *Katzenzungen* finden sich im Repertoire eines Bäckers. In Frankreich gibt es *crottes d'ânes*, Eselsäpfel, mit Puderzucker bestäubte Beignets. Ein Schmalzgebäck aus dem süddeutschen Raum namens *Nonnenfötzchen* oder *Nonnenfürzchen* hätte gewiss auch Marquis de Sade goutiert. Passende Pendants sind *Betrunkene Mönche*, in Weißwein eingeweichte, panierte Brötchenscheiben mit Aprikosenmarmelade und Vanillesauce. Sprachlust und Tabubruch fielen in der Kulinarik schon immer auf fruchtbaren Boden.

Zur Kunst erhoben wurde das Schreiben über Lukullisches aber erst von Alexandre Grimod de La Reynière. Niemand vermochte bei der Geburt des Jungen freilich zu erahnen, dass dieser zu einem spitzfindigen Juristen und feinzüngigen Erfinder der Gastrokritik heranreifen würde. Missgebildet, mit verkrüppelten Armen und Händen erblickte Alexandre 1758 das Licht der Welt. Öffentliche Schande fürchtend, gab die Mutter, eine Nichte des Bischofs von Orléans und nobler Abstammung, den Jungen sogleich in die Obhut einer Schauspielerin der Comédie Française. Erst Jahre später raffte sich der Vater, Sohn eines reichen Steuerpächters, dazu auf, dem Sohn Unterstützung angedeihen zu lassen. Bei einem renommierten Schweizer Uhrmacher und Prothesenhersteller ließ er metallene, goldverzierte Hände maßfertigen. Grimod erwarb mit unerbittlicher Selbstdisziplin eine solche Gewandtheit, dass er mit seinen Handprothesen nicht nur schreiben, sondern auch fechten lernte.

Seinen körperlichen Makel wusste er durch Ehrgeiz und Geschick auszugleichen. Während seiner Internatszeit brillierte er bereits mit sprachlicher Virtuosität und scharfem Geist. Er widmete sich dem Studium der Jurisprudenz und begann Theaterkritiken zu schreiben, während die Eltern in einem Stadtpalais an den Champs-Élysées residierten und opulente Soiréen veranstaltteten. Auf seinen ausgedehnten Reisen kam der junge Anwalt in Kontakt mit den Denkern der Aufklärung, die ihm früh schon ein Gespür für die kommende Zeitenwende vermittelten. Grimod begann sich in einen Lebemann zu verwandeln, der die kindliche Einsamkeit durch skurrile Festivitäten vertrieb. Einladungen ließ er wie Todesanzeigen gestalten, die Speisen wurden auf Sargdeckeln aufgetragen. Grimods Spektakel schlugen ein wie Donnerhall. Ganz Paris war begierig nach den morbiden Tafelfreuden des Mannes mit den Goldhänden. Auch die *Déjeuners philosophiques* machten von sich reden, zumal der rebellische Aristokrat den Unwillen des Hofes auf sich zog. Sätze wie dieser hätten ihn beinahe den Kopf gekostet: »Vor dem Gesetz und bei Tische haben alle gleiche Rechte und gleiche Pflichten. Die Tafel macht uns alle gleich.«[12]

Er durfte seine anwaltliche Tätigkeit nicht mehr ausüben und wurde in ein Kloster verbannt. In der Revolutionszeit eröffnete er einen Laden für Gewürze, Parfum und Arzneimittel, großzügig unterstützt von den Eltern, die auch schon seine Capricen in Paris finanziert hatten. Aber auch nach dem Tod des Vaters wusste sich Grimod über Wasser zu halten und die Revolution als Chance zu begreifen. Im Restaurant Le Rocher de Cancale in der Rue de Montorgueil gründete er zusammen mit anderen Feinschmeckern und Genießern eine *Jury dégustateur*, ein Verkostungsgremium, das Speisen und Produkte von Gastwirten und Feinkosthändlern bewertete und gegen ein Entgelt »legitimierte«. Ganz Jurist, beabsichtigte er, die »beste Gourmet-Rechtsprechung« Europas zu erstellen. Das Ergebnis veröffentlichte er 1803 in seinem *Almanach des Gourmands*, einem Restaurantführer, der die Gastrokritik begründete. Mit Anekdoten, charmanten Exkursen und hervorragenden Rezepten beglückte er die Leserschaft. Bonmots und eine heitere Schreibart sind charakteristisch für Grimods Stil. Seine Zunge, der man auch in erotischer Hinsicht Kennerschaft attestierte, labte sich an den Worten in gleichem Maße wie an den servierten Köstlichkeiten. Seine Kritiken waren gespickt mit Metaphern, der Steinbutt war ihm »der Fasan des Meeres«, auch vor pietätlosen Vergleichen scheute er nicht zurück: »Das Steinhuhn ist für das Rebhuhn das, was die Kardinäle für die Bischöfe sind.«

Grimod de La Reynière gelingt es, mit seinem Almanach eine kulturhistorische Brücke zu schlagen zwischen dem Ancien Régime und der postrevolutionären Zeit. In Tradition und lukullischem Exzess zu schwelgen, genügte ihm nicht. Die reizvolle Verbindung mit einer pulsierenden neuen Gesellschaft regte ihn auch als Kritiker zu Experimenten an. Schwülstige Hymnen und theatralische Lobgesänge hatte er ebenso im Repertoire wie sprachliche Anleihen aus Kunst und Architektur. Die in der Kindheit bereits erlebten Schmähungen und Zurückweisungen seitens der »guten Gesellschaft« hatten Grimod, den adligen Bürgerschreck, zu einem furchtlosen Kritiker gemacht, der mit seiner spitzen Feder Gastronomen in den Orkus oder den Olymp zu katapultieren vermochte. Diese Macht feite ihn nicht vor den Angriffen seiner Gegner. Restaurantbesitzer rächten sich mit Prozessen. Der berühmte Koch Marie-Antoine Carême, der nur fachliches Wissen gelten ließ, nannte ihn verächtlich *Grimaud*, den Klassentölpel.

Das hinderte den abgehärteten, lustvollen Provokateur nicht daran, seine gastrokritische Palette weiter auszubauen. In seinem ab 1808 monatlich erscheinenden *Journal des gourmands et des belles* erschuf er die Vorläufer heutiger Gastronomiezeitschriften wie *Der Feinschmecker* oder *The Epicurean*. Das *Manuel des Amphitryons* befasste sich mit Tischmanieren und gastronomischem Anstand. Besonderen Wert legte er auf Tischgespräche, die einem gewissen Niveau zu gehorchen hatten, aber auch unverfänglich sein sollten. Politik und Theologie waren Tabuthemen.

Am Ende seines Lebens zog sich Grimod mit seiner Gattin, einer Schauspielerin, auf seinen Landsitz zurück und dinierte mit seinem Hausschwein. Selbst diese charmante Verschrobenheit war Avantgarde. Charles Monselet, ein Dichter-Gastronom und Begründer der Wochenzeitung *Le Gourmet*, setzte nicht nur den Almanach fort und avancierte zu Grimods respektablem Nachfolger in der Gastrokritik, sondern schrieb auch eine Ode an des Meisters Lieblingstier:

»Wertvolle Verdienste, anerkannt von allen!
Im Voraus markierte Stücke, unzählig, fleischig!
Schmerzbefreiter Philosoph, der frisst und der gegessen
wird!
Wie fällt es uns doch leicht, in all unserem Hochmut,
dir deinen Schlamm vorzuwerfen, nicht wahr?
Anbetungswürdiges Schwein! König der Tiere! –
Lieber Engel!«[13]

Eine gute Portion Sarkasmus steckt in diesem Lied. Die feinsten Tischsitten machen noch keinen Menschen. Das Schwein ist heroischer und opferungswilliger als manch ein Speisegenosse. Ob Grimod im Beisein seines königlichen Tafelschweins den Löffel abgab, ist nicht überliefert. Sein Leben jedenfalls hauchte er bei Tische aus.

In Deutschland war es Carl Friedrich von Rumohr, der als Erster der französischen *cuisine nationale* eine spezifisch deutsche Kochkunst gegenüberstellen wollte. Rumohr, der 1785 in Reinhardtsgrimma bei Dresden geboren wurde, als sein Vater dort dänischer Gesandter war, entstammte einem vermögenden Holsteiner Adelsgeschlecht. Auf Reisen durch Europa sammelte er Wissen über lombardische Bewässerungsanlagen, verfasste Schriften über Grundbesitz und Freiheit und versuchte sich an einer Künstlerkarriere, die ihm jedoch genauso wenig beschieden sein sollte wie Erfolg als Museumsdirektor. Dass er den Töchtern des Landes nicht zugeneigt war, wie man damals Homosexualität verschämt umschrieb, war einer staatlichen Laufbahn nicht förderlich. Hinzu kam ein wenig umgängliches Gemüt, das Freundschaften und Beziehungen zerbrechen ließ. Auch Rumohr aber ließ sich wie links des Rheins Grimod nicht von Hindernissen und Makeln beirren. Seine Liebe zur deutschen Küche paarte er mit einem ganzheitlichen künstlerischen und wissenschaftlichen Anspruch, den er 1822 in seinem Buch *Der Geist der Kochkunst*[14] einlöste. Rumohr, der, obschon schwergewichtig, die Völlerei wie auch die »Schleckerei«, diese »unregelmäßige Begierde nach allerlei zufälligen Reizen des Gaumens«, als »Aftergeburten« missachtete, plädierte für eine landestypische, maßvolle Küche mit ehrlichen Produkten, eine Ausrichtung, die auch Rousseau gutgeheißen hätte. Der französischen Küche, wie sie Grimod schätzte, warf er Überladenheit und allzu starke Vermischung vor. Sein Anliegen war die Systematisierung der deutschen Küche, nicht das raffinierte Verwöhnen der Papillen:

> »Denn die Kochkunst ist in den letzten Zeiten nur selten in ihrer ganzen Bedeutung und nach ihrem vollen Einfluß auf das körperliche und geistige Wohlseyn des Menschengeschlechts aufgefaßt worden. Zwar hat man schon vorlängst versucht, dem Ackerbau und der Viehzucht eine wissenschaftliche Gestalt zu geben […]. Doch blieb man, wie's so oft geschieht, auf halbem Wege stehen, indem jenes wissenschaftliche, dichterische, staatswirthschaftliche Lärmen bisher in einem verschämten Stillschweigen sein Ende nahm, sobald als man zum Kochen, oder zu der Verarbeitung derselben rohen Nahrungsstoffe gelangte, um deren Besitz man doch so eifrig bemüht zu seyn schien.«[15]

Der wissenschaftliche Ansatz prägte auch seine Bewertung der Speisen. Rumohr erwies sich als strenger Gastrokritiker, der den Gipfel der Kochkunst in der Verbindung von Nahrhaftigkeit und Anmut sah. Trotz des belehrenden Tons entbehrt Rumohrs Sprache nicht einer erfrischenden Saftigkeit. Die dezidiert nationale Ausrichtung aber hat bei ihm auch einen rassistischen Unterton: Dem »Walfischfraß der Grönländer« kann er nichts abgewinnen, »Saffran« hält er für eine »alberne Würze«. Auch klagt er über die »überpfefferten Brühen und Gehäcksel« eines Apicius.[16] Die »vollkommen mumienhafte Ausdorrung und Überwürzung« ist ihm zuwider. Die Epigonen dieser »zerstörenden Kochart« erkennt er in den Franzosen, diesem »Gesindel der Nachahmer«[17], das wiederum auch in Deutschland Anhänger gefunden habe. Die Epigonen schmäht er fast mehr als die französische Vorhut des »Laster(s) der Schleckerei« und der chaotischen Maßlosigkeit. Deutschsprachigen Epigonen rieb er ihre Rezepte unter die Nase, die »nach der Apotheke« schmeckten:

> »Im Wienerischen Kochbuche z. B. fand ich Champignons, Schalotten, Zitronenschalen und Basilikum, mit mehr anderen, weniger hervorsprechenden Würzen in dasselbe Gehäcksel gemengt. Wer seine Geschmacksnerven nicht durch häufiges Tabakrauchen abgestumpft hat, oder überhaupt ganz phantasielos ist, dem wird schaudern vor dieser Verbindung des Lieblichen und Widrigen mit dem Bitteren und Zusammenziehenden.«[18]

Verweichlichung, Vermischung und Verdrängung von Nationalspeisen waren Rumohr ein Dorn im Auge. Der unheilbringende deutsche Reinheitsgeist wehte bereits durch die Kochkunst. Rumohr versteigt sich zu diskriminierenden Äußerungen und Beleidigungen gegen europäische Nachbarn, er hetzt gegen seine

Zeitgenossen, die »aus dem Schmutz. eines Italienerkellers versalzene und übersäuerte Bissen«[19] hervorholten.

Trotz aller Verdienste um die Regionalküche und eine wissenschaftliche Kochkunst verstellte der Nationalismus Rumohr zunehmend den Blick für eine freigeistige, die Sinne verzückende Kulinarik, die seinem eigenen holistischen Kunstverständnis widersprach. Rumohrs Grundgedanke einer Rückbesinnung auf gesunde Regionalkost wirkte aber fort und hat auch heute nichts an Aktualität eingebüßt. Eckart Witzigmann widmete Rumohr 1976 mit dem Kalbsbries Rumohr ein Gericht, das zum Klassiker avancierte. Kalbsbries mit Gänseleber, Lauch und Trüffel, verfeinert mit Madeira und Cognac, gebacken in Strudelteig und serviert mit einer Sauce aus Champagner, Crème double und Noilly Prat hätte Rumohrs nationalistischen Geist vermutlich überstrapaziert. Der Gastrokritiker Wolfram Siebeck aber schrieb: »Das war einer jener Geniestreiche, deretwegen die Gourmets zu einem bestimmten Küchenchef pilgern wie Heiligsuchende nach Lourdes.«[20]

Den Carl-Friedrich-von-Rumohr-Ring der Gastronomischen Akademie Deutschlands, eine der bedeutendsten Auszeichnungen des deutschen Gastgewerbes für besondere Verdienste um die Kochkunst, hätte sich wohl auch der Rumohr an den Finger stecken lassen.

Der Boom der bürgerlichen Küche

Varenne, Carême und Escoffier

Gusseiserne Pfannen hängen an der ockerfarben gekalkten Wand. Ein Kupferkessel steht neben dem mächtigen Kamin, in dem ein heimeliges Feuer prasselt. Auf einem Stuhl sitzt die Hausfrau, an deren Schoß sich ein Hündchen schmiegt. Fürsorglich blickt sie hinunter zu der auf dem Terrakottaboden spielenden Tochter, wachsam beäugt von einem Jagdhund. An einem Holztisch am Fenster steht eine Küchenmagd, die versonnen in einer Schüssel rührt. Durch die matten Scheiben eines in die Natur gerichteten Fensters lugt neugierig ein Bursche mit weißer Haube in die Küche hinein. Das Wasser scheint ihm im Munde zusammenzulaufen beim Anblick des prächtigen Gemüses, der knackigen Zwiebeln, des knusprigen Brotes. Die Schüsseln aus Steingut und Holz sind schlicht, die Leintücher grob gewirkt und doch nicht ohne Reiz. Lediglich auf dem Kaminsims finden sich bescheidene Zeugnisse bürgerlichen Wohlstands: eine Glaskaraffe, ein Zinnbecher, ein in zarten Blautönen bemalter Krug. Über dem steinernen Kamin thront ein Porträt, vermutlich des Hausherrn.

Es ist ein bürgerliches Idyll, das Jean-Baptiste Lallemand Mitte des 18. Jahrhunderts auf seinem Ölgemälde verewigt. »La cuisine bourgeoise« (›Die bürgerliche Küche‹), so der Name des Bildes, bezeugt den ästhetischen Wandel, der in bürgerlichen Haushalten stattfindet. Adlige Opulenz wird durch bürgerlichen Minimalismus ersetzt, das Teure durch Einfachheit und Tradition. Selbst in großen Städten schmückten weder Wandteppiche noch aufwändig gedrechselte Möbel die Bürgerhäuser. Meist kümmert sich nur ein einziges Dienstmädchen um die Belange der Familie, die häufig in der Küche zu speisen pflegte. Luxus war bis ins 19. Jahrhundert hinein dem Adel, den Finanziers und Großkaufleuten vorbehalten. Mittel- und Kleinbürger übten sich in Bescheidenheit und machten aus der Not eine Tugend, indem sie nicht mit Gegenständen prunkten, sondern die Küche und das Kochen verbürgerlichten. Anstatt sich unterlegen zu fühlen, gestaltete man den intimen Rahmen zu einer eigenständigen bürgerlichen Lebenswelt aus, deren Zentrum Tisch und Herd waren. Vom affektierten Gesundheitsbewusstsein der *gens de lettres* nahm man genauso Abstand wie von der überspannten Raffinesse höfischer Speisen.

In diesem Sinne suchte der Gastrosoph Brillat-Savarin die goldene Mitte zwischen Askese und Dekadenz, wobei selbst die Verköstigung Kranker keine Ausnahme bildete. Er empfiehlt eine Fleischbrühe »von einem frisch geschlachteten Thiere« mit destilliertem Wasser und Kochsalz versetzt. Bei aller Sorge um die Gesundung des Patienten denkt er auch an Appetit und Geschmack: »In der Regel nehmen die Patienten die Suppe ohne alles Widerstreben nur so lange sie krank sind; sobald sie andere Speisen genießen können, widersteht sie ihnen, was in der Farbe und vielleicht in dem schwachen Fleischgeruch liegen mag. Für Viele möchte es deshalb vielleicht von Nutzen sein, die Fleischbrühe durch stark gebrannten Zucker braun zu färben und ein Glas rothen vom besten französischen Bordeaux-Wein zuzusetzen.«[1]

Eine rein bürgerliche Angelegenheit war die selbstbewusste und nonchalante Neuinterpretation kulinarischer Traditionen jedoch nicht. Der Adel hatte sich bereits 200 Jahre zuvor des mittelalterlichen Küchenballasts entledigt und sich von der italienischen Renaissanceküche inspirieren lassen, deren herausragendster Vertreter der aus der Lombardei stammende Bartolomeo Scappi war. 1534 trat er in die Dienste Papst Pauls III. ein und verdingte sich im Laufe seines Lebens als Leibkoch mehrerer Päpste in der Küche des Vatikans. 1570 erschien sein kulinarisches Kompendium *Opera*, in dessen sechs Bänden er die Organisation, Aufbau und Ausstattung einer Küche, die Vorbereitung höfischer Bankette sowie die Auswahl und Zubereitung hochherrschaftlicher Speisen schildert. Scappi war ein Starkoch, der heute mit Kochshows und begehrten Merchandising-Produkten von sich reden machen würde. Diskretes Wirken im Hintergrund war seine Sache nicht, obschon er selbst Bescheidenheit als Kardinaltugend des Kochs propagierte. Sein Bildnis zierte den Bucheinband, Glanz und Gloria erhöhte er durch Kreationen, die in ihrer Extravaganz dem Gastmahl des Trimalchio in nichts nachstanden. Das Augenfällige sollte beeindrucken, das künstlerisch Gestaltete das Interesse seiner Leser wecken. Scappi beschied sich nicht mit der natürlich eleganten Form eines Lachses, sondern verlieh ihm in einem schöpferischen Akt die Form eines Ziegenkopfes oder eines glasierten Schinkens.[2]

Diese Manieriertheit hätte die Geschmacksknospen eines deutschen oder französischen Bürgers im 19. Jahrhundert vermutlich irritiert, und doch ist die bürgerliche Küche nicht vorstellbar ohne die hochkultivierte italienische. Die kulinarische Dominanz Italiens regte andere europäische Länder, allen voran das konkurrierende Frankreich, dazu an, einen Schlussstrich unter die überladene mittelalterliche Küche zu ziehen. In seinem 1604 erschienen Kochbuch *Ouverture de cuisine* aromatisiert der in Mons geborene Koch Lancelot de Casteau Kalbsleber mit Orangensaft und fügt in Scheiben geschnittene Salzzitrone, Ingwer, Muskatnuss, Majoran und Minze hinzu. Er empfiehlt Hecht auf ungarische Art mit geschälten Mandeln, Apfel, Zimt und Zucker. Noch übertüncht also schweres Gewürzaroma den Eigengeschmack der Zutaten, es ist aber bereits ein Ringen um eine niveauvolle aristokratische Küche französischer Couleur bemerkbar, die der italienischen bald den Rang ablaufen würde.

Den entscheidenden Schritt in Richtung bürgerliche Cuisine tat François-Pierre de La Varenne, der mit seinem Kochbuch *Le Cuisinier François* (1651) und seinem Standardwerk der Konditorei *Le Pastissier François* Bestseller verfasste, die die europäische Kochgeschichte prägten. Bis zum Jahre 1754 wurden allein in Frankreich 61 Auflagen des Kochbuchs gedruckt. Auch in England, Italien und Deutschland verzeichnete das Buch einen großen Erfolg. In Hamburg, damals bereits frankophil, erschien *Le Cuisinier François* bereits wenige Jahre nach der französischen Erstveröffentlichung auf Deutsch. Der in Chalon-sur-Saône (nach anderen Angaben 1618 in Dijon) geborene Varenne beschrieb darin erstmals eine typisch französische Küche und zog damit eine deutliche Grenze zur benachbarten italienischen. Obwohl noch an den ständischen Benimmregeln ausgerichtet und auf die höfische Tafelkultur abgestimmt, ist Varennes Buch als eine Zwischenetappe zwischen mittelalterlicher und bürgerlicher Küche zu werten, da er die *cuisine française* für wichtiger erachtete als die transnationale höfische Kultur und eine große Wertschätzung für die jeweiligen Ingredienzen zeigte. Der Geschmack jeder einzelnen Zutat bedeutete ihm genauso viel wie das harmonische Zusammenspiel im Ganzen. Eine Gegenposition vertrat er auch zu Scappis Trompe-l'œil-Cuisine: Das verwendete Produkt sollte nicht nur visuell erkannt, sondern auch erschmeckt werden. »Wenn ich Kohlsuppe esse, dann möchte ich, dass sie nach Kohl schmeckt«, forderte Varenne und lieferte in seinem Kochbuch sogleich das passende Rezept mit:

> »Kohlsuppe. Man nehme Grünkohl oder anderen Kohl, wasche ihn, hacke ihn klein, brate ihn in Butter und gieße ihn in einen Topf mit kochendem Wasser oder klarem Erbsenpüree. Gib Brotrinde, Salz oder eine ganze Zwiebel mit ein paar Nelken und etwas Pfeffer dazu, wenn du magst, und koche alles.«[3]

Ein formidables Gericht nicht nur für Liebhaber der deftigen Küche, sondern auch für gesundheitsbewusste Esser, die das kalorienarme, an Ballaststoffen reiche Gericht zu schätzen wissen. Gemüse, bis dato selten auf dem Speiseplan der Franzosen zu finden, wurde dank Varenne fester Bestandteil eines Essens. Er brach mit der hochmittelalterlichen Tradition, sich bei der Speisenzubereitung überreichlich der aus Asien und der Neuen Welt stammenden Gewürze zu bedienen. Auch verzichtete er auf Obst als Würze für Saucen und überließ den Zucker, der bis dato reichlich über Fleisch gestreut worden war, den Konditoren.

Leichtigkeit und Variationsreichtum kennzeichnen Varennes Kochkunst. Forelle blau etwa ist ein Fischgericht, das wir Varennes scharfer Beobachtungsgabe und subtilen Zubereitungstechniken zu verdanken haben. Schonend gegart in einem Gemüse-Essig-Weißwein-Sud, nimmt die Schleimhaut der Forelle eine bläuliche Färbung an. Dass Varenne auch die Eigenheiten jeder Fischsorte erkennt und zu schätzen weiß, zeigt sich daran, dass er Kräuter und Gewürze variiert. Meist streut er schlicht Petersilie auf den gegarten oder gebratenen Fisch, Rochen aber serviert er mit Orange, Seeteufel bereitet er in der Kasserolle mit Anchovis, Kapern und Champignons zu. Stets achtet er dabei auf eine schonende Garzeit: Die Aromen der Bouillon soll ein Hecht blau aufnehmen, aber: »Passen Sie auf, dass er nicht zu lang in der Bouillon zieht!« Varennes Erfolgsrezept waren dieser achtsame Umgang mit dem Produkt und die charmanten Warnungen vor typischen Kochfehlern seiner Eleven.

Mit der Devise *Au naturel* ist Varenne Vorreiter einer naturbelassenen Küche, die mit genauen Garzeiten und Mengenangaben auf den Erhalt der Nährstoffe bedacht ist. Vielfältig modifizierbare Zubereitungsarten waren ihm so bedeutend wie Bekömmlichkeit und ästhetischer Genuss. Mit seinem praktischen Einfall, eine Saucenbasis zu schaffen, die auf vielerlei Art abgewandelt werden kann, steht Varenne dem bürgerlichen Effizienzgedanken näher, als es seine Zeit hätte vermuten lassen. Die *Sauce Roux*, eine klassische Mehlschwitze, die Grundlage vielerlei Saucen ist, findet sich erstmals bei Varenne verzeichnet. Mehl wird in erhitztem Fett angeschwitzt. Die Mischung löscht man mit Flüssigkeit ab und erhält bei kräftigem Rühren eine gebundene Sauce. Das relativ einfache Prinzip deklinierte Varenne in drei Varianten: Je nach Röstung des Mehls ergeben sich unterschiedliche Helligkeitsgrade der Sauce, die er nach Haarfarben benannte: *roux blanc, roux blond* und *roux brun*. Die sinnliche Wahrnehmung der Wirklichkeit spiegelte sich auch in der Namensgebung wider. Mit seinen weißen, blonden und braunen Saucen experimentierte Varenne und bescherte uns auf diesem Wege Klassiker wie die *Sauce Béchamel*. Auf Basis einer mit Milch abgelöschten hellen Mehlschwitze bereitete er bei einem Bankett im Schloss von Louis de Béchameil, Marquis de Nointel, eine Sauce zu, die er zu Ehren des Gastgebers s*auce béchamelle* nannte. Als er in den Diensten des Marquis d'Uxelles stand, erfreute er die Gäste mit einer Kreation aus kleingehackten Schalotten und Champignons, abgeschmeckt mit Madeira und Portwein, die er *duxelles* taufte. Eine Variante dieser Sauce wurde nach dem Saucengott selbst benannt: Die *Sauce La Varenne* ist eine mit Mayonnaise, Petersilie und Kerbel angereicherte *Duxelles*.

Der enorme Stellenwert, der in der französischen Küche Saucen zuerkannt wird, rührt zweifelsohne von Varenne her. Doch auch die heute gebräuchliche Küchenterminologie lässt sich auf den Gründervater der *cuisine française* zurückführen: Wer heute das *bouquet garni*, den *fond de cuisine, réductions* und Millefeuille im Munde führt, benutzt Varennes Küchensprache.

Die bürgerliche Küche, die sich im Laufe des 19. Jahrhunderts entwickelte, baute auf das von La Varenne gelegte Fundament auf. Dieser Grundstock aber war durch und durch höfisch, zumal Varenne für den europäischen Hochadel gekocht hatte. Zeitweilig war er Leibkoch Maria de' Medicis, der einflussreichen Gattin des französischen Königs Heinrich IV. Maria förderte die Künste, zu denen auch die Kochkunst zu zählen begann. Das Bankett, das anlässlich der Hochzeitsfeierlichkeiten im Palazzo Pitti veranstaltet wurde, war bereits ein Vorgeschmack auf die kulturelle Vormachtstellung, die die Florentiner Bankiersfamilie in Europa beanspruchte. Die mehr als tausendköpfige Hochzeitsgesellschaft tafelte auf exquisitem Porzellan und ließ sich von erlesenen Köchen verwöhnen, die auch in Frankreich den Ton angeben würden. Dass sich ihr Ehemann Heinrich IV. als ein lausiger Gourmet und treuloser Gatte erweisen sollte, der den Künsten generell wenig zugetan war, spornte Maria dazu an, die italienische Kochkunst auch in Frankreich zum Maß der Dinge zu erheben. In Varenne fand sie einen kulinarischen Komplizen, der bald aber aus dem Schatten der Italiener hervortrat und einen Stil begründen sollte, der als *cuisine française* Geschichte schreiben würde.

Varenne bereitete den Weg für Marie-Antoine Carême, den ersten Shootingstar der französischen Küche, dem Frankreich nicht nur kulinarisches Prestige verdankt, sondern vielleicht sogar – die Champagnerlaune sei erlaubt! – den Fortbestand der

Nation. Als 1814 auf dem Wiener Kongress unter Leitung des österreichischen Außenministers Fürst Metternich über die Neuordnung Europas entschieden wurde, drohte Frankreich die Zerschlagung. Nichts weniger als eine territoriale Neuordnung Europas und die Wiederherstellung des Gleichgewichts der Großmächte Frankreich, Preußen, Russland, Österreich und England hatte man sich vorgenommen. Die Interessenkonflikte verschärften sich jedoch zunehmend. Mit Bällen und Lustbarkeiten versuchte man die Teilnehmer zu erheitern. Der Kongress tanzte, ein Ergebnis aber ließ auf sich warten. Charles-Maurice de Talleyrand, der französische Außenminister, wusste die Feierlust der Staatsmänner zu nutzen. Über den Gaumen versuchte er günstige Ergebnisse für die Verlierernation Frankreich zu erzielen. Sein Chefkonditor Marie-Antoine Carême und Tausende Magnumflaschen Champagner sollten die Kongressteilnehmer bei Laune halten und Frankreich ein passables Mitspracherecht bescheren. Es gelang ihm sogar, die politischen Einbußen durch eine kulinarische Expansion zumindest ein wenig auszugleichen.

Der Champagner floss in Strömen und war fortan Sinnbild für Luxus. Selbst das gegnerische Russland gehörte bis zur Oktoberrevolution zu den Hauptabnehmern des elegant prickelnden Getränks. Der Siegeszug des Champagners war der Beginn der französischen Hegemonie auf dem Terrain der Luxusgastronomie. Ein spektakulärer Erfolg, zumal der perlende Trunk erst im 17. Jahrhundert erfunden worden war. Den Rang des Schöpfers machen sich der Benediktinermönch Dom Pérignon und die Engländer streitig. Während die Insulaner jedoch den Schaumwein mit Gewürzen und Melasse versetzten, kultivierte der Franzose den Champagner durch subtile Rebschnitte zum delikaten Luxusgetränk, das mit Florens-Louis Heidsiecks Kreation auf die Lippen Marie-Antoinettes gelangte und schließlich Rebellen wie Konservative in gleichem Maße beglückte.

Die Revolution ging durch den Magen, fortan aber erkannte man auch das verführerische Potential der Kulinarik und scheute sich nicht, es ganz nach Gusto und eigenem Vorteil einzusetzen. Vergnügliche Speisen und Getränke wirkten sich nicht nur erfreulich auf das gesellschaftliche Miteinander aus, sondern auch auf die persönliche Lebensgestaltung. Carême, der 1783 in ärmlichste Verhältnisse hineingeboren wurde, ist ein Paradebeispiel für bürgerliche Aufstiegsgeschichten. Der Zar, der englische König Georg IV., Napoleons Gouverneur Murat, Franz I. von Österreich und die Rothschilds, sie alle verfielen dem Charme dieses herrlich versnobten Patrioten, ganz Europa würde sich reißen um diesen Koch der Könige und König der Köche.[4]

Der Weg dorthin freilich war beschwerlich. Als Küchenjunge trug Carême von Kindesbeinen an zum Auskommen seiner Familie bei. Sein Schicksal sollte sich wenden, als er im Alter von fünfzehn Jahren eine Ausbildung bei dem renommierten Pâtissier Sylvain Bailly begann, zu dessen Kunden nicht zuletzt Talleyrand zählte. Bailly förderte die Interessen und das Talent des Jungen. In der Nationalbibliothek vertiefte sich Carême in Bücher über Architektur und Gartenkunst, die ihn zu eigenen Kreationen inspirierten. Als er mit Anfang zwanzig seine Konditorei eröffnete, machte er schnell mit seinen außergewöhnlichen Torten von sich reden, die er ägyptischen Pyramiden und antiken Tempeln nachempfand. Diese Schöpfungen aus Marzipan, Nougat, Baiser und Schokolade waren imposante Kunstwerke, die in der Mitte der Tafel thronten. Das aufmerksamkeitsheischende Bürgertum war begierig nach den gleichermaßen deliziösen wie beeindruckenden *pièces montées*, die aus eigenhändig von Carême angefertigten Skizzenbüchern ausgewählt werden konnten. Mehrstöckige Torten und das in Frankreich auf Hochzeiten obligatorische *Croquembouche* finden sich schon in Carêmes Rezeptbüchern. Der Pyramide aus mit Vanillecreme gefüllten und mit Karamellfäden verbundenen Brandteigkrapfen vermag kaum einer zu widerstehen. Auch dürfte Marcel Prousts Madeleine ihre Wirkung nicht zuletzt dank Carêmes perfektioniertem Rezept eines Desserts aus dem 18. Jahrhundert entfaltet haben:

»Reiben Sie an einem Stück Zucker eine halbe Orangen- oder Zitronenzeste, zerkleinern Sie den Zucker ganz fein, vermischen Sie ihn mit Hilfe eines Spatels mit 270 Gramm Haushaltszucker, 240 Gramm Mehl, zwei Eigelb und sechs Eiern, zwei Löffeln Schnaps und ein bisschen Salz. Sobald der Teig gebunden ist, rühren Sie ihn noch eine Minute. Dies ist Pflicht, da die Madeleines sonst an der Form festkleben, krümeln oder zusammenfallen.

Schmelzen Sie 330 Gramm Isigny-Butter in einem Topf. Sobald ein wenig erkaltet, füllen Sie damit eine Madeleine-Form: Sie gießen die Butter in eine andere Form und so fort bis zur achten. Danach gießen Sie die Butter in den Topf. Dreimal hintereinander gehen Sie so vor, sodass Sie 24 gebutterte Formen erhalten. Bitte nicht stürzen, da Sie das bisschen Butter, das sich auf dem Boden der Form absetzt, bewahren sollten.

Danach vermischen Sie den Rest der Butter mit dem Teig, dann stellen Sie das Ganze auf einen lauwarmen Herd, rühren, bis die Mischung flüssig wird, und ziehen sie vom Herd, ohne sie erkalten zu lassen. Danach garnieren Sie die Formen mit einem Löffel Teig und schieben sie bei moderater Hitze in den Ofen.«[5]

Diese Präzision und die Liebe zum Detail, die künstlerische Besessenheit markieren den Unterschied zwischen Carêmes Vorläufern und seinen industriellen Epigonen.

Zeitgleich zu seiner selbständigen Tätigkeit stand Carême in den Diensten Talleyrands, der, mit einem guten Riecher für Erfolg ausgestattet, schon früh Wind bekommen hatte von den außergewöhnlichen Talenten des jungen Carême und diese für seinen politischen Erfolg zu nutzen wusste. Aber auch Carême erwies sich als gelehriger Schüler nicht nur der Konditorei. Als Koch richtete er bald phänomenale Bankette aus, beobachtete aber außerdem genau politische Umbrüche und neue Allianzen, die an Talleyrands Tafel geschmiedet wurden. So lernte er von seinem Chef auch eine gute Portion Opportunismus und Strategie, die ihm auch unter wechselhaften gesellschaftlichen Bedingungen eine Spitzenposition in der europäischen Gastronomie garantieren würde. Nicht ohne Grund wurde Carême ausgewählt, auf dem Wiener Kongress den Zaren mit kulinarischen Genüssen Frankreich milde zu stimmen. Als Alexander I. einige Jahre zuvor den Franzosen noch wohlgesinnt gewesen war und im Élysée-Palast logierte, war es Carême, der sich um das leibliche Wohl des russischen Herrschers kümmerte und dessen Vorlieben auch mit russischen Rezepten nachkam: »Alexander und seine Generäle beginnen ihr Abendessen mit ein paar Dutzend Austern. Sie lieben eine kalte Suppe nach russischer Art. Vor allem aber die Ouka, eine Bouillabaisse, deren Zubereitung Antonin den slawischen Küchenhilfen überlässt. Neugierig auf neue Gesten schaut er zu, wie sie am Spieß zwei Hühner rösten und sie in einen großen Topf mit Kalbfleisch aus der Oberschale geben, zusammen mit zwei weißen Rüben, Karotten, Zwiebeln, Lauchstangen und Staudensellerie, und das Ganze mit Wasser bedecken. Nach fünfstündigem leichtem Köcheln auf dem Herd fügen sie dieser Bouillon Glattbutt, Aal, Barsch und Seezunge hinzu«[6] – Fische also, die man in Les Halles von Paris erwerben kann, während in Sankt Petersburg der Stör die Seele des Gerichts sei, wie Carême als aufmerksamer Beobachter feststellt.

Diese Sensibilität für regionale und nationale Unterschiede machte ihn zum idealen kulinarischen Botschafter, ganz im Sinne der Regierung, die der Kulinarik eine strategische und vermittelnde Funktion zusprach.

Carême selbst betrachtete Geschmack und Ordnung als das Wesen seiner Kunst. Er führte eine straffe Küchenorganisation ein und dirigierte seinen Stab nach klaren Regeln im klugen Zusammenspiel, so dass er sich den bis heute gebräuchlichen Titel des *Chef de cuisine* erwarb. Carême entwickelte auch die Kochmütze, ein makellos weißes Kopfbarett, das bis heute Ausdruck einer ästhetischen Küchenkultur ist. Als Vorbild dienten ihm die Militäruniformen des Wiener Kongresses: Die Diplomatie hielt Einzug in die Küchen.

Ebenso wie sein Vorgänger Varenne legte er den Schwerpunkt auf den Eigengeschmack der Zutaten, entwickelte die Haute Cuisine der europäischen Höfe aber zielstrebig zu einer bürgerlichen sogenannten Grande Cuisine weiter. Das Gutbürgerliche mit regionalen Produkten fand genauso Eingang in seine Kochbücher wie prestigevolle Produkte, die den steigenden Ansprüchen eines zunehmend wohlhabenden Bürgertums genügten. Gänseleber, Trüffel, Spargel, Fasan und Languste wurden im Laufe des 19. Jahrhunderts auch in bürgerlichen Esszimmern aufgetischt.

Zur Vollkommenheit gelangte diese Küche mit einem aus Südfrankreich stammenden Koch, der mit seinem Buch über *L'Art Culinaire*, ›die Kochkunst‹, der französischen Küche Weltruhm verschaffen sollte. Auguste Escoffier (1846–1935) ging mit seinem Werk nicht nur in die Geschichte der Kulinarik ein, sondern prägt als Künstler, Koch und Unternehmer noch heute gastronomische Granden. Dass sich ein Junge, der im Restaurant seines Onkels begann, hocharbeitete zum Sozius des berühmten Hoteliers César Ritz, war wesentlich seinem Einfallsreichtum, aber auch außergewöhnlicher Selbstdisziplin und einem Blick für gesellschaftliche Entwicklungen geschuldet. Chancen, die sich ihm boten, zögerte er nicht zu ergreifen.

Am 1. Februar 1907 schrieb Escoffier: »Die Kochkunst hängt in all ihren Erscheinungsformen vom psychologischen Zustand der Gesellschaft ab; sie folgt notwendigerweise deren Impulsen, ohne sich diesen entziehen zu können. Wenn das leichte, angenehme Leben durch keinerlei Sorge getrübt ist, die Zukunft geschützt vor den Fährnissen des Zufalls, entfaltet sich die Kochkunst beträchtlich, weil sie zu den genüsslichsten Vergnügungen beiträgt, die dem Menschen gegeben sind.«[7]

Seinen Sinn für die gute Gelegenheit schärfte er in einem mondänen Ambiente. An der Côte d'Azur verkehrte die europäische Aristokratie, aber auch Geldadel aus aller Herren Länder. Zu einem für Escoffier historischen Ereignis sollte seine Begegnung mit César Ritz werden. Der Hotelier erkannte sofort das Potential einer Zusammenarbeit mit dem begabten Hotelkoch und verpflichtete ihn als Chefkoch des Grand Hotel von Monaco. Ritz, der aus einfachsten Verhältnissen stammte, und Escoffier ersannen gemeinsam das Konzept des Palasthotels. Der Koch und der Hoteldirektor revolutionierten als Duo die europäische Hotelszene.

Ihr Weg führte sie zunächst nach London ins Savoy Hotel und ins Carlton. 1898 folgte der große Coup: die Eröffnung des Ritz an der Place Vendôme in Paris. Geleitet wurde das Gourmetrestaurant von Escoffier, der bei der Eröffnung nichts dem Zufall überließ. César Ritz, der ein ausgeprägtes Faible für Lichteffekte hatte, wählte die für die Abendgarderoben der Damen schmeichelhafteste Beleuchtung und rückte die edle Tischwäsche sowie das Silber von Christofle ins rechte Licht. Escoffier gab seinen Köchen letzte Instruktionen: »Nur mit der natürlichen Hitze und Flamme jener altbewährten Brennstoffe läßt sich ein Hähnchen auf dem Rost so recht knusprig bräunen, nur mit ihrer Hilfe gelingt einem das Steak genau im Stadium, welches der Gast wünschte, und nur so gehen die Pasteten tadellos auf.«[8] Die Küchenbrigade gehorchte aufs Wort, zumal der Chefkoch höchstpersönlich deren Organisation verantwortete. Die Küchenordnung, wie sie heute in den Großküchen befolgt wird, ist eine Erfindung Escoffiers. Er war es, der dem chaotischen Gewirbel und dem gehetzten Gebrüll in europäischen Küchen ein Ende setzte mit einer straffen Gliederung der Aufgabenbereiche und klaren Anweisungen. Die typische Brigade einer mittelgroßen Küche besteht aus dem Küchenchef, *Chef de cuisine* genannt; dessen Stellvertreter, dem *Sous-chef*; dem *Saucier*, der sich um Saucen und Schmorgerichte kümmert; dem *Entremetier*, verantwortlich für Suppen und Beilagen; dem *Garde-manger*, der vor allem kalte Speisen zubereitet; und dem *Pâtissier*, der Süßspeisen konfektioniert. Hinzu kommen der *Tournant*, der den Postenkoch vertritt, und der *Chef de Garde*, der Posten bezieht, wenn die Köche abwesend sind.

Die Welt drehte sich immer schneller, Paris wurde zur Hauptstadt eines anspruchsvollen, unter Zeitdruck stehenden Bürgertums, das effizient bedient werden wollte. Escoffier, der seinen Blick für den Wandel zeitlebens schulte, tat es den Industriellen gleich und optimierte innerbetriebliche Strukturen. Sauberkeit und Disziplin der Mitarbeiter wirkten sich nicht nur auf die Zufriedenheit der Gäste aus, sondern auch auf das Wohlbefinden der Mitarbeiter selbst. Escoffier begriff seine Küche als Mikrokosmos, der in Wechselwirkung mit der großen, weiten Welt stand. Die delikate Osmose zwischen seinem kulinarischen Reich und gesellschaftlichen Bewegungen gelang ihm nicht zuletzt, weil er ein besonderes Sensorium für das Weibliche besaß. Zahlreiche seiner Kreationen sind nach berühmten Damen und Künstlerinnen seiner Zeit benannt. Heute noch erfreuen sich

Liebhaber süßer Köstlichkeiten an einer Eisspezialität, die Escoffier für die australische Opernsängerin Nellie Melba komponierte. In seinen Erinnerungen schreibt Escoffier:

> »Um ihr meine Bewunderung zu zeigen, wollte ich ihr eine Überraschung bereiten. Am folgenden Tag gab sie ein Abendessen für einige Freunde.
>
> In Erinnerung an den majestätischen mythischen Schwan, der im ersten Akt von Lohengrin auftaucht, präsentierte ich ihr Pfirsiche auf einem Bett aus Vanilleeis in einer silbernen Schale, die zwischen den Flügeln eines prächtigen, aus einem Eisblock geschnitzten und mit Zucker verzierten Schwans eingelassen war.«[9]

Pfirsich Melba gehört noch heute zu den kulinarischen Standards. Serviert wird das ursprünglich köstliche Dessert in drittklassigen Eisdielen jedoch meist in einer wenig appetitlichen Variante mit Dosenpfirsich und Sprühsahne. Ein Schicksal, das auch andere Schöpfungen Escoffiers ereilte.

Die Schauspielerin Sarah Bernhardt, mit der Escoffier eine lange Freundschaft verband und der er als erster Frau einen Platz in seinem Gourmetclub Ligue des Gourmands gewährte, überraschte er mit *Fraises à la Sarah Bernhardt*: in Curaçao mazerierte frische Erdbeeren, auf luftiger Vanilleeiscreme serviert mit einem Sorbet aus pürierter Ananas. Eine etwas abgewandelte Version findet sich in den *Annales politiques et littéraires* vom 2. Juni 1912[10]: Die Erdbeeren werden hier auf einem Ananaseis angerichtet und mit einer Mousseline aus Walderdbeeren bedeckt. Abgesehen von Likör wurde dem Fruchtspiegel noch Champagner hinzugefügt. Eine reizvolle Variante, da Madame Bernhardt bekannt dafür war, zu jedem Mahl eine halbe Flasche Moët & Chandon zu genießen.

Mit den dänischen Cremetörtchen auf Nuss-Mandel-Makronen hat Escoffiers Kreation zu Ehren der Schauspielerin aber genauso wenig gemein wie die üppige, mit Marzipan, Mokka-Buttercreme und Ganache gefüllte Sarah-Bernhardt-Torte. Der Interpretationsfreude und kulinarischen Widmungslust sind freilich keine Grenzen gesetzt.

Vielleicht hätte Escoffier mit Sarah Bernhardt auch eine Flasche Champagner geköpft und sich köstlich amüsiert über die Spielereien seiner Epigonen. Schließlich war er trotz seiner pädagogischen Ader mit Humor gesegnet. Bei einer seiner Soiréen kredenzte er den Gästen *Cuisses des nymphes à l'aurore*. Diese so verrucht klingenden ›Nymphenschenkel im Morgenrot‹ waren schlichtweg Froschschenkel, die er mit dem Einverständnis des verschmitzten Prinzen von Wales seinen unwissenden englischen Gästen auftischen durfte. Escoffier konnte sich diesen pikanten Humor erlauben: Er befand sich als Bürger, Kochkünstler und Chef auf Augenhöhe mit alten wie neuen Eliten. Escoffiers bürgerlicher Esprit und Unternehmergeist brillierte nicht nur im Ritz, sondern auch in den schlichten Stuben der Arbeiter und Kleinbürger. Mit seinen Büchern über Reis und Stockfisch, gutes und günstiges Essen bewies der legendäre Koch nicht nur ein kulinarisches, sondern auch ein demokratisches und wahrhaft bürgerliches Sendungsbewusstsein.

Herzhafte und deftige Regionalküche

Zurück zu den Wurzeln!

Jeder Gedanke birgt sein Gegenteil, in jeder Bewegung ist bereits die Gegenbewegung spürbar, jeder Wandel lässt zugleich die Sehnsucht nach Bewahrung wachsen. Der Drang des Bürgertums nach Innovation und das Begehren, immer am Puls der Zeit zu sein, führten unweigerlich in die Epoche permanenter Beschleunigung. Der frenetische Rhythmus einer nach Aufmerksamkeit und Erfolg begierigen Gesellschaft brachte die Empfindsamkeit für das allmählich Gedeihende aus dem Takt. In die Höhe zu streben und in der Ferne sein Glück zu suchen, ist in Zeiten des Aufbruchs verlockender, als den eigenen Wurzeln nachzuspüren. Die Tradition schwindet, wenn Visionäre das Steuerrad übernehmen. Die Vergangenheit wird überdeckt mit Wunschdenken, wenn nicht sogar verborgen unter dem Schleier des Vergessens.

Gründungsmythen ersetzen das Gewachsene, und doch macht sich unterirdisch eine Natur bemerkbar, die ihr Recht begehrt. Die Verzärtelung der Papillen mit ausgeklügelten Rezepten und raffinierten kulinarischen Darreichungsformen mochte zu Beginn beglückend wirken auf das bürgerliche Gemüt. Bald aber schon stellte sich der Überdruss ein, und die Lust auf das

Wahre, Echte machte sich bemerkbar. Den beruhigenden Ausgleich für die überreizten Sinne erhoffte man sich von der Tradition und einem gewissen Gleichmaß. Der Kopf, schrieb der französische Philosoph Gilles Deleuze, sei das Organ der Tauschakte, das Herz aber das in die Wiederholung verliebte Organ.[1] Die Wiederholung bedeutet jedoch auch Verwandlung, da sie immer etwas Zusätzliches beinhaltet, eine Erinnerung an das Vorangegangene. Dadurch wird paradoxerweise das Unwiederbringliche wiederholt.

Den Geschmacksknospen ist ein hybrider Status eigen: Den Verlockungen des Neuen sind sie genauso zugetan wie der tröstlichen Vertrautheit des Bekannten. In unserem kollektiven Fernsehgedächtnis verankert ist der Werbespot mit dem Meisterkoch Alfons Schuhbeck. Der Koch des Jahres 1990 wirbelt zwischen Pfannen und Töpfen herum und nutzt die wohlverdiente Pause mit seiner Brigade für einen deftigen Happen, ein Stück Fleischwurst von Herta. Einen erstaunten Kommentar aus dem Off über diesen kuriosen Kontrast zu den »raffinierten Schmankerln«, die er in seiner Gourmetküche zubereite, quittiert er mit: »Ja, eben drum.« Es bedarf keiner weitschweifenden Erklärung, das Offensichtliche braucht nicht viele Worte. Finesse und Rustikalität entpuppen sich als reizvoller Gegensatz, wenn nicht sogar als notwendige Komplementarität.

Dass heute allerdings kaum jemand mehr ein Industrieprodukt als ländliche Spezialität und Traditionskost wahrnehmen würde, ist ein anderes Thema. Der Anspruch an Echtheit ist in einem Maße gestiegen, dass sich die vielgelobte Authentizität schon wieder in ihr Gegenteil verkehrt. *Sei du selbst* ist der Schlachtruf unserer Zeit. Dass dieses Selbst aber konstruiert werden muss durch Erfahrungen, Risiken, Niederlagen, Lust und Liebe, Widerspruch auch, wird dabei verkannt. Wer sich der eigenen Vergangenheit, der Dunkelheit und den Wurzeln nicht stellt, verkümmert zum Schatten seiner selbst und fristet ein kümmerliches Dasein zwischen der permanenten Anstrengung, echt zu wirken, und dem verzweifelten Versuch, sich aller Fremdeinwirkung zu entledigen. Das Ergebnis ist eine Echtheit, die künstlicher nicht sein könnte. Von dieser zeitgenössischen Momentaufnahme sind wir im 19. Jahrhundert jedoch noch weit entfernt. Damals ahnte die bürgerliche Gesellschaft, dass ihr Wesenskern in mehr als nur der Nachahmung und Anverwandlung adliger Sitten liegen musste. Gerade der weniger begüterte Bürger verlieh seiner eigenen Herkunft ein höheres Prestige, indem er den Produkten seiner Region eine höhere Wertschätzung angedeihen ließ. Der Entfremdung des Menschen von sich selbst versuchte er mit der Suche nach den Wurzeln beizukommen.

Auch in der Kulinarik zeichnet sich dieser Weg ab. Im letzten Viertel des 19. Jahrhunderts entstand mit den *Brasserien* ein neuer Restauranttyp, der sich auf die Migrationsbewegungen im Gefolge des Deutsch-Französischen Krieges 1870/71 zurückführen lässt. Parallel zur Spitzengastronomie verbreiterte sich das Angebot deftiger Speisen und rustikaler Spezialitäten. Flüchtlinge aus dem Elsass und aus Lothringen zogen nach Paris und gründeten Bierkneipen, in denen Gerichte aus der Heimat wie Sauerkraut aufgetischt wurden. Auch das Ehepaar Léonard und Pétronille Lipp flüchtete aus dem Elsass, das 1871 an Deutschland abgetreten wurde. In Paris gründete das Paar am Boulevard Saint-Germain im 6. Arrondissement die legendäre Brasserie Lipp. Noch heute werden dort elsässische Klassiker wie Kalbsnieren mit grobem Senf und Haxe mit Sauerkraut angeboten. Seit über sechzig Jahren ist die Karte unverändert. Auch die Wochenkarte ist keinerlei Wandel unterworfen: Montags gibt es Pfeffersteak, dienstags Französisches Kalbsragout, mittwochs Kalbsleber auf englische Art, donnerstags Cassoulet, freitags Rochen mit Nussbutter. Ein zweites Gericht steht selbstverständlich zur Auswahl. Das Lipp zeigt sich widerständig gegenüber Schwankungen und Veränderungen, es schlägt mit seinem Beharren auf Gleichmaß und Tradition dem ewigen Wandel ein Schnippchen. Vorhersehbar ist nur das Unvorhersehbare? Das Lipp bildet eine Ausnahme, wie sich überhaupt die Uhr anders dreht in dieser Brasserie. Um sieben Minuten geht der Minutenzeiger vor, genau die Zeitspanne, derer es bedarf, um nach der Mittagspause zum Senat zurückzukehren. Alles ist auf den Komfort des Gastes abgestellt, selbst die Zeit hat dieser Devise zu gehorchen.

Die Abgeordneten, die sich in dem prächtigen Art-Nouveau-Interieur niederlassen, wissen diesen diskreten Service zu schätzen, aber auch Fashion people kommen auf ihre Kosten. Bereits 1960 veranstaltete die Modemarke Chloé ein Defilee bei Lipp. Sehen und gesehen werden vereint sich dort auf formidable Weise: Die Spiegel sind in einem Neigungswinkel von zehn Prozent an den Wänden fixiert, so dass jeder Gast ins rechte Licht gerückt wird und zugleich die Neuankömmlinge sehen kann, ohne den Kopf herumdrehen zu müssen. Hektik ist verbannt, die Zeit erobert sich ihre Langsamkeit zurück. Die Besinnung auf die Wurzeln übt in ihrer unbeirrbaren Entrückung eine faszinierende Wirkung nicht nur auf konservative Geister aus. Ein Haus wie Lipp inspiriert auch Slowfood-Aktivisten und gibt Zeitforschern Impulse: Die bürgerliche Losung Effizienz erlangt erst wirklich Geltung, wenn ein Bewusstsein entsteht für das Verstreichen von Zeit: »Die Zivilisation steuert mit Höchstgeschwindigkeit auf pathologisch kurze Aufmerksamkeitsspannen zu […]. Die Kurzsichtigkeit braucht ein ausgleichendes Korrektiv, einen Mechanismus oder Mythos, der zu Weitblick und Übernahme langsichtiger Verantwortung ermutigt, einer Verantwortung, deren ›Langfristigkeit‹ sich mindestens in Jahrhunderten misst.«[2]

Bei Lipp geht die Langfristigkeit zwar sieben Minuten vor, aber das war immer schon das Kennzeichen der Brasserie: Sie ist ihrer Zeit voraus.

Dass die Uhren von Land zu Land, von Region zu Region anders ticken, zeigt sich auch in Deutschland. Eine Auszeit von der häuslichen Routine suchten die Deutschen etwa hundert Jahre nach den Franzosen im Restaurant. Ende des 19. Jahrhunderts verbreitete sich erst die Sitte, gelegentlich auswärts zu speisen. Der zunehmende Wohlstand des Bürgertums und das wachsende gastronomische Angebot trugen ihren Teil dazu bei. Auch strahlte französisches Savoir-vivre weiterhin auf die Nachbarländer aus. Tradition verband sich mit der anderer Länder oder Regionen – und wertete diese auf. So konnten nun bayerische oder norddeutsche Restaurants auf den durch Paris geadelten Chic ihrer jeweiligen regionalen Küchen verweisen. Eine Brasserie, die mit regionaler Küche Erfolge verzeichnete, motivierte auch deutsche Gastronomen, Schätze ihres eigenen Landstrichs zu heben und lokale Gerichte auf die Karte zu setzen. Am nötigen Selbstbewusstsein fehlte es nicht, zumal die Nationsbildung in Deutschland weniger brachial durchgesetzt wurde als in Frankreich. Eine gesunde ländliche Widerspenstigkeit zeigte sich auch an den Kochtöpfen. Gegen eine Identitätsauflösung durch nationale Vereinnahmung wurde der Kochlöffel geschwungen und mit Maultaschen, Schäufele und Labskaus gegengesteuert. Die Fehde zwischen Frankreich und Deutschland, deren Höhepunkt der Deutsch-Französische Krieg 1870/71 war, manifestierte sich in deutschen Landen auch in einer Abgrenzung von der *cuisine nationale.* Die *haute cuisine française* schmähte man als gekünstelt und dekadent.

Den Gegenpol suchte man in der Frische, Bodenständigkeit und Schlichtheit regionaler Erzeugnisse. Die gutbürgerliche deutsche Küche wurde nicht aus einer adligen Küche heraus entwickelt wie in Frankreich, sondern aus regionalen Kochgewohnheiten, die im mittleren Bürgertum weiterentwickelt wurden und eine besondere Ausprägung fanden. So suchte sich das mittlere und gehobene Bürgertum einerseits von der Arbeiterklasse, andererseits von den als gekünstelt empfundenen Praktiken des Adels und der französischen Nation abzuheben. Die gutbürgerliche Küche war aber nicht nur eine regionale und schichtenspezifische, sondern auch eine weibliche. Carl Friedrich von Rumohr, Propagandist des Nationalen und des Regionalen zugleich, widmete sein Buch *Geist der Kochkunst* jenen Frauen, »die ihrem Haus unmittelbar vorstehen, oder doch in dessen innere Tätigkeit aus dem Standpunkt einer geistigen Überlegenheit eingreifen«.[3] Erstaunliche Worte aus dem Munde eines Mannes, der einen beinharten Konservativismus vertrat. Der rege Absatz seines »Werkleins«, so Rumohr kokettierend bescheiden, mag den sanften Ton dieses für seine grimmigen Suadas bekannten Autors bedingt haben.

Die klassische Rollenverteilung mit dem Hausherrn als Versorger und der Hausfrau am Herd wirkte sich auch auf das Angebot an Kochbüchern aus. Die bürgerliche Hausfrau, die mannigfache häusliche Pflichten zu erfüllen hatte, bedurfte eines anderen Rats als ein Profikoch, der bestrebt war, sich die Praktiken eines Escoffier anzueignen. Dass der erste Kochbuchbestseller für die deutsche Hausfrau das Werk einer Autorin war, war umso begrüßenswerter. Frauen begannen sich einen Platz auch in der männerdominierten Branche der Literaten zu erobern. Henriette Davidis 1844 erschienenes *Praktisches Kochbuch für die gewöhnliche und feinere Küche*[4] stellte eine Sammlung traditioneller französischer Rezepte dar, ergänzt durch Tipps zur Haushaltsführung, Etikette und Vorratshaltung. Noch war der Raum nicht verengt auf die drei Ks, »Kinder, Küche, Kirche«, denen Frauen lange Zeit unterworfen sein sollten. In Henriette

Davidis' Wirken liegt trotz aller Ausbeutung und Beschränkungen auch ein emanzipatorisches Momentum. Aus dem Fehler, die Rechte an ihrem Megaseller an den Verlag abgetreten zu haben, lernte sie: Sie wechselte zu einem anderen Verlag und entwickelte neue Buchprojekte, darunter *Kraftküche von Liebig's Fleischextract für höhere und unbemittelte Verhältnisse*, und legte damit den Grundstein für Kooperationen zwischen Lebensmittelherstellern und Kochbuchautoren. Ihre Kochbücher wurden sogar zu Exportschlagern für nach Amerika ausgewanderte Deutsche. Die regionale Küche begann auf Wanderschaft zu gehen und in fremden Gefilden sesshaft zu werden.

Aber auch die heimische kulinarische Landschaft wurde bereichert durch Migrationsbewegungen. Kochtraditionen der Herkunftsgebiete fusionierten mit den Spezialitäten der Gastländer. Die ersten Restaurants mit polnischer, österreichischer, russischer und italienischer Küche etablierten sich Anfang des 20. Jahrhunderts in Berlin. In London wurde 1908 mit Chang Choy's das erste Chinarestaurant eröffnet. Um die ortsansässigen Gäste zu gewinnen, wurden zwar Zugeständnisse an die lokale Küche gemacht. Aus einer Notsituation heraus entfaltete sich aber auch eine Kreativität, die Experimentierlust und Verschmelzung begünstigte. Tradition und Innovation schließen sich nicht aus, sondern können einander befruchten, sofern sie wechselseitig erkannt und wertgeschätzt werden.

Lange Zeit aber drängte die bürgerliche Küche auf Internationalisierung im Sinne einer Standardisierung und Normierung. Erst Anfang dieses Jahrhunderts erwachte ein Interesse an der Verzeichnung lokaler europäischer Rezepte und Essgewohnheiten. Dass regionale Speisetraditionen im Zuge einer zunehmenden Vereinheitlichung zu verschwinden drohten, rief selbst die Europäische Union auf den Plan. In einem mehrjährigen Projekt wurden Essgewohnheiten, Speisezubereitungen und Rezepte aus dreizehn europäischen Ländern, darunter Griechenland, Polen, Island und Deutschland, untersucht und zusammengestellt. Traditionelle Speisen, so der Grundgedanke, sind Ausdruck kultureller Identität und bedeutende Elemente europäischer Kulturen.[5]

Der Samen gelegt für diese Rückbesinnung auf regionale kulinarische Schätze wurde im Norden. In Dänemark sind im 21. Jahrhundert Restaurants entstanden, die auf originär nordische Produkte vertrauten. Wieder einmal befanden sich europäische Köche in einer Phase, in der sie der französischen Küche samt ihren World-Cuisine- und Fusion-Style-Varianten überdrüssig waren. Diese Übersättigung mündete in eine demonstrative Kundgebung der Erneuerung. Spitzenköche aus den skandinavischen Ländern traten 2004 mit einem Manifest der New Nordic Cuisine an die Öffentlichkeit. In einem Zehn-Punkte-Plan erteilten die Köche der überfeinerten, dominanten Küche des Südens eine Absage und bekannten sich zu den prächtigen und doch verkannten Erzeugnissen ihrer Heimat. Der mediterranen Diät setzten sie selbstbewusst ein Savoir-vivre nordischer Art entgegen. Ursprüngliche Gemüsesorten und essbare Nutzpflanzen sollten auf den Teller gebracht werden, Waldmeister, Sauerampfer, Moltebeeren, das Fleisch des Moschusochsen, Hummer aus dem Kattegat und Kaisergranat von den Färöer-Inseln.

Einer der führenden Köche Dänemarks, René Redzepi, war einer der Impulsgeber der nordischen Kampagne. Sein Restaurant Noma sollte zu einem der berühmtesten Restaurants weltweit werden. Viermal erhielt es die Auszeichnung »Bestes Restaurant der Welt«. Den radikalen Anspruch, auf südliche Produkte zu verzichten, setzte Redzepi mit verblüffender Unbedingtheit durch. Olivenöl war ebenso verpönt wie Zitronen. Die Säure der Zitrusfrucht ersetzte er durch das Sekret von Ameisen, die er in einem eigens dafür eingerichteten Terrarium hielt.

Gefahr, durch die dezidiert nordische Ausprägung der Küche identitärem Denken zu verfallen, liefen die Köche aber nicht. Überzeugt zu sein vom guten Geschmack und der Qualität der regionalen Produkte bedeutet nicht notwendig die Abwertung des anderen, sondern lediglich die Hegemonie der französischen Küche und die Dominanz des Südens in der Gastronomie in Frage zu stellen. Inspirationen aber sind gewünscht. Abschottung führt auch in der Kulinarik zu Stillstand.

Dass regionale Küche nicht zu einer identitären Verengung führen muss, sondern – den lustvollen Blick in die Ferne, die Besinnung auf Heimaten und Streifzüge vorausgesetzt – zu einem gelungenen Patchwork an Sinneseindrücken und Geschmackserlebnissen führen kann, beweisen der Berliner Sternekoch Gal Ben Moshe und der Pâtissier Gil Avnon. Reizvoll wissen die beiden den Geschmack der Herkunft zu erkunden. Der Duft der Levante durchweht Gal Ben Moshes Charlottenburger Restaurant, Gil Avnon lockt mit lebendig interpretierten deutsch-französischen Konditorwaren und lässt auch Asien anklingen. Herkunft und Fernweh verbinden sich, Courage entfaltet sich in Experimentierfreude, Großmut und Versöhnlichkeit erweisen sich darin, dass jüdische Gastronomen sich in der deutschen Hauptstadt ansiedeln und Gastfreundlichkeit zeigen.

Zu Sukkot, dem jüdischen Laubhüttenfest, widmet sich Gal Ben Moshe einer ganz speziellen Frucht. Von herber Süße ist sie, nicht lieblich, glatt und saftig. Ihre Perfektion besteht aus Rauheit, Bitternoten und länglichen Kerben in einer wulstigen Schale. Verführerisch klingt das nicht, und doch gilt sie als Paradiesapfel, die Einkerbung als »Adamsbiss«. Etrog heißt die Zitrusfrucht, die ihren Charme erst auf den zweiten Blick beziehungsweise Biss entfaltet. Sie ist unabdingbarer Bestandteil des Feststraußes zu Sukkot. Neben Palmzweig, Myrtenzweig und Bachweidenruten ist die Zitronatzitrone das vierte Gewächs im Bunde.

Gal Ben Moshe ist sie vertraut. Der in Tel Aviv aufgewachsene Koch, inzwischen mit einem Michelin-Stern ausgezeichnet, bietet Etrog – wie schon prism, der Name des Charlottenburger Restaurants, vermuten lässt – facettenreich dar. Die Frucht wird eingelegt wie klassische marokkanische Salzzitronen, die je nach Gusto mit Zimt, Lorbeer oder Koriandersamen verfeinert werden. Fermentiert wird Etrog im Prism auch für Kosho verwendet, eine in Japan mit Salz, Yuzu und Chilipfeffer hergestellte scharfwürzige Paste aus Zitruszesten. Der Koch schöpft aus der Historie und schätzt regionale Erzeugnisse, wobei diese vor allem der Levante entstammen. Das ist Tradition im besten Sinne, Bewegung und Bewahrung, Aufbruch und Zielführung. Gal Ben Moshes Küche wurzelt im Morgenland, in Israel, Syrien, Jordanien, Libanon, Irak, und ist zugleich nomadisch. Im Gegensatz zu der in den 80er und 90er Jahren weitverbreiteten World Cuisine und zum Fusion Food strebt Gal Ben Moshe nicht nach Globalisierung, sondern nach der detaillierten Erkundung eines Landstrichs, der seine Jugend geprägt hat. Nostalgisch aber ist sein Ansatz nicht. Gal Ben Moshe betont seine akademische Neugier, sein historisches Schürfen und Graben nach verlorenen Rezepten und kulinarischen Strängen.

Seine eigene Familientradition reicht mütterlicherseits über das 16. Jahrhundert hinaus. In diesem Zweig der Familie, bei den Calderons aus Jerusalem, wurde vor allem syrisch und panarabisch gekocht, aber auch Sushi und italienisches Essen waren in der Familie präsent. In Israel arbeitete Gal Ben Moshe vor allem in französisch inspirierten Restaurants. Es zog ihn hinaus in die Welt, nach London zu Jason Atherton und Claude Bosi. Authentizität und Historizismus liegen ihm weniger am Herzen als kulinarische Streifzüge und die Integration verschiedenster Traditionen. Nicht sephardisch sei seine Küche, betont der Meisterkoch, Nordafrika spüre man kaum in seinen Gerichten, wohl aber Syrien und Persien. Die persische Gurke findet im Acht-Gänge-Dinner Platz neben Mandeln, gelben Datteln und Malfouf, gefülltem Weißkohl. Auch auf Foie gras wird nicht verzichtet. Dem Klassiker der französischen Küche verpasst der Koch einen derben Touch: Gegrillt wird die Leber und verträgt sich so mit Kaffee und Pilzen.

Auch Jacqueline Lorenz, die Sommelière des prism, geht ihren ganz eigenen Weg. Sie hat einen Blick für das Außergewöhnliche, ohne Chichi freilich. Karanika, Schaumwein aus Griechenland, wird zum Auftakt angeboten, eine Cuvée Spéciale aus der Xynomavro-Traube, trockenkräutrig und doch limonig, begleitet von leichten Röstaromen. Perfekt zu den Amuse-bouches, die sogleich serviert werden, um die Geschmacksknospen mit feinen Säuren zu öffnen. Eine geschmeidige Auberginencreme, die trotz ihrer eleganten Textur nichts an Intensität einbüßt, ein Olivenaufstrich, der endlich dem häufig verpönten Bittergeschmack Ehre erweist, und scharfes Grillgemüse verheißen Wandern und Mäandern. Auch hier eine Erinnerung an Sukkot. Im 3. Buch Mose 23, 42 f. heißt es: »Sieben Tage sollt ihr in Laubhütten wohnen; wer einheimisch ist in Israel, der soll in Laubhütten wohnen, daß eure Nachkommen wissen, wie ich die Kinder Israel habe lassen in Hütten wohnen, da ich sie aus Ägyptenland führte.« An die Wüstenwanderung der Hebräer aus Ägypten ins gelobte Land erinnert Sukkot, die Laubhütten an eine Zeit ohne feste Behausung mit allen damit verbundenen Widrigkeiten. Migration aber bedeutet auch Wandel im positiven Sinne. Mit Gal Ben Moshes Worten: »I believe that immigration is the engine of society.« In Berlin sei er selbst nach Jahren des Wanderns wieder in Verbindung mit der eigenen Herkunft getreten. Vor allem die syrischen Zuwanderer hätten die Gemüsesorten, Gewürze und Kräuter der Levante mitgebracht; auch hochwertige Zubereitungsarten hätten so Eingang in die Berliner Gastronomie gefunden. Qualität, Anspruch und die »Erschaffung einer neuen kulinarischen Sprache« – daran wirke er.

Darauf einen Brandy! Das Eau de Vie d'Etrog wird aus galiläischem Etrog hergestellt und ist naturgemäß streng limitiert. Serviert zum Abschied wird ein Fruchtgelee aus Bergamotte, einem Hybrid aus Zitronatzitrone und Bitterorange, nussig ergänzt durch Mini-Madeleines mit Sesam. Für Marcel Proust war das Feingebäck in Form einer Jakobsmuschel Wegweiser auf der *Suche nach der verlorenen Zeit* in einem vergangenen Frankreich. Gal Ben Moshes Madeleines aber weisen in die Zukunft.

Auch Gil Avnon, Pâtissier im Berliner Westen, weiß die regionalen Spezialitäten seiner Ahnen raffiniert zu interpretieren. Er ist 17 Jahre alt, als er die Gerüche und Aromen des Orients entdeckt. Eine warme Meeresbrise weht in den Garten. Hoch über Haifa duftet es nach frischen Orangen und Limetten. Aufgewachsen ist er in Berlin, in der Kälte des Nordens. Die Avnons machten es sich aber dennoch gemütlich in dieser Stadt, deren Reize nicht auf den ersten Blick erkennbar sind. Am Ende des Jahres stellten sie einen Tannenbaum auf und platzierten den Chanukkaleuchter daneben. Der Vater tischte Köstlichkeiten aus Israel auf, und Gil verschmolz schon damals das Preußisch-Herbe mit der sanften Sinnlichkeit der Levante.

Heute steht Gil Avnon in seiner Pâtisserie und zeigt stolz auf die Törtchen in der Vitrine. Er sprudelt über vor Ideen, sinniert und parliert: »Das Limettentörtchen entsprang meiner Erinnerung an die Gärten in Haifa.« Es ist keine simple Tarte au Citron, die sich hier neben Schoko- und Cassistörtchen einreiht, sondern eine Tartelette mit der Raffinesse der Limetten. Im Gegensatz zur Zitrone schmeichelt die *citron vert*, wie man sie im Französischen nennt, den Geschmacksknospen, lässt sie nicht vor Schreck zusammenzucken. Auf der geschmeidigen Creme wellt sich ein luftiges Baiser, dessen Spitzen sich goldbraun in die

Höhe recken. Wer ihr widerstehen kann, hat kein Herz und keinen Gaumen! Avnon weiß um die Verführungskraft seiner Kreationen, die er wie Schmuckstücke in der Auslage präsentiert. Dennoch ist er kein lebensferner Elfenbein-Pâtissier, der sich an den eigenen Süßigkeiten ergötzt und dabei den Gast aus dem Blick verliert. In das Abenteuer einer eigenen Pâtisserie stürzte sich Avnon sehenden Auges. Natürlich ist er sich bewusst, dass der aktuelle Gesundheitsfanatismus der Zuckerbäckerei nicht unbedingt zupasskommt. Doch was ist das Leben ohne Genuss? Zumal er betont, dass Schwere und übertriebene Süße ohnehin nicht seine Sache seien. Reminiszenzen an die üppigen Butter- und Sahnecremes klassischer deutscher Torten finden sich aber auch in Avons Pâtisserie-Palette. Der Berliner Kranz mit Vanille-Buttercreme und der Lübecker Mandelkuchen mit Sahnecreme präsentieren sich aber weit leichter und luftiger als ihre Vorbilder, allein schon dank des mundgerechten Formats.

Mit Schubladendenken kommt man bei Avnon nicht weit: Weder ist er der spielerisch-innovationsfreudigen noch der Natürlichkeits-Traditions-Fraktion zuzuordnen. Sein Können speist sich aus vielen Welten. Schließlich hat er berufliche Stationen in London und Singapur absolviert. Verinnerlicht hat er seither Disziplin, präzise Abläufe und Neugier auf andere Kulturen. Bei den Briten hieß die Devise »110%«, die Asiaten ließen ihn die Yuzu-Frucht entdecken und seine Vorbehalte gegenüber der Durian, hierzulande auch schmählich Stinkfrucht genannt, überwinden. Grüntee, Matcha, Zibetfrucht, die auf seinen Stationen in renommierten Hotelküchen entdeckten asiatischen Genüsse paart Avnon mit okzidentalen Klassikern. Das mag eklektisch wirken, doch ist das Ergebnis ausgefeilt und ausgetüftelt. Avnon legt auf die Architektur seiner fragilen Gebilde ebenso großen Wert wie auf das ausgewogene Zusammenspiel der Zutaten. In reinem Ästhetizismus erschöpft sich diese Herangehensweise jedoch nicht. Des Pudels – oder besser des Törtchens – Kern ist vielfältiger, als es die schimmernde Hülle vermuten lässt. Textur, Rohstoffe, Form und Geschmack müssen sich verbinden zu einem harmonischen Ganzen.

Als Solitär in der Auslage thront das neueste Pläsier. Avnon hat es speziell für den Tag des Verkostens kreiert: ein sonnengelber Lolli, der aus einem mehrschichtigen Baumkuchen wächst. Bayerische Creme und Orangen-Crème-Brûlée werden umhüllt von einer feinfruchtigen Mandarinenglasur mit dunklen Schokoladensternchen. Das ist hohe Kunst und gereicht den französischen Pâtissiers zur höchsten Ehre. Fehlt nur der Name, ein unverwechselbares Signum, wie es sich die Kollegen aus dem Hexagon zu eigen machen. Pierre Hermé erschuf mit seinem Klassiker *Ispahan*, einem Macaron mit Rosenwassercreme und frischen Himbeeren, sein Markenzeichen, Cyril Lignac, Fernsehstar und Ex-Geliebter Sophie Marceaus, kreierte mit dem *Equinoxe* eine Spezialität, die er in allen Formen und Größen dekliniert. Genau darin liegt die Crux des deutschen Pâtisserie-Wesens: Zu wenig wird es wertgeschätzt, zu wenig darüber gesprochen. In Frankreich haben Pâtissiers eine Lobby, werden vom Staat unterstützt mit Auszeichnungen wie dem Meilleur Ouvrier de France. Die Geschäfte der sogenannten MOFs werden von genusssüchtigen Franzosen gestürmt, ihre Köstlichkeiten verleibt man sich ein wie hierzulande ’ne Stulle mit Butta oder eine Currywurst. Auch fehlt es hier an einer Sprachkultur des Genusses. Avnon wünscht sich, dass mehr gesprochen wird über das Essen, die Pâtisserie, all das, was ihm am Herzen liegt. Der Wortschatz soll erweitert werden, ein Zitatenschatz entstehen! Sucht man hier nicht vergebens nach verbalen Perlen wie Brillat-Savarins (ein Käse ist nach diesem Gastrosophen aus dem 19. Jahrhundert benannt) Ausspruch: »Ein echter Feinschmecker, der ein Rebhuhn verspeist hat, kann sagen, auf welchem Bein es zu schlafen pflegte«? Das Neue zu schöpfen und das Alte zu würdigen, erfordert Geschmack und Maß. Auch Zögerliche, Zaudernde wollen mit neuen Geschmacksrichtungen vertraut gemacht werden. Mit einer 55-prozentigen brasilianischen, doppelt mit Passionsfrucht fermentierten Schokolade stimuliert Avnon die Geschmacksknospen seiner Gäste. Den sanften Grundton der Schokolade bringt er mit gelber, fast konfierter Paprika, Honig und Passionsfrucht zu einem schillernden Ausdruck. Warum nicht Tomate? Warum nicht rosa Pfeffer? Fast alles ist möglich in des Konditors Phantasie. Das Gesicht verzieht er aber schmerzlich beim Gedanken an experimentelle Kreationen wie Knoblauch mit Schokolade. Effekthascherei ist sein Ding nicht.

Ein bisschen Tradition, bitte! Schon schwelgt er in Erinnerungen an die Pfannkuchen seiner Mutter. Das mehr als drei Generationen alte, ursprünglich in Braunschweig zubereitete Gericht interpretiert Gil Avnon nun auf berlinerisch-sephardische Art. Zu Chanukka serviert er die Krapfen gefüllt mit Pistaziencreme und einem betörend nach Orangenblütenwasser duftenden Topping, dessen Granatapfelkerne an die Gärten Haifas erinnern.

Kulinarische Wurzeln sind so vielfältig wie die Natur. Stärkere Wurzeln verankern die Pflanze im Boden, feinere sorgen für die Nahrungsaufnahme und Wasserversorgung. »Zurück zu den Wurzeln« ist eine Erinnerung an Bodenhaftung und beständige Erneuerung zugleich. Regeneration und Lebendigkeit werden auch angeregt durch Leichtigkeit. Leichter als die Wurzeln aber sind die Sporen. So bildet sich im Boden ein für Bäume unabdingbares Geflecht aus Wurzeln und Pilzfäden. Dieses sogenannte Mykorrhizanetz ist eine geglückte Symbiose: Die Pilze liefern den Bäumen Stickstoff, die Bäume geben den Pilzen Zucker. Die perfekte Tauschwirtschaft. Auch ein anderer unterirdischer Genosse wirkt am befruchtenden Austausch mit: Der Regenwurm ist Wohltäter und Gourmet. Er »bioturbiniert«, hat ein Faible für das Feine, lockert und belüftet den Boden. Er räumt auf mit pilzbefallenen Pflanzenresten und lässt in seinen Wohnröhren zahlreiche unterirdische Bodenlebewesen andocken. Er ist subversiv im besten Sinne: Sein Unterminieren und neu Konstruieren dient dem Wohle aller.

Nicht die schlechteste Inspiration für Köche: hinauszustreben über Retro-Regionales, Eitelkeit und territoriale Begrenzung. Luftwurzeln zu schlagen und festgefahrene Gewohnheiten zu untergraben ist eine charmante Alternative zu *Back to the roots*.

Interpretationen regionaler Kost müssen sich nicht beschränken auf die Verzeichnung alter Rezepte oder die folkloristische Aufbereitung des Vergangenen. Das Regionale wird lebendig erst im Austausch mit dem Fremden, dem Historischen und einer Prise Zukunft. In Frankreich sprießt eine neue visionäre Regionalkultur, die sich über die Landesgrenzen hinaus zu verbreiten verspricht. Der *rustikale Träumer* ist eine Figur, die eine neue Erzählung regionaler Kochkunst ins Spiel bringen könnte.

Es gibt zweierlei Arten, neue Welten entstehen zu lassen: Die einen versuchen es mit Stift und einem weißen Blatt Papier, skizzieren utopische Bauprojekte, reduzieren und minimalisieren. Sie hegen die Natur ein und unterwerfen sie ihrem eigenen Willen. Das Urwüchsige und Ursprüngliche hat sich zu fügen. Was sich verweigert, wird notfalls ausgemerzt. Und dann gibt es diejenigen, die sich zuerst den Boden anschauen, die Feuchtigkeit in der Luft wittern, den Sonnenstand prüfen und mit eigenen Händen erkunden, was wächst und gedeiht auf ihrem Land. Den Kopf in den Wolken und doch mit beiden Beinen fest auf der Erde stehend, gehören sie der raren Spezies der rustikalen Träumer an. Sie lassen ein Bild erwachsen aus dem Duft des Torfs und vom Herbstwind verwehten fedrigen Samen. Sie imaginieren sich Gärten, in denen nach Marzipan duftender Wasserdost sich purpurn oder leuchtend gelb gebärdet. Manchmal ist der Ort auch schon gegeben, der Wildwuchs bedarf nur eines sanften Formschnitts, manchmal aber ist eine Ruine der Ausgangspunkt für florale Schwärmereien. Das Haus, von Menschenhand erschaffen, sucht dann seine Berechtigung und Würdigung. Es will sich dem Wuchern und Wachsen entziehen und selbst Inspiration sein für den rustikalen Träumer, der Natur und Kultur harmonisch zu verbinden sucht.

An den Ufern der Loire, wo das Schloss von Blois und eine imposante Kathedrale in den Himmel ragen, lebt einer dieser handfesten Phantasten. Christophe Hay, Sohn eines Metzgers, Enkel eines Milchbauern, ist ein Kind der Region. Der mit zwei Michelin-Sternen ausgezeichnete Koch bezeichnet sich als *terroiriste*, ein Wortspiel mit dem französischen Wort *terroir* und dem Begriff für ›Terrorist‹. Unter Terroir versteht man dabei mehr als nur ein Stück Land, die heimische Erde oder Umgegend. Franzosen assoziieren damit die natürlichen Gegebenheiten einer Region, welche den Anbau von Kulturpflanzen entscheidend beeinflussen. Niederschlag, Sonneneinstrahlung, die Zusammensetzung des Bodens und die Beschaffenheit des Geländes bestimmen die Qualität der landwirtschaftlichen Erzeugnisse. War der Begriff zunächst auf kulinarische Produkte wie Käse, Öl, Fleisch und Kräuter bezogen, diente er später auch zur Klassifizierung von Lagen und Weingütern. Seit geraumer Zeit hat das Terroir auch Einzug gehalten in eine Variante ökologischen Denkens, die Naturverbundenheit und Genuss vereint.

Christophe Hay, der selbst aus dem Loire-Tal stammt, hegt eine im wahrsten Sinne des Wortes radikale Zuneigung zu seiner Heimat. Er sucht nach den Wurzeln regionaler Kochkunst, gräbt nach Verschüttetem, verlorengegangenem Kulturgut, nach alten Obstsorten und Raritäten. Nichts Geringeres als die Renaissance des Regionalen ersehnt er und stellt sich damit auch in die historische Tradition der Gegend. Nur wenige Kilometer von Blois entfernt befindet sich das Schloss Chambord. Mit seiner auf Leonardo da Vinci zurückgeführten »Zaubertreppe«, einer doppelten Wendeltreppe, steht es emblematisch für die französische Renaissance. Das Prunk- und Jagdschloss Franz' I. war in seiner Bauform dem vom Himmel auf die Erde herabgekommenen Neuen Jerusalem nachempfunden. In der Offenbarung des Johannes heißt es: »Und er zeigte mir einen lautern Strom des lebendigen Wassers, klar wie ein Kristall; der ging aus von dem Stuhl Gottes und des Lammes. Mitten auf ihrer Gasse auf beiden Seiten des Stroms stand Holz des Lebens, das trug zwölfmal Früchte und brachte seine Früchte alle Monate; und die Blätter des Holzes dienten zu der Gesundheit der Heiden.« Eine frühe Hymne auf die heilsamen und reinigenden Kräfte der Natur.

In das göttliche Versprechen fügt sich die Landschaft wundervoll ein. Die Loire ist der letzte Wildfluss Mitteleuropas, verschont von Begradigungen fließt sie aus dem Zentralmassiv im Südosten Frankreichs dem Atlantik entgegen. Sie widersetzt sich menschengemachten Sperrungen und zieht Naturbegeisterte mit ihrem Reichtum an Fischen und Pflanzen, darunter viele seltene Arten wie Hirschsprung, Schachbrettblume oder Silbergras, in ihren Bann.

Es ist geglücktes Zusammenspiel zwischen historischen Bauwerken und einer wandlungsfähigen, machtvollen und zugleich pittoresken Flusslandschaft. Und doch lag die Gegend lange in einem ästhetischen und kulinarischen Dornröschenschlaf. Die Schlösser der Loire waren eine beliebte Destination für romantische Wochenendausflügler und Prinzessinnen in spe. Der Franzosen Verhältnis zur Monarchie ist, wie man weiß, ein zweischneidiges: Der König ist tot. Es lebe der König. Kein historisches Ereignis entkommt der Nostalgie und der dicken Staubschicht, die sich über Seidentapeten, Marmorbüsten und sogar die Guillotine legt. Diese geschichtsphilosophische Einsicht findet ihren künstlerischen Ausdruck im Schloss Chambord, wo Lionel Sabatté Fauna und Flora der königlichen Domäne in Bildern korrodieren lässt, mit Staub aus dem Schloss mystische Porträts malt und wölfischen Skulpturen einen bedrohlichen und doch die Zeichen der Vergänglichkeit tragenden Ausdruck verleiht. Staub zu Staub, Asche zu Asche, und doch verbirgt sich die Kraft der Wiederauferstehung unter den dunklen Schichten des Zerfalls.

Diese Kraft einer geistigen wie leiblichen Renaissance fand Christophe Hay in dem ehemaligen Hospiz am linken Loire-Ufer, einem historischen Gebäude mit Blick auf die Kathedrale und das Schloss von Blois, das im 17. Jahrhundert von Gaston d'Orléans, dem Bruder Ludwigs XIII., errichtet worden war. Hay erkannte in dem verfallenen Gebäude einen Schatz, der nur gehoben werden wollte. Er verwandelte das Haus in das Hotel Fleur de Loire mit zwei formidablen Restaurants. Die Ingredienzen seiner Küche stammen von vertrauenswürdigen Züchtern und Bauern, Spezialisten des Terroirs. Er arbeitet mit einer Geflügelzüchterin zusammen, die sich auf Araucana-Hühner spezialisiert hat, eine Hühnerrasse, deren Eier besonders wenig Cholesterin enthalten. Das Wagyu-Rind, dessen Fleisch sich durch feinste Marmorierung und geschmackliche Finesse auszeichnet, stammt aus Hays eigener Zucht. Alte Gemüsesorten, darunter fünfzig Spargelvarietäten und regionale Besonderheiten wie violetten Sellerie oder den Rosenapfel aus der Familie der Myrtengewächse, pflanzt er in seinem 1,5 Hektar großen Garten an. Alle Pflanzen stimmen mit den natürlichen Gegebenheiten der Gegend überein. Ein Faible hat Hay aber auch für Zitrusfrüchte, die in seinem eigenen Gewächshaus gedeihen. Und aus der Sucrin-de-Tours-Melone, einer rustikalen, einfach zu kultivierenden, geschmacksintensiven Melonensorte, stellt er gemeinsam mit einem lokalen Konfitüreproduzenten einen hocharomatischen Fruchtaufstrich her. Den Kaviar bezieht er aus der Sologne, die Trüffel aus einer benachbarten Gemeinde, den Wein aus Cheverny. Hay belebt die Region mit seinem auf Historie bedachten und doch durch und durch modernen Gastronomiekonzept. Mit Sylvain Arnoult, einem Fischzüchter, tüftelt er Rezepte für Rillettes aus, einen im Glas konservierten Aufstrich aus Wels und Estragon. Auch Plötzen, Meeräschen, Welse, Rapfen, Karpfen, Aale oder Maifische aus Arnoults Netzen landen auf feinstem Porzellan im Zwei-Sterne-Restaurant. Der Karpfen nach Art des Maréchal de Saxe ist Hays Signature-Dish, das Gericht, mit dem er den begehrten zweiten Stern errang. Moritz von Sachsen war im 18. Jahrhundert einer von sieben Generalmarschällen, ein deutscher Feldherr in französischen Diensten. Exemplarisch ist das Gericht in mehrerlei Hinsicht: Mit Sommertrüffeln, Flusskrebsen und einer Sauce aus Weißwein aus den Kellern von Cheverny veredelt er einen Fisch, den Karpfen, dem in Deutschland häufig ein modriger Geruch anheftet. Die Loire aber bringt eine andere Spezies hervor: frischer, glatter und aromatischer als der deutsche Verwandte. Hay gelingt es, zugleich der Historie Gerechtigkeit angedeihen zu lassen, das regionale Erbe zu würdigen und die Natur in ihr Recht zu setzen. Fort mit dem Staub, der sich in den Jahren der Bequemlichkeit und Unterschätzung lokaler Köstlichkeiten über die Region gelegt hat!

Es ist diese eigentümliche Atmosphäre aus gewöhnlichem Gewächs und Geheimnis, die Christophe Hay auch im Garten vor dem Hotel erzeugt. Pelzige Disteln sieht man aufragen zwischen zartrosa Wicken. Verwischte Farben, blasse Töne, saftiges Grün und mittendrin ein Hirsch aus Metall, vielmehr der Schatten eines Hirsches, der Rumpf löst sich auf in Luft und lässt den

Besucher dieses Märchenwaldes eintauchen in eine unwirkliche Welt. Vor allem aber weckt er im deutschen Gast ein romantisches Sehnen nach einer vergleichbaren Renaissance des Regionalen, nach einer natürlichen Fusion aus Vergangenheit und Moderne, Schönheit und Widerständigkeit. Der drängende Wunsch macht sich bemerkbar nach Mut, der Überwindung bürokratischer Hindernisse und einer Liebe zu fränkischen, sächsischen, bayerischen, pfälzischen, holsteinischen Besonderheiten. Begibt man sich jedoch hinein in die deutsche Provinz, erlebt man keine morose Verzauberung, sondern den Niedergang der Regionen mit sterbendem Handwerk und verschwindenden Gasthäusern. Wer aber belebt sie wieder, die deutschen Lande? »Himmel und Hölle«, Hollerkiachl und Himbeermarmelade nach Benediktinerrezepten hätten vielleicht sogar dem Maréchal de Saxe gemundet.

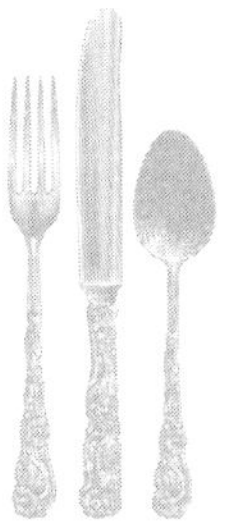

Nouvelle Cuisine

Mit Leichtigkeit

»Was ist dein Ziel in der Philosophie? – Der Fliege den Weg aus dem Fliegenglas zu zeigen«, schreibt der Philosoph Ludwig Wittgenstein in seinen *Philosophischen Untersuchungen.*[1] Nun ist es für einen Koch gewöhnlich von Vorteil, wenn die Fliege im Glas bleibt, und doch ist Wittgensteins Zielsetzung auch für Kulinariker bedenkenswert. Jede Kunst gelangt einmal an den Punkt, dass sie sich neu orientieren muss. Der Künstler ist dann gefangen in seinem Denkgebäude und verliert den Blick für die Weite. Verzweifelt nach Auswegen suchend, dreht sich der Gefangene im Kreis und wird blind für Lösungen, die sich außerhalb seines engen Zirkels andeuten mögen. Fasziniert vom Licht, geblendet vom Erfolg verkennt er, dass der Ausweg in der Einflugschneise liegt. Die ursprüngliche Risikobereitschaft und der Wille, neue Wege zu beschreiten, sind in Vergessenheit geraten.

Die herkömmlichen Visionen in einem Prisma aufzubrechen, das neue Optionen aufscheinen lässt, ist nicht nur für die Philosophie hilfreich, sondern auch für Künste jedweder Art. Abstand zu nehmen von der Wucht bestehender Ideen und neue Begrifflichkeiten zu finden, die das Herkömmliche in einem neuen Licht erscheinen lassen, ist der Beginn einer Weiterentwicklung, der Kern eines dynamischen Kunstverständnisses.

Die Kochkunst war Mitte des 20. Jahrhunderts an einem Kulminationspunkt angelangt. Die bürgerliche Küche hatte sich aufgefächert in die edle Cuisine französischer Fasson, eine gutbürgerliche Küche und eine nach globalen Einflüssen dürstende Weltküche. Gemein hatte sie diese Ausdifferenzierung mit der bürgerlichen Gesellschaft, die sich vom Allgemeinen ab- und dem Besonderen zuzuwenden begann. Derweil führte die Vermessung der Welt zu Standardisierung und machte alle Lebens- und Arbeitswelten in Formen, Klassen und Normen erkenntlich. Das große Projekt der Moderne war beladen mit den hohen Ansprüchen der Aufklärung und überlastet durch die Anforderungen stetig fortschreitender Rationalisierung. Spürbar wurde nun die Gefahr einer Einengung, die sich in einer von natürlich gewachsenen Traditionen losgelösten »sozialen Logik des Allgemeinen«[2] verbarg. Die Sehnsucht nach Entscheidungsfreiheit und Leichtigkeit wuchs. Die befreiende Kraft der Vernunft drohte in ihr Gegenteil umzuschlagen und die Vitalität zu ersticken. Der Mensch begann sich seiner Lust und Leichtigkeit beraubt zu fühlen. Die Welt drehte sich immer schneller und zwang den Menschen in eine Beschleunigung hinein, der zu widerstehen unmöglich schien. Der unbedingte Glaube an die Fortentwicklung der Professionen und Künste schwand. Philosophien und Kunstfertigkeiten wurden nicht mehr als emanzipativ oder als höchste Errungenschaften interpretiert, sondern als lähmend und beschwerlich. Die Anhäufung von Wissen, wahllos und pedantisch, wirkt sich negativ auf die geistige Beweglichkeit aus, dieses Phänomen beklagte bereits Michel de Montaigne: »Ein Kopf, der mit allem möglichen vollgestopft ist, wird dadurch nicht beweglicher und lebendiger. […] Wie Pflanzen, die durch zu viel Gießen ertrinken, oder Lampen, die in zu viel Öl ersticken, so leidet auch der Geist unter einem allzu exzessiven Studium.«[3]

Montaignes Warnung vor einer Verbildung des Geistes ist zeitlos. In Krisenzeiten aber stößt sie auf besonders offene Ohren. Leichtigkeit, Unbeschwertheit, Ungezwungenheit lockten gerade in den beiden Jahrzehnten nach dem Zweiten Weltkrieg eine nach neuen Wegen suchende Gesellschaft. Der Wunsch, sich des Ballasts der Vergangenheit zu entledigen, erfasste alle Lebensbereiche, alle Künste. In Frankreich wandten sich junge Cineasten wie François Truffaut und Jean-Luc Godard gegen herkömmliche Sehgewohnheiten und die konventionellen Erzählungen des kommerziellen Kinos. Truffaut erwies sich als ein Meister der Leichtigkeit, der existenzielle Themen mit leichten Kameras behände und ohne künstliches Licht auf die Leinwand zu bringen vermochte.

Das Pendant zur neuen Leichtigkeit des Filmschaffens war die Nouvelle Cuisine. Ein neuer Begriff gab das Signal, sich von den etablierten Kochstilen abzusetzen. Frische und Einfachheit sollten eine als behäbig empfundene bürgerliche Küche ersetzen. Zugleich löste man sich auch von der Dominanz des Küchengottes Escoffier und seiner Epigonen. Die moderne Küche mit ihrer Betonung von Struktur und Ordnung stand dem Bedürfnis nach Individualität und Wandelbarkeit im Wege.

Auch die Gastrokritiker Henri Gault und Christian Millau rieben sich an der Steifheit ihrer Branche. Der *Guide Michelin*, der in den 30er Jahren bereits das Bewertungssystem mit drei Sternen eingeführt hatte, orientierte sich an militärischen Rangordnungen. Bei Michelin angestellte Inspektoren führen bis heute generalstabsmäßig anonyme Visiten in Restaurants durch und vergeben in einer gemeinsamen Abstimmung maximal drei der begehrten Sterne. Im Französischen werden die Sterne auch *macarons* genannt, eine Bezeichnung sowohl für das von Marie-

Antoinette geschätzte Baisergebäck aus Mandelmehl als auch für militärische Abzeichen.

Die Zeit schien stillzustehen in der Gastronomie. Escoffiers Küchenbrigaden, rigide Rangordnungen, militärische Abzeichen und eine pedantische Beamtenmentalität symbolisierten eine hierarchische Gesellschaft, die jedoch seit Mai 1968 unter Beschuss stand. Pflastersteine flogen in den Straßen, bürgerkriegsähnliche Zustände herrschten im Herzen von Paris, als maoistische Verbände die Studentenproteste zu radikalisieren begannen. Auch im Journalismus keimte die Sehnsucht nach Veränderung auf. Henri Gault, vom revolutionären Feuer erfasst, gründete mit seinem Kollegen Christian Millau die nach den Gründern benannte Gastronomiezeitschrift und den gleichnamigen Restaurantguide. Nichts Geringeres hatten sie sich auf die Fahne geschrieben, als den in Aspik gelierten gallischen Hahn aus der Erstarrung zu erlösen. Frankreich erstickte an Vorschriften und rationalen Bewertungssystemen, Gault und Millau dagegen schätzten nicht nur leibliche Genüsse, sondern auch die kulinarische Sprache und erlaubten sich Spielereien mit Gaumen und Feder. Die beiden Journalisten probten die kulinarische Revolution am Gaumen und auf dem Papier. Die Revolution aber, so Gault, lag in der Luft: »Damit das klar ist: Wir haben nichts erfunden. Das lag in der Luft. Die Köche kochten damals, was sie gelernt hatten und oft nicht einmal selbst aßen. Die Sternehierarchie des Guide Michelin spiegelte ein offizielles Frankreich wider, das in Mayonnaise erstarrt und in vorgeschriebenen Figuren gefangen war. Zum Beispiel musste Kalbfleisch zwangsläufig mit Spinat serviert werden. Also machten wir unsere Palastrevolution und brachten 1969, im Zuge des Mai 68, ein gastronomisches Magazin auf den Markt. Das ist kein Zufall, denn die Küche ist ein Spiegelbild der Gesellschaft.«[4]

Gault und Millau witterten Morgenluft. Die Aufbruchsstimmung im Lande durfte nicht zusammensinken wie ein Soufflé, ein Manifest musste her. Im Oktober 1973 titelten die beiden Herausgeber in ihrer 54. Ausgabe: *Vive la nouvelle cuisine!* Es lebe die neue Küche! Mit dem Titel ließen sie es nicht bewenden. In zehn Punkten schworen sie ihre Anhänger auf die Küchenrevolution ein:

1. Du kochst nichts zu lang.
2. Du verwendest qualitätsvolle, frische Produkte.
3. Du entlastest deine Karte.
4. Du bist nicht systematisch modern.
5. Du versuchst jedoch herauszufinden, was dir neue Techniken bringen.
6. Du vermeidest Marinieren, Abhängen und Fermentieren.
7. Du entfernst schwere Saucen.
8. Du ignorierst nicht die Diätetik.
9. Du schummelst nicht bei der Präsentation.
10. Du bist erfinderisch.[5]

Gault und Millau verzichteten bewusst auf den appellativen Charakter der religiösen Zehn Gebote, auch ein militärischer Ton oder staatliche Befehlsgewalt lagen ihnen fern. Dass man sich bei der Bewertung der Restaurants an französischen Schulnoten orientierte, war konsequent: Das Bildungssystem in Frankreich galt als exemplarisch für Chancengleichheit ohne Ansehen der Person. Was zählte, war nicht die Herkunft des Kochs, sondern das Ergebnis seines Talents und seiner Kreativität. Dass 2022 das Notensystem des *Gault-Millau* abgeschafft wurde und fortan lediglich Kochhauben vergeben werden, ist der Tendenz zu kollektiven und alternativen Bewertungsformen in unserer Gesellschaft geschuldet, in gewissem Sinne also eine Fortentwicklung des Gründergeistes.

Das Manifest entsprang dem Geist der Achtundsechziger: Die Neue Küche war durchzogen von einer antiautoritären, experimentellen, kreativen und naturverbundenen Haltung. Freundschaft war für Henri Gault das elfte Prinzip oder vielmehr die Prämisse der Neuen Küche, die auf Gleichberechtigung und Miteinander aufbaute.

Die Nouvelle Cuisine wurde nicht am Reißbrett entworfen, sondern entstand in neugierig über die Teller gebeugten Köpfen und im Austausch mit experimentierfreudigen Köchen. Gault und Millau aber waren es, die den Marketing-Coup einer Küchenrevolution ausheckten. Das Frankreich der Nachkriegszeit befand sich im Konsumrausch, ständig kamen neue Produkte auf den Markt. Neue Labels weckten die Entdeckerlust der Franzosen; einige, etwa die Cremespeisen von Danette und die Konfitüren von Bonne Maman, finden sich noch heute in europäischen Kühlschränken und Regalen. Die beiden findigen Journalisten Gault und Millau hatten diese Umwälzung des Marktes und das Bedürfnis nach einer Benennung dieser neuen Welt erkannt. Mit ihrem Branding-Talent machten sie dem konservativen Marktführer Michelin schnell Konkurrenz und bliesen den Staubzucker von der behäbigen Gastroszene. Sie ließen sich inspirieren von Köchen, die mit Konventionen brachen, und verschafften ihnen Publicity. Bereits 1968 lichteten sie unter dem Banner der Nouvelle Cuisine ihre Schützlinge vor der Concorde ab. Der gleichnamige Platz hatte eine ungeheure Symbolwirkung auf die Franzosen. Während der Französischen Revolution war er umbenannt worden in Platz der Revolution, die Reiterstatue des Königs war gestürzt und durch eine Freiheitsstatue ersetzt worden. Marie-Antoinettes Kopf fiel dort am 16. Oktober 1793 unter der Guillotine.

Das revolutionäre Tribunal Gaults und Millaus machte knapp 200 Jahre später dem kulinarischen Ancien Régime und Escoffier, dem König der Köche, den Garaus. Ausgezeichnet von Gault und Millau wurden der Elsässer Paul Haeberlin für seine Frosch-Mousseline und Alain Chapel aus Mionnay für eine Leberpastete von der Bresse-Poularde mit einem Flusskrebs-Coulis. Insgesamt zwölf Köche sollten der Nouvelle Grande Cuisine zugerechnet werden. Die ungewöhnlichsten Vertreter ihrer Profession mit dem höchsten Prominenzfaktor waren Michel Guérard und Paul Bocuse.

Guérard, der zunächst als Chefkonditor des berühmten Hôtel Crillon Karriere gemacht hatte, eröffnete 1965 in Asnières im Norden von Paris ein Restaurant, das schnell das Objekt der Begierde einer nicht ungefährlichen Klientel werden sollte. Im Pot au feu, benannt nach dem klassischen Eintopf, den Guérard mit Foie gras verfeinerte, traf man schwarzgekleidete Herren an, die in ihren Ferraris vorfuhren und großzügig tafelten.

Dass die rauchenden Colts noch in ihren Taschen steckten, sollte Guérard erst später herausfinden. Die Legende des Restaurants im wilden Norden war da bereits begründet. Gesprächsstoff und Gaumenkitzel standen gemeinsam auf dem Menü. Guérards Gourmet-Gangster lockten nicht nur eine bourgeoise sensationslüsterne Klientel, sondern auch die Hauptstadtkritiker. 1967 erhielt Guérard bereits den ersten Michelin-Stern für sein Menü, bestehend aus Enten-Confit mit gereiftem Essig, Knochenschinken mit Trüffel-Coulis sowie Birnen mit Spinat und Schokoladen-Granité. Gault und Millau nahmen ihn unter ihre Fittiche. Er wurde der Liebling des rebellischen Trupps. Das Pot au feu aber, wo sich Fabrikarbeiter für den Klassenkampf stärkten, schloss Guérard 1974. In Eugénie-les-Bains, einem Erholungsort der Reichen und Schönen mit Thermalbädern, suchte er stattdessen Fortune mit einem neuen Restaurant. Der dritte Stern war ihm bereits 1978 vergönnt. Guérard, Sohn eines Metzgers, der das Metier des Konditors von der Pike auf erlernt hatte, war zum erfolgreichen Unternehmer aufgestiegen. Vom Tellerwäscher zum Millionär – eine von vielen in dampfenden Küchen mit scharfen Messern erkämpfte Erfolgsgeschichte! Zum Klassenkämpfer hatten ihn die Marketing-Cracks Gault und Millau gestempelt. Er selbst sah seinen Beruf pragmatisch und zitierte umstandslos seinen großen Vorgänger, den verpönten Escoffier: »Da sich alles wandelt und verändert, wäre es illusorisch, das Schicksal einer Kunst festschreiben zu wollen, die in so vielen Aspekten der Mode unterliegt und wie diese unbeständig ist.«[6]

Köche bewegten sich schon immer im Zeichen der Macht. Auch die Genossen der Nouvelle Cuisine bildeten keine Ausnahme. Im Élysée bekochten Guérard und seine Compagnons den französischen Präsidenten Giscard d'Estaing, auch unter Chirac und Sarkozy triumphierten sie mit Foie gras mi-cuit und Trüffelsuppe. Vielleicht aber offenbart sich gerade darin die revolutionäre Sprengkraft der Küchenmeister: Die Sinne sind widerspenstiger als der Geist. Die Kunst des Kochens ist explosiv, einer Vereinnahmung durch Zeitströmungen und Ideologien widersteht sie durch eine anarchische Lust am geschmacklichen Experiment und einen unwillkürlichen Wagemut. Noch ein bisschen Pimpernelle gefällig? Das Spiel mit dem Sauerampfer ist subversiver, als es ein Restaurantkritiker zu ahnen vermag.

Das Brisante an der Subversion ist, dass sie sich nicht deckeln lässt. Ihr Wesen macht es aus, dass sie sich jeder Vereinnahmung verweigert und unwillkürlich alles untergräbt, bis – das Schicksal bleibt den wenigsten erspart – sie nur noch Hülse ist und Form. Gault und Millaus Konzept der Nouvelle Cuisine war von Anbeginn inhaltlich nicht stark genug, um dem Drang des Individuums nach Selbstverwirklichung und Anerkennung Einhalt zu gebieten. Die große Epoche der kulinarischen Moderne war an ihr Ende gelangt. Schon Robert Musil schrieb in seinem *Mann ohne Eigenschaften* (1930-33) von einem »Kräftespiel«, das »mit der Zeit einem Mittelwert und Mittelzustand, einem Ausgleich und einer Erstarrung zustrebt«.[7] Die Menschheit, so Musil, »widerruft auf die Dauer alles, was sie getan hat, und setzt anderes an seine Stelle, auch ihr verwandeln sich im Lauf der Zeit Verbrechen in Tugenden und umgekehrt.« Auch die Nouvelle Cuisine sollte davor nicht gefeit sein.

Gault und Millau versuchten es den herausragenden Kochrevolutionären des 18. Jahrhunderts gleichzutun, verkannten aber die Notwendigkeit einer wahrhaft inhaltlichen Neuerung und den Triumph des Individualismus über das Kollektiv. Dabei hatte Vincent La Chapelle, dessen Kochbuch *The Modern Cook* zunächst in englischer Sprache erschien, bereits 1733 den Anspruch erhoben, der moderne Koch werde lernen, auf eine delikatere Art Gerichte zuzubereiten, als es jemals in schriftlicher Form der Fall gewesen war. Seine Devise nahm die Grundprinzipien der Nouvelle Cuisine beinahe vorweg: Chapelle kritisierte seine Vorgänger und forderte eine neue Raffinesse in Geschmack wie Präsentation. Der Unterschied zu Gault und Millaus Herangehensweise war, dass er seinen Eleven kein politisches Konzept überstülpte, sondern Erneuerung von innen, aus der Profession heraus propagierte. Ein weit erfolgversprechenderer Ansatz, als mit Scheinrevolutionären punkten zu wollen.

Die Galionsfigur der Nouvelle Cuisine würde schließlich auch ihren Untergang bewirken. Zunächst jedoch sollte Paul Bocuse, der als der größte Koch des 20. Jahrhunderts in die Geschichte eingehen sollte, das Schicksal der Nouvelle Cuisine entscheidend prägen. Bocuse, damals bereits sternegekrönt, beeindruckte Gault und Millau in seinem Restaurant in Lyon mit einem aufwändigen Menu aus einer Flusskrebssuppe, Wolfsbarsch im Teigmantel und Schneenocken mit Vanillesauce. Die kulinarische Welt aus den Angeln aber hob er mit einem schlichten Salat aus grünen Bohnen. Das Gericht, den Gastrokritikern nach dem opulenten Mittagsmahl zum Abendessen gereicht, war der Urknall für Gault und Millaus Nouvelle-Cuisine-Coup: »Auf den ersten Blick sagte uns das nicht viel. Aber dieser Salat war einfach genial! Die knackigen grünen Bohnen dufteten wie ein Garten und waren von außerordentlichem Geschmack. Es war großartig in seiner extremen Einfachheit. Danach kamen perfekt, das heißt kaum gegarte, kleine Meerbarben. Fest, mit allen Aromen des Meeres. Die neue Küche existierte, und wir hatten sie soeben kennengelernt.«[8]

Gault und Millau erkannten sofort das Marketingpotential, das in diesem Gericht steckte. Kein Manifest der Welt vermochte die Sinne so anzusprechen, den Geist so zu beleben wie Bocuses Bohnen! Der Geschmack der Kindheit, die Simplizität des Landlebens, französische Tradition und eine radikale Einübung in die Askese des guten Geschmacks – all das verkörperte das Gericht des Lyoner Meisterkochs.

Monsieur Paul, wie ihn die Franzosen zu nennen pflegten, war in erster Linie aber ein widerspenstiger Geist, ein Koch, dessen Herz für die französische Tradition in all ihrer köstlichen Schlichtheit schlug. Bereits im zarten Alter von neun Jahren wusste er Kalbsnieren zuzubereiten. Sein Vater Georges ließ ihm eine solide Ausbildung angedeihen. Mit zwanzig kochte er im renommierten Restaurant Chez la Mère Brazier, einem ursprünglich simplen Lokal, das aufgrund seiner exquisiten Küche jedoch 1933 bereits mit drei Michelin-Sternen gekrönt wurde. Es war eine Ausnahme in der ausgesprochen männlich dominierten Branche, dass sich dort nicht wenige Frauen an blankpolierten Kupferkasserolen einen ausgezeichneten Ruf erarbeiteten. Eugénie Brazier, Paul Bocuses formidable Lehrmeisterin, hatte ihre Kenntnisse bei Françoise Fayolle, einer historisch interessierten und doch experimentierfreudigen Köchin, erworben, die in ihrem Restaurant Mère Fillioux mit wiederentdeckten Spezialitäten aus dem Mittelalter für Aufsehen sorgte. *La volaille de Bresse en vessie Mère Fillioux* bereitete den Gästen dort ein köstliches Spektakel. Ein unter der Haut getrüffeltes Bressehuhn wird in einer aufgeblasenen, mit einer Kräutergarnitur aromatisierten Schweineblase gegart. Dem überraschten Gast präsentiert sich ein ballonartiges Gebilde, das der Kellner bei Tisch zum Platzen bringt. Ein herrliches Aroma strömt in den Raum. Der Gast ist betört vom Duft und Anblick des Trüffelhuhns, das unter der schnöden Hülle zum Vorschein kommt. Paul Bocuse pries diese Spezialität seiner inspirierten Vorgängerinnen als besonders zart und saftig, von höchster geschmacklicher Intensität. Bocuses eigenes Erfolgsrezept war eine ungebändigte Neugierde und ein Eklektizismus, der sich nicht einengen ließ von küchenpolitischen Vorgaben, wie sie die Neue Küche propagierte. Er schöpfte bei den Lyoner Küchengöttern, außerdem erlernte er die Präzision bei der Speisenanrichtung und die Wertschätzung der Tischkultur bei seinem Lehrmeister Fernand Point, der selbst couragiert für eine leichtere, freie Küche eintrat.

Bocuse spielte Gaults und Millaus Spiel der Küchenrevolution mit, bis der Stern der Nouvelle Cuisine in den 80er Jahren verblasste. Monsieur Paul war inzwischen zu seiner eigenen Marke geworden. Beharrlich und phantasievoll hatte er an seinem Image gewirkt und mit seinen Restaurants, Brasserien, einem Kücheninstitut, einer Stiftung, dem internationalen Wettbewerb des Bocuse d'Or und zahlreichen Büchern und Merchandising-Produkten ein Imperium aufgebaut, in dem er der alleinige Herrscher war. Gault und Millaus Manifest schmetterte er nun ein vernichtendes »Nouvelle Cuisine, das heißt ›Nichts auf dem Teller und alles auf der Rechnung‹« entgegen. Er koche, wie er es immer schon getan habe, »im Kessel, mit Butter, Sahne, Knochen und Gräten.«[9] Er ließ sich keiner Begrifflichkeit unterwerfen. Er war ein undogmatischer Einzelgänger, ein machtbewusster Patriarch, der Chancen zu nutzen wusste und sein eigenes kulinarisches Reich entwarf. Mit den Marketingprofis Gault und Millau hatte er so wenig gemein wie das Bressehuhn in Schweineblase mit Chicken Nuggets von Kentucky Fried Chicken. Bocuse, der den gallischen Hahn auf den Arm tätowiert trug, war letztlich das Gegenteil der ein neues Zeitalter heraufbeschwörenden Gastrokritiker Gault und Millau. Dem Intellektualismus der Achtundsechziger trotzte er mit seiner Aufsteigerbiographie und seiner verblüffenden Erfolgsgeschichte. Französischen Feministinnen wiederum war Bocuse ein Dorn im Auge, weil er neben seiner Gattin weitere Lebensgefährtinnen hatte. Gleichwohl könnte man ihn auch als Avantgardisten der Polyamorie bezeichnen, zumal die drei Frauen, die sein Leben teilten, starke Persönlichkeiten hatten, das ungewöhnliche Lebensmodell teilten und auch die Firmenexpansion mitgestalteten. Bocuse kokettierte mit seiner Liebeslage, manch einer seiner Scherze wirkt heute allerdings so antiquiert wie die Nouvelle Cuisine: »Es gibt eine zum Mittagessen, eine zum Tee und eine zum Abendessen.« Ob er sich diese Art Altherrenwitz heute noch erlauben würde, ist zweifelhaft. Bocuse besaß ein vortreffliches Gespür für die Grenzen der Provokation. Eine Messerspitze Skandal, ein Leben nach eigenem Rezept – et voilà, das Erfolgsrezept des Monsieur Paul.

In der Epoche Bocuses rückten die Frauen aber nicht nur als Geliebte ins Zentrum medialen Interesses, sondern auch als Chefköchinnen und Unternehmerinnen, auch wenn sie nach wie vor stark unterrepräsentiert sind in einer ausgesprochen männlichen Domäne. Anne-Sophie Pic ist eine dieser Frauen, die es geschafft haben, sich gegen die männliche Konkurrenz zu behaupten. Pic stammt aus einer Kochdynastie, die von ihrer Urgroßmutter begründet wurde. Ihr Großvater André Pic führte dann das Restaurant Maison Pic, das der Guide Michelin mehrfach mit drei Sternen ausgezeichnet hat. Auch Anne-Sophie Pic wurde diese Ehre zuteil. Die 1969 geborene studierte Betriebswirtin nutzte das Prestige ihres Namens und baute mit ihrem Ehemann ein Unternehmen auf, das sich an Bocuses Erfolgskonzept orientiert. Bocuses Epoche war fraglos patriarchalisch geprägt. Doch die Frau am Herd begann sich zu emanzipieren, sich ihrer kreativen Vorfahrinnen zu erinnern und ihren schöpferischen Unternehmergeist unter Beweis zu stellen. *Family Business* ist so vielfältig wie die Familienkonstellationen. Bocuse selbst traute den Frauen vieles zu und vertraute ihnen vieles an. Ein schwaches Frauenbild steckt nicht hinter seinem Geschäfts- und Lebensmodell. Bemerkenswert, dass ausgerechnet Bocuse, der gallische Macho, den Frauen seiner Profession unwillkürlich den Weg ebnete, indem er weibliche Kochtradition wiederentdeckte und den Frauen die unternehmerischen Zügel in die Hand drückte.

Die Nouvelle Cuisine nur anhand eines Ausnahmemenschen und Renegaten wie Bocuse zu betrachten, würde ihr nicht gerecht werden. Beflügelnd und erquickend war das Manifest Gaults und Millaus allemal. In Deutschland waren es Eckart Witzigmann und Heinz Winkler, die bei Paul Bocuse Station machten und frischen Wind in deutsche Küchen brachten. Der Österreicher Witzigmann kam in Frankreich auf den Geschmack der Nouvelle Cuisine und erkannte sofort das revolutionäre Potential dieser neuen Küchenrichtung. Im damals gastronomisch rückständigen Deutschland schlug die neue französische Art des Kochens wie ein Blitz ein.

»Das deutsche Küchenwunder«, so der Gastrokritiker Wolfram Siebeck über die fabelhafte Erfolgsgeschichte der deutschen Nouvelle Cuisine, ist untrennbar mit dem Münchner Restaurant Tantris verbunden. Allein die Namensgebung war ein sagenhafter Coup. Im Buddhismus bedeutet Tantris ›Suche nach Vollkommenheit‹. Das Wort Tantra stammt aus dem Sanskrit und entspricht dem ›Ursprung‹. Die Wurzel *tan* lässt sich mit ›ausdehnen‹ und ›weben‹ übersetzen. Tantra bezieht sich auch auf komplexe Rituale, in denen verschiedene Fäden zusammengeführt und miteinander verwoben werden. Nicht zuletzt lässt der Name die tantrische Sexualität anklingen, in der sich der Mensch von der sexuellen Erregung löst und in einen tiefenentspannten Zustand gelangt. Ein verheißungsvolles Versprechen, das im nach Sinnlichkeit und Exotismus dürstenden Deutschland der frühen 70er Jahre auf fruchtbaren Boden fiel. Dass dem konservativeren Publikum bei diesem Namen auch Wagners Oper *Tristan und Isolde* in den Sinn kam, war ein weiterer Vorteil. Anagramm nennt man das Wortspiel, wenn Silben innerhalb eines Wortes vertauscht werden. Wagners Held Tristan verschleiert seine Identität, indem er sich in Tantris verwandelt.

Das Restaurant Tantris spielte von Anbeginn auf einer dramatischen, poetischen und sinnenfreudigen Klaviatur. Als der Bauunternehmer und Gourmet Fritz Eichbauer einen Flachbau im Münchner Norden zum Restaurant umgestalten ließ, beauftragte er hierfür ein Künstlergespann, das für Aufsehen sorgen würde. Der Schweizer Architekt Justus Dahinden und der ebenfalls aus der Schweiz stammende Architekt Bruno Weber verblüfften die Bayern mit einem psychedelisch-spirituellen Bau, in dem ein hochfloriger orangeroter Teppich an der Decke hing und Fabelwesen aus Beton den Eingang bewachten. Wer einen Fuß über die Schwelle setzte, begab sich in einen phantastischen Kosmos, in dem alle Sinne gereizt und die Lust auf Entdeckung stimuliert wurden. Für kulinarische Überraschungen sorgte Eckart Witzigmann, den Eichbauer nach langen Verhandlungen für seine kulinarische Revolution im Herzen von Bayern gewinnen konnte.

Witzigmann traf damals die Entscheidung seines Lebens. Er schlug ein Angebot als Privatkoch der Kennedy-Familie aus und ließ sich auf das Münchner Experiment ein. Kopf und Kragen hätte es ihn kosten können. Stattdessen wurde er vom Michelin mit zwei Sternen dekoriert und schließlich zum »Jahrhundertkoch« ernannt. Witzigmann war ein Risk Taker, der im Gegensatz zu Bocuse aber mit Herausforderungen konfrontiert war, die der Franzose nicht zu bewältigen hatte. Denn Bocuse konnte auf eine gewachsene kulinarische, auch experimentierfreudige Kultur setzen. Ins Deutschland der 1970er Jahre hingegen begann Convenience Food, getarnt als Internationale Küche, Einzug zu halten. Ein Steak mit Kroketten galt als Hochgenuss. Witzigmann aber hatte Bocuse und dem Elsässer Haeberlin von der *Auberge de l'Ill* in die Töpfe geschaut und war wild entschlossen, München mit der Nouvelle Cuisine zu beglücken.

Auf der Karte des Tantris fanden sich daher von Bocuse und der Lyoner Küche inspirierte Gerichte wie *Quenelles de brochet au coulis d'écrevisses* (»hausgem. Hechtklößchen, Krebsrahmsauce, Krevetten«)[10] zum Preis von 26,50 Mark. Die Gerichte waren benannt nach antiken Gourmets und römischen Göttern. Das Fernweh der Deutschen wurde befriedigt mit damals noch exotischem Gemüse und fremden Früchten wie Auberginen und Kiwis. Für 22,50 Mark konnte man sich ein Tagesgericht gönnen, das ganz unbedarft in Anlehnung an den selbst beim Dorfmetzger damals verbreiteten »Zigeunerspieß« *Brochette tzigane grillée sauce béarnaise (»Zigeunerfiletspiess vom Holzkohlengrill«)* genannt wurde. Mit seiner konsequent deutsch-französischen Karte, exquisit französischer Küche und Interpretationen beliebter deutscher Gerichte gelang Witzigmann der Spagat zwischen kulinarischem Wagnis und ökonomischem Erfolg. Wie sein französischer Kollege Michel Guérard besaß auch Witzigmann einen Instinkt für Vermarktung. Skandale und Randale gab es zwar kaum im Tantris, aber Geschichten von Stammgästen wie dem Playboy Gunter Sachs und dem Milliardär Friedrich Flick kolportierte man gern. Flicks Leibwächter deponierten ihre Waffen im Brotkorb, Michel Guérards Gangster steckten sie ordentlich in die Manteltaschen.

Auf die richtige Mélange kam es an, aber auch auf Neugier und Disziplin! Witzigmann, gefragt nach seinen Vorbildern, nennt Bocuse, die Brüder Troisgros und Haeberlin: »Mich beeindrucken bis heute Menschen, die sich nicht von ihren Zielen abbringen lassen und ihre Mission zu Ende bringen.«[11]

Witzigmann geht seinen Weg weiter. Mit dem Ikarus-Restaurant erhebt er sich weiter in luftige Höhen. Ins Hangar-7, ein außergewöhnliches Gebäude am Salzburger Flughafen, lädt er Gastköche aus aller Welt ein und offeriert seinen Gästen kulinarische Höhenflüge. Ob das den Kritikern behagt oder nicht, ist Witzigmann einerlei: »Haben die notorischen Besserwisser und selbsternannten Geschmacksapostel wieder zugeschlagen, ignoriere ich das nicht einmal. Nicht die Erwartungen anderer führen zu Spitzenleistungen, sondern der Anspruch an sich selbst.«[12]

Dieses Selbstbewusstsein, dieser Individualismus war auch Witzigmanns Nachfolgern eigen. Heinz Winkler errang als jüngster Koch weltweit sogar drei Michelin-Sterne für das Tantris. Mit seiner Cuisine vitale, einer leichten Küche, achtete er auf Bekömmlichkeit und setzte auch frische Kräuter aus dem eigenen Garten dafür ein. Später bereitete er in seinem eigenen Restaurant, der Residenz in Aschau am Chiemsee, vegetarischen Küchenpionieren und Köchen eines gesunden Fine Dining den Weg.

Die Nouvelle Cuisine wurde einflussreicher, als Gault und Millau es jemals hätten erahnen können. Das radikal Neue war nicht ein von den Gastrokritikern ersehntes Kollektiv regelkonformer Kochgenossen, sondern die Vision einiger eigensinniger Kochkünstler, die aus allen Welten das Beste zu schöpfen wussten. Zur Farce wurde die Nouvelle Cuisine erst auf den Tellern der Epigonen, die Manifesten mehr vertrauten als ihrer eigenen Inspiration.

Schaumschläger und Küchengötter

Metamorphosen in der Molekularküche

Das Unbelebte übt eine eigentümliche Faszination auf Kunst und Wissenschaft in gleichem Maße aus. In Peter Tschaikowskys Ballett *Der Nussknacker* (1892) verspürt das Mädchen Clara beim Anblick der hölzernen Figur eine Lebendigkeit, die so übermächtig die biedere Wirklichkeit durchdringt, dass sie sinnlich-süße Traumwelten erwachen lässt. Der Nussknacker, ein Geschenk des erfinderischen Patenonkels Drosselmeier, verwandelt sich dank der Vorstellungskraft des Kindes in einen Prinzen. Nach einer siegreichen Schlacht gegen den Mäusekönig reist er mit Clara über einen Fluss aus Rosenwasser ins Reich der Süßigkeiten. Im Zauberpalast von Konfitürenburg präsentieren Tänzer aus fernen Ländern erlesene Zuckerwaren. Tanzend bewegt sich die Zuckerfee Clara mit ihrem Nussknacker-Kavalier durch ihr köstliches Reich.

Phantasie und Wirklichkeit verschmelzen in einer alle Sinne ergreifenden Weltwahrnehmung. Im Traum entfaltet sich eine Szenerie, die sich mit der Vernunft allein nicht begreifen lässt. Tschaikowskys Ballett ist inspiriert von E. T. A. Hoffmanns Welten, den Nachtstücken, in denen sich ein besonderes Perspektiv auf die Welt richtet. Imagination und Forschergeist wetteifern miteinander. Die menschliche Hybris, aus unbelebtem Material Menschengleiches erschaffen zu wollen, konkurriert mit der Phantasie. Einen Auftritt haben nicht nur träumerische Gestalten, sondern auch dämonische Schöpfer. Die Kraft der Magie wird der Heilkraft der Natur und der Fähigkeit des Forschers gegenübergestellt. So eröffnet sich ein Feld, das Künstler und Wissenschaftler einander streitig machen, im besten Falle aber zu einem eigenständigen Faszinosum ausgestalten. In E. T. A. Hoffmanns Erzählung *Nussknacker und Mausekönig* symbolisiert die Nuss Krakatuk ein natürliches Heilmittel gegen magische Mächte. Um ihre Wirkung zu entfalten, bedarf es aber eines Rituals und eines ganz besonderen Menschen. Nichts ist die Wissenschaft ohne das Vorstellungsvermögen des Menschen, nichts ein simpler Gegenstand ohne dessen Gestaltungskraft!

In der Kulinarik sollte dieses kreative Spannungsverhältnis hundert Jahre später in einer neuen Form des Kochens zum Ausdruck gelangen. *Molekularküche* heißt die neue Kochrichtung, die in den 1980er Jahren ihren Anfang nahm. Ein irreführender Begriff, da Kochen ohnehin ein Vorgang ist, bei dem sich die molekulare Struktur der Zutaten verändert. Der Begriff insinuiert zudem, dass die Erforschung der biochemischen, physikalischen und chemischen Prozesse beim Kochen alleiniges Ziel und Beweggrund sei. In Wahrheit wurden die experimentell gewonnenen Erkenntnisse und die Fortschritte in der modernen Lebensmitteltechnologie genutzt für eine schöpferische Formfindung, die mit der Naturbelassenheit und Produktorientierung der Nouvelle Cuisine radikal brach. Treffender ist daher die Bezeichnung Metaphoric Cuisine.

Mit hochtechnologischen Zutaten wie flüssigem Stickstoff und Geliermitteln wurden Lebensmittel in eigenwillige Kreationen verwandelt. Holundersaft wurde in Kaviar verwandelt und Suppenfond in Spaghetti; virtueller Schinken wurde erzeugt.

Die metaphorische Küche benutzte Technik, um Bereiche miteinander zu verknüpfen, die sinngemäß nicht zusammengehören. Melonenkaviar ist so ein Ergebnis eines technischen Verfahrens, das beim Verkosten ein überraschendes, da mit dem Vertrauten brechendes Geschmackserlebnis beschert. Geschmack und Textur widersprechen sich, Neologismen werden kreiert, die in der Wirklichkeit schöpferischen Niederschlag finden.

Begehrt wurde die Kraft der Verwandlung, die aus dem Unbelebten, dem schlichten Produkt etwas Neues, Unerkanntes, Unbenanntes zauberte. Die Pioniere der Molekularküche verspürten den faustischen Drang, zu erkennen, was die Welt, pardon, das Soufflé im Innersten zusammenhält. Nicht nur im streng physikalischen Sinne versuchte man die Gesetzmäßigkeiten des Kochens zu verstehen und die Bausteine der kulinarischen Welt zu begreifen. Die molekularen Eigenschaften und Strukturen von Lebensmitteln zu kennen, befeuerte die Kombinationslust der Köche. In veränderten Aggregatzuständen hauchten sie den Grundnahrungsmitteln neues Leben ein. In der Molekularküche wurde das Machbare auf die Spitze getrieben. Eine Küchengötterdämmerung fand statt. Mousses, Airs, Gelees, Bonbons und heißes Eis lösten das Vertraute auf. Mit dem Gegebenen gab man sich nicht zufrieden, das Machbare wurde ausgedehnt ins Visionäre, der ewige Wandel – *Continuous Change* lautete die Parole in der Wirtschaft – wurde propagiert und praktiziert. Warum kann Eis nicht heiß sein? Weshalb das Feste nicht flüssig, das Flüssige nicht fest? Nicht in der Dialektik sollte der Widerspruch aufgehoben werden, sondern im Kontrast eine neue, reizvollere Welt erschaffen werden.

Diese Besessenheit von Schöpfertum bedrohte ein Drang, ohne Rücksicht auf Verluste alles Machbare zu versuchen, vor dem sich die aufklärerischen Dichter und Philosophen gehütet hätten. In Friedrich Schillers *Lied von der Glocke* heißt es: »Gefährlich ist's, den Leu zu wecken, verderblich ist des Tigers Zahn, jedoch der schrecklichste der Schrecken, das ist der Mensch in seinem Wahn.« Noch aber hatte sich die rebellische Neugier nicht in eine selbstzerstörerische Obsession verwandelt, noch hatte Manieriertheit nicht Einzug gehalten in die Laborküchen der kulinarischen Zauberlehrlinge. Wissenschaftliche Erkenntnis und künstlerische Gestaltungskraft schienen möglich in einer physikalisch-poetischen Küchenrevolution.

Dass dieser Umsturz gänzlich unblutig geschehen sollte, darüber waren sich die Pioniere einig. Das unbedingt Machbare versprach einen Genuss ohne Reue, Rosen ohne Dornen, Geschmacksexplosionen ohne Gefahr und Widerstand. Die kulinarische Welt sollte willkürlich gestaltet, die Küche in eine Welt ohne Widerstand verwandelt werden. Räucherspeck wurde in Schaum verwandelt, indem das Fett entfernt wurde. Auf den Hüften durfte genauso wenig haften bleiben wie zwischen den Zähnen. Kein Hindernis durfte sich bieten. Die physikalisch-chemisch veränderte Textur erleichtert den Genuss. Ein angenehmes Mundgefühl begünstigt wiederum die positive Wahrnehmung der neuartigen Zubereitungsformen. Die Bläschen des Schaums platzen auf, entlassen das volle Aroma in die Mundhöhle. Den rauchig-kräutrigen Geschmack des Wacholderspecks genießt der Verkostende ohne Reue, ohne Abwehr, ohne Widerstand. Geschmacksexplosionen statt Kalorienbomben lautete die Devise. Durch die Zugabe von Verdickungs- und Geliermitteln wurde der träumerische Zustand stabilisiert, und utopische Ideen formten sich auf dem Teller zu essbaren Gebilden. Schonend sollten die Garmethoden sein, die Geschmacksknospen des Gastes behandelte man genauso achtsam wie die Zutat. Das Ungewollte wurde verbannt, das Konzentrat stabilisiert, der unreine Parteigeist verbannt aus diesem kulinarischen Vakuum, in dem sich der Küchenchef zum Gott aufschwang. Gelingen konnte dieses Unterfangen, da die Sehnsucht nach Idolen wuchs und die Nachfrage nach Spiritualität und erbaulichen Glaubenspraktiken in allen Lebensbereichen Verbreitung zu finden begann.

Und doch erlebte die Küche der Verwandlung ihre Geburtsstunde in der Wissenschaft. Der aus Ungarn stammende britische Tieftemperaturphysiker Nicholas Kurti war ein begeisterter Hobbykoch, der seine physikalischen Kenntnisse auch in der Küche zum Einsatz brachte. »Es ist absurd«, so Kurti, »dass wir über die Temperatur im Zentrum der Sonne mehr wissen als über jene im Inneren eines Soufflés.«[1] Am 14. März 1969 sorgte er mit seinem Vortrag »The Physicist in the Kitchen« vor der Royal Society of London für Furore. Kurti verlas nicht nur seinen Text, sondern bot seinen Zuhörern eine spektakuläre Show. Mit einem Mikrowellengenerator produzierte er ein *Baked Alaska*, das innen heiß und außen kalt war.

Baked Alaska ist ein klassisches amerikanisches Dessert, das in unseren Gefilden unter dem Namen *Omelette Surprise* bekannt ist. Erfunden wurde die gebackene Eistorte der Legende nach vom französischen Küchenchef Charles Ranhofer im New Yorker Restaurant Delmonico's. Aufgetischt wurde die skulpturale Süßspeise anlässlich eines Banketts zu Ehren des amerikanischen Außenministers William H. Seward, der Russland im Jahre 1867 Alaska abgekauft hatte. Ranhofer imaginierte mit seinem Gericht einen Schneesturm, der über das eisige Alaska hinwegfegte. Unter flambiertem Baiser verbergen sich Rahmglace und ein Boden aus Biskuitteig. Das kontrastreiche Dessert erfordert perfektes Timing, da der Kern aus Eis nicht schmelzen darf, die Spitzen des gebackenen Eischnees jedoch zart gebräunt sein sollen. Erstmals serviert wurde mit Eis gefülltes heißes Gebäck bei einem Staatsbankett im Weißen Haus Anfang des 19. Jahrhunderts. Ein paar Jahrzehnte später galt es als *fancy*, Eisgebäck mit Baiser auch in Privathaushalten zum Nachmittagstee oder Dinner zu reichen. Der Überraschungseffekt ist garantiert, wenn der Silberlöffel durch die goldbraunen Eischneespitzen zum Kern aus Eis vordringt. Die Zunge ist zunächst elektrisiert von der heißen Meringue, vergnügt sich dann am schmelzenden Eis und lässt die Erregung schließlich am weichen Genueser Biskuitboden abklingen. Die Geschmacksnerven sind angenehm gereizt, die Sinne ausreichend angeregt, um die Tafelrunde auch mit amüsierten Gesprächen zu vergnügen. *Baked Alaska* war ein köstliches Gegengift zu gesellschaftlicher Langeweile.

Zeitgleich mit dem Koch des Delmonico's experimentierte auf der anderen Seite des Ozeans der Küchenchef des Grand Hôtel an einem ›wissenschaftlichen‹ Dessert. Das Motto der Pariser Weltausstellung 1867 lautete »Fée Électricité«. Balzac, so der Name des Küchenchefs, gedachte sich passend zum Thema die jüngsten Erkenntnisse zur geringen Wärmeleitfähigkeit von Eiweiß zunutze zu machen. Er schichtete verschiedene Speiseeissorten übereinander und umhüllte sie mit Wiener Masse, einer Art Baiser, der anschließend flambiert wurde. Seine Kreation nannte er *Omelette norvégienne*, was wohl einem geographischen Missverständnis geschuldet ist. Der britische Experimentalphysiker Benjamin Thompson hatte die für Balzac so hilfreichen Kenntnisse über die Isolierfähigkeit von Eiweiß während eines Aufenthalts in Bayern gewonnen. Balzac aber, der Küchenchef wohlgemerkt, nicht der Schriftsteller, hielt Bayern für einen Ort in Norwegen und hob, *et voilà*, das norwegische Omelette aus der Taufe.

Als Nicholas Kurti hundert Jahre später der ehrenwerten britischen Gelehrtengesellschaft seinen *Baked Alaska* beziehungsweise das bayerisch-norwegische Omelette präsentierte, läutete er wie seine Vorgänger Balzac und Thompson ein neues physikalisch-kulinarisches Zeitalter ein. Kurti nutzte die technische Erfindung der Mikrowelle für revolutionäre Desserts. In der Mikrowelle kann ein ausgehöhlter, mit Wasser gefüllter Eisblock kurz erhitzt werden, so dass das Wasser kocht, das Eis aber nicht schmilzt. Der Grund dafür ist ein elektrisches Feld, in dem die Moleküle gezwungen werden, sich immer wieder neu auszurichten. Dabei stoßen sie zusammen, und Wärme wird erzeugt. Da gefrorene Wassermoleküle jedoch in einem starren Gitter gefangen sind, können sie nicht hin- und herschwenken. Das Eis schmilzt also nicht, während das Wasser kocht.

Kurti inspirierte dieses Verfahren zu einem Dessert, das er *Frozen Florida* nannte. Ein Gehäuse aus Baiser wird mit Likör oder Brandy, Zucker und Marmelade gefüllt, tiefgefroren und anschließend in der Mikrowelle kurz erhitzt. Der Kern schmilzt, die Hülle aber bleibt kalt. Kurti ließ den südlichsten der amerikanischen Bundesstaaten im Innersten brodeln und sorgte gleichzeitig für Abkühlung. Damit revolutionierte er nicht nur die Kochmethoden, sondern erhöhte auch die gustative Risikobereitschaft seiner Zeitgenossen. Wissenschaft und Kulinarik vereinten sich in einem künstlerischen Experiment, das über Jahrzehnte die Geschmacksnerven herausfordern sollte.

Ende der 1980er Jahre fand Kurti in Hervé This-Benckhard, einem französischen Physikochemiker, den perfekten Partner für sein revolutionäres Unterfangen. This war nicht nur Naturwissenschaftler, sondern auch ein begabter Hobbykoch, der zudem Literaturseminare an der Sorbonne besucht hatte. Natürliche Prozesse zu begreifen, war eine Sache, Vorgänge angemessen zu benennen eine andere. Gemeinsam erfanden Kurti und This den Begriff der *Molecular and Physical Gastronomy*, den This nach Kurtis Tod verkürzte auf *Molecular Gastronomy*. Die Begrifflichkeiten passte This immer wieder an, je nach Forschungsstand, Erkenntnisgewinn und ästhetischem Interesse. Von »kulinarischem Konstruktivismus« war genauso die Rede wie von »abstrakter Küche« oder »Cuisine note à note«[2], einer speziellen

Ausprägung des molekularen Kochens, die von elektroakustischer Musik inspiriert war. Der kreative Prozess verläuft über die Zerlegung eines Klangs in eine Summe von Tönen, die eine eigene Frequenz und Amplitude haben. Diesen als rein bezeichneten Tönen entsprechen in der »Noten-Küche« reine chemische Verbindungen wie Wasser, Ethanol, Saccharose oder durch Fraktionierung gewonnenes tierisches oder pflanzliches Gewebe. Kurzum: Der Notenkoch komponiert mit Geschmacksnoten.

Hervé This' Variationen der Molekularküche entspringen interdisziplinären Forschungen, sind immer aber auch von den Künsten geprägt. Dabei erweist sich This als ein absolut freier Forscher und Kulinariker, der bestehendes Wissen integriert, sich aber löst aus festgezurrter Tradition. Befragt nach seinen Vorbildern, wird This resolut: »Es tut mir leid, aber ich bin ikonoklastisch und hasse Meister, Präsidenten und Macht. Da ich kein Koch bin, habe ich keinen Respekt vor irgendwelchen Kochtiteln [...]. Ich habe nur Respekt für die Arbeit von Menschen, wenn die vermittelten Werte des Respekts würdig sind. Auch in der Chemie akzeptiere ich keinen anderen Lehrer als die Vernunft, die Arbeit und das Wissen. Es gibt also keinen Mentor, keinen Paten.«[3]

Die radikale Verweigerung von Hierarchien und sein unbändiger Schöpfergeist machten This binnen weniger Jahre zu einem medialen Phänomen. Franzosen, Europäer, Weltenbürger waren fasziniert von diesem Gourmet-Wissenschaftler, der nicht nur die Kochkunst neu definierte, sondern auch den Citoyen, den Bürger: »Ich habe meine Staatsbürgerschaft gewählt, eine Staatsbürgerschaft, die nicht die des Geldes ist.«[4]

This, Vollblutwissenschaftler und manischer Tüftler, hat sich die Veränderung der Welt auf die Fahne geschrieben. *Cuisine* bedeutet für ihn »Liebe, Kunst und Technik«. Diese heilige Trias bewahrt ihn auch davor, einem unbedingten Fortschrittsglauben zu verfallen. Trotz aller Technik ist Kochen für This vor allem Kunst. Jede Epoche habe ihre eigenen Genies und ihre eigene Berechtigung: »Die Kunst macht keine Fortschritte, wird nie Fortschritte machen, sie hat keine ›Wahrheit‹. Durch Picasso ist Rembrandt nicht verjährt.«[5]

Gespeist war This' kulinarische Philosophie von seinen geisteswissenschaftlichen Studien. In den 1970er Jahren, als This Literaturkurse an der Sorbonne belegte, begann sich die Dekonstruktion in der Philosophie und Philologie zu verbreiten. Jacques Derrida, der in den 60er Jahren an der Sorbonne unterrichtet hatte, bezeichnete damit ein Analyseverfahren, das Gegensätze im Text auflöst, Hierarchien bricht und den Text als historisch bedingt aufzeigt. Zeichen, Sinn und Bedeutung, die elementarsten Begriffe wurden hinterfragt. Hervé This, der im Kindesalter bereits mit Kasserolen und Reagenzgläsern hantiert hatte, muss fasziniert gewesen sein von einem Verfahren, das Destruktion und Konstruktion miteinander verband. In der Molekularküche sollten beide Begriffe eine besondere Bedeutung gewinnen. Aus den Erkenntnissen über die stofflichen Eigenschaften von Lebensmitteln und deren Wandlungsfähigkeit setzte er Geschmacksrefugien und Aromawelten zusammen, die er klassisch dekonstruktivistisch als zeitgebunden und damit geschichtlich geprägt entlarvte. Wir schmecken nur, was uns ein Begriff ist. Geruch und Geschmack sind infiltriert von kulturellen Codes der Geschmacksverfeinerung. Unsere Sinne sind geformt durch eine Semantik des Riechens und Schmeckens.

Kein Begriff hat Bestand vor This. Selbst das Wort ›kochen‹ nimmt er nicht als selbstverständlich hin. Kochen bedeute nicht nur erhitzen und verwandeln, sondern sei weit mehr: »Ich schlug vor, dass man durch Erhitzen kochen könne, aber auch durch Säure (Fisch auf tahitische Art), durch Alkohol (geben Sie einen Schuss Schnaps in ein Eiweiß, und Sie haben es pochiert) oder durch Zucker (in einer Englischen Creme; zu Beginn der Zubereitung sagt man, dass der Zucker das Eigelb ›kocht‹).«[6]

Dass Hervé This' Küchenrevolution trotz seiner extrem wissenschaftlichen und philosophischen Ausrichtung einen großen Widerhall nicht nur beim Fachpublikum, sondern auch in der breiten Bevölkerung fand, lag daran, dass This seine Erkenntnisse in praktische Lifehacks rund ums Kochen verwandelte. Dem Spiegelei widmet er ein ganzes Kapitel in einem seiner Bücher. Wer wüsste nicht gern, dass man das Eiweiß nur in der Nähe des Dotters salzen darf, um ein perfektes Ergebnis zu erzielen? Wer interessiert sich nicht dafür, wie ein Soufflé am besten gelingt? Wer möchte nicht wissen, warum man statt normaler geklärte Butter verwenden soll, um Entenkeulen zu braten? Hervé This tut nicht nur Küchenweisheiten kund, sondern verrät auch den wissenschaftlichen Grund. *It's the bubbles, stupid!* An den Bläschen des Eischnees liegt es, dass ein Soufflé die Form behält. Hervé This' Rocquefort-Soufflé[7] gelingt mit Hilfe dieser Erkenntnis auch dem Anfänger:

Roquefort-Soufflé

Zutaten:
80 g Roquefort
30 g Butter
50 g Mehl
6 Eigelb, 6 Eiweiß
25 cl Milch
Salz, 1 Messerspitze Muskat, 1 Prise Cayennepfeffer

1. In einem kleinen Topf 80 g Roquefort und 30 g Butter bei milder Hitze schmelzen lassen.

2. Den Topf auf dem Feuer lassen und 45 g Mehl unterrühren.
3. Mit einem Viertelliter kochender Milch verdünnen. Die Masse glattrühren, dann salzen. Mit Muskat und Cayennepfeffer würzen.
4. Den Topf vom Feuer nehmen, die Masse etwas abkühlen lassen, dann die 6 Eigelb – am besten paarweise – zugeben.
5. Die 6 Eiweiß mit einer Prise Salz steif schlagen.
Je steifer der Schnee, desto besser wird das Soufflé. Als Richtlinie für Festigkeit gilt: Eischnee sollte ein ganzes Ei in der Schale tragen können, ohne dass es einsinkt.
6. Den Eischnee unter die Roquefort-Masse heben.
Das A und O des Soufflés sind die Bläschen des Eischnees. Sie müssen erhalten bleiben – also möglichst schonend unterheben.
7. Die Masse unverzüglich in eine gebutterte und bemehlte Form geben. Bis auf 2 Drittel der Höhe auffüllen.
8. Bei mittlerer Hitze (170 Grad Celsius) 20 Minuten backen.

Ein auf den ersten Blick simples Rezept, das aber en détail durchdacht ist und beweist, dass die Erkenntnisse der Molekularküche kein elitäres Distinktionsmerkmal, sondern auch für den Hobbykoch tauglich sind. Grenzenlosigkeit war eine Parole, die sich nicht auf den Dunstkreis der Küchen beschränkte! Eine durchlässige Gesellschaft, in der Wandel und Beweglichkeit starre Hierarchien und festgezirkelte Handlungsräume ablösen, war Ende des 20. Jahrhunderts eine Vision, die alle Lebensbereiche umfasste. Opake Machtstrukturen wurden verdammt, Lichtes und Durchschaubares ersehnt! Das Schlagwort für diese Begierde nach Helligkeit war Transparenz. Das Bild einer Gesellschaft wurde in leuchtenden, aber durchscheinenden Farben gemalt. Transparenz galt als Ideal eines sozialen Systems, in dem Informationen frei zirkulieren. Anstatt geheimer Absprachen in Hinterzimmern und auf Chefetagen ersehnten sich visionäre Gesellschaftstheoretiker, flankiert von Unternehmensberatern, nachvollziehbare Prozesse und Abläufe. Dadurch erhoffte man sich eine stärkere Teilhabe des Bürgers und Arbeiters. Der gläserne Abgeordnete und der gläserne Chef waren positive Figuren – die Dystopie des gläsernen Menschen, der total durchleuchtet wird, lag noch in weiter Ferne.

Die Schattenseiten der Transparenz, der Verlust menschlicher Souveränität durch Datensammeln und Optimierungszwang, sollten erst Jahre später in die öffentliche Wahrnehmung vordringen. Den mit Transparenz verbundenen Kontrollverlust legte der Philosoph Byung-Chul Han in seinem 2012 erschienenen Essay *Transparenzgesellschaft*[8] offen. Der »Hypervisibilität« schreibt er gar einen pornographischen Charakter zu. Dem Verborgenen komme kein Platz mehr zu in unserer von Sichtbarkeit besessenen Gesellschaft. Das Abgründige der Transparenz war allerdings in den 1980er und 1990er Jahren noch weitgehend unbekannt. Ganz im Gegenteil übte Transparenz eine Faszination aus, der Wissenschaftler, Künstler und natürlich auch Köche erlagen. Speziell die Avantgarde der Molekularküche war begeistert von der Idee, Grundstrukturen zu durchleuchten und in klare, glänzende Texturen zu verwandeln. In Spanien war es der Koch Ferran Adrià, der Geschmacksinnovation untrennbar mit einer neuen abstrakten Food-Optik verband. Die undurchsichtige Teigschicht italienischer Ravioli ersetzte er beispielsweise durch eine transparente Oblatenhülle aus Soja, japanischer Kartoffel und Olivenöl. Die hauchdünne Außenhaut löst sich am Gaumen sofort auf und offenbart unmittelbar die Füllung.

In seinem Restaurant El Bulli an der Costa Brava verblüffte er die kulinarische Welt mit Kreationen, die ihm sowohl den Ruf eines Genies als auch den eines Scharlatans einbrachten. Aus der ehemaligen Strandbar, die nach der französischen Bulldogge der deutschen Vorbesitzer benannt war, machte er eine Pilgerstätte für Gourmets und Schaulustige. Adrià, der sich zwar bei großen europäischen Köchen erprobt hatte, aber keine abgeschlossene Kochausbildung besaß, verwandelte die Küche in ein Labor, in dem er mit seiner Crew unablässig an neuen Rezepten tüftelte. An der herkömmlichen Zubereitung von Lebensmitteln verlor er schnell das Interesse. Stattdessen experimentierte er mit neuen Techniken und Chemikalien, um ungewöhnliche Aggregatzustände und Geschmacksrichtungen zu erzeugen. Thaigarnelenhirn fand sich ebenso auf der Karte wie mit flüssigem Stickstoff zubereiteter Käseschaum, heiß gefrorener Gin Fizz, Gemüse-Gelatinestreifen mit Holzkohleöl, Mousse aus Muschelfleisch oder das Parmesaneis mit gerösteten Walnüssen, Aceto Balsamico und reifen Birnen. Inzwischen bekommt man weit kuriosere Kreationen an jeder durchschnittlichen Berliner Eisdiele. Adrià aber war ein Pionier, der seit den 1980er Jahren Geschmackswelten und ästhetische Universen revolutionierte.

Fünfmal wurde das El Bulli zum besten Restaurant der Welt gewählt. Pro Saison erhielt Adrià zwei Millionen Anfragen für lediglich 8000 Plätze. Das El Bulli wurde zum begehrten Prestigeobjekt und war dennoch nicht rentabel – trotz zum Teil ausbeuterischer Arbeitsbedingungen und der kostenfreien Mitarbeit ausgebildeter Köche, die sich mit dem Aushängeschild der spanischen Molekulargastronomie schmücken wollten. Ferran Adrià betrachtete die Molekularküche freilich nur als einen geringen Teil seines gastronomischen Projekts. Im Interview mit der *Süddeutschen Zeitung* wies er 2009 bereits in aller Schärfe die Vorwürfe zurück, seine Küche beschränke sich auf »den Einsatz von Flüssigstickstoff, Gefriertrocknung oder Ähnliche(m)«: »Es geht viel mehr um Handwerk und Präzision als um Wissenschaft und Chemie. Wir arbeiten sehr vielseitig.«[9]

Abgesehen vom medialen Wirbel, den der Starkoch verursachte, interessierte sich auch die Kunstwelt für die ästhetischen Experimente in der Mittelmeerbucht Cala Montjoi. Roger M. Buergel, der Künstlerische Leiter der documenta 12, stellte die große Kasseler Schau der Gegenwartskunst unter das Motto »Migration der Form«. Ausgangspunkt war die Beobachtung, dass die visuelle Kommunikation auf wenigen Grundformen aufbaut, die unterschiedlich genutzt werden je nach Zusammenhang. Eine vergleichbare künstlerische Ausrichtung erkannte er auch bei Adrià, weshalb er den spanischen Koch als Künstler zur documenta einlud. Er habe es geschafft, »seine eigene Ästhetik hervorzubringen, die sich in etwas sehr Einflussreiches in der internationalen Szene verwandelt hat. Daran bin ich interessiert, und nicht, ob die Leute es nun für Kunst halten oder nicht. Es ist wichtig zu sagen, dass künstlerische Intelligenz sich nicht in einem bestimmten Medium manifestiert, dass man Kunst nicht nur mit Fotografie, Skulptur und Malerei etc. identifizieren muss, auch nicht mit dem Kochen im Allgemeinen; jedoch, unter gewissen Umständen, kann es auch Kunst sein.«[10]

Da laut Adrià aber nur *verstehen* kann, wer auch *isst*, wurde kurzerhand beschlossen, das El Bulli zur Außenstelle der documenta zu machen. Buergel wählte willkürlich Besucher der documenta aus und fragte, ob sie nicht Lust hätten, in Adriàs Restaurant zu speisen. Das Restaurant wurde zur Ausstellung, Gäste und Besucher nahmen teil an einer kulinarisch-künstlerischen Performance.

Inzwischen ist das Restaurant längst geschlossen, doch die Weiterentwicklung von Adriàs spezifischer Kochkunst steht im Zentrum seiner Arbeit. Jahrzehntelang forschte der spanische Koch an außergewöhnlichen Rezepten, zuletzt im Rahmen seiner elBulli Foundation, mit der er das Erbe seiner Kochkunst bewahren will. Nichts weniger schwebt ihm vor, als einen weltweiten Paradigmenwechsel des Fine-Dining-Sektors zu erzielen. Innovation und Musealisierung gehen dabei Hand in Hand. Am Standort des ehemaligen Kultrestaurants entsteht ein Raum, in dem Adrià die nächste gastronomische Revolution plant. Forschungslabor und Museum zugleich ist das El Bulli 1846[11], dieser kreative Raum, der benannt ist nach der Anzahl der von Adrià erfundenen und für katalogisierungswürdig befundenen Rezepte.

Die DNA des El-Bulli-Restaurants soll bewahrt und weitergestaltet werden mit einem interdisziplinären Forscherteam. Mit Ferran Adriàs Formexperimenten hatte die Dekonstruktion in die Küchen Einzug gehalten. Das Oxymoron und die Kreolisierung, Begrifflichkeiten aus der Sprach- und Literaturwissenschaft, fanden darin sinnlich-kulinarischen Ausdruck und irritierten zugleich unsere an Widerspruchsfreiheit gewöhnten Papillen. Er erkundete Formen und Geschmacksnoten, die in der Gastronomie noch unerkannt waren. Charakteristisch für den Autodidakten ist aber ein Gespür für gesellschaftliche Wandlungen und die Fähigkeit, diese in Aromen umzusetzen, ihnen eine kulinarische Form zu verleihen. Essen begreift Adrià als die älteste Form von Kommunikation, für die er eine neue Sprache entwickelt. Diese Formensprache gelangt in Sphären, Schäumen (sogenannten Espumas), Gelen und Emulsionen zum Ausdruck. Adrià entfernte sich von dem Gedanken, Essen müsse in einer eindeutigen festen Konsistenz auf unseren Tellern serviert werden. Aus Olivensaft gelierte er etwa Trompe-l'œil-Oliven, die er Sphären nannte. Neben Schäumen sollten sie einen festen Platz auf der El-Bulli-Karte finden.

Die Perspektive ist es, die den Unterschied macht: Ferran Adriàs Gelfrüchte, Schäume und Airs entführen uns an Tschaikowskys Mandelmilchsee, an Brunnen mit köstlicher Creme. Zugleich sind sie ernsthafte Symbole einer Gesellschaft im Wandel. Die überschäumende Metaphorik der Molekularküche findet sich in Peter Sloterdijks[12] philosophischen Erzählungen der Menschheit. Die schwankenden Aggregatzustände der Welt zwischen Verfestigung und Verflüssigung erfasst der große Philosoph in seinen Bildern von Sphären, Blasen und Schäumen. Individuen begreift er als »Seifenblasen«, die koexistieren und sich prickelnd selbst auflösen. Schäume sind die Gesamtheit der Blasen, in der sich Festes und Flüssiges verbindet, was eine hohe Durchlässigkeit und steten Austausch ermöglicht.

Sloterdijk denkt moderne Gesellschaften fern der klassischen Massentheorien, losgelöst von Kollektividentitäten. Es ist ein poetisches, musikalisches Denken, das sich auch in der Noten-Gastronomie Hervé This' oder den ephemeren Espumas und sphärischen Gerichten Ferran Adriàs findet.

Wie sich diese Klänge miteinander verbinden werden, ob sich die Schäume verdichten oder als ephemere Gebilde vergehen, wird von unserer Lust und Fähigkeit abhängen, in sinnlichen Denkbildern über bestehende Beschreibungen hinauszugelangen. Die Molekularküche mag passé sein, ihre poetische Kraft aber wirkt nach und erreicht im besten Falle auch die Elfenbeintürme. Die *cocina tecno-emocional*, die techno-emotionale Küche, gibt uns einen Vorgeschmack auf die Zukunft. Wie wird sie uns schmecken, diese Technik, gewürzt mit einer Prise Emotion?

Kulinarische Ästhetik

Kirschen auf der Sahnetorte

In Riesenbottichen rührt er seinen Teig an. Dutzende von Orangen und Cantaloupe-Melonen püriert er mit Mandeln zu einer fruchtigen Masse. Aus einem frischgebackenen Biskuitboden sticht er Schiffchen aus und füllt Obstpaste in passgenaue Silikonformen. In einem letzten Schritt taucht er die aufeinandergeschichtete Spezerei in Zuckerglasur. Unter edlen Glasglocken richtet er die mit Puderzucker bestäubte Kreation an und bietet sie in goldbeschichtetem Karton zum Kauf dar. Ein großes Tablett mit Kostproben der Süßigkeiten aber ist für die Schaulustigen reserviert, die zu Dutzenden in der edlen Rue de Castiglione auf die großzügige Gabe warten. Cédric Grolet, der Chefpâtissier des Pariser Luxushotels Meurice, ist ein Phänomen. Es gelingt ihm, scheinbar unvereinbare Gegensätze in einen köstlichen Einklang zu bringen: Grolet wahrt die elitäre, royalistisch-bürgerliche Tradition der Pâtisserie und – es ist nicht übertrieben, dies zu sagen – demokratisiert sie mit einer neuen Ästhetik, in der historisches Wissen und die proletarische Herkunft des Kochs ein verführerisches Geschmackserlebnis bescheren.

Grolet, der 2018 zum weltbesten Pâtissier gekürt wurde, ist ein Paradebeispiel für Erfolgsgeschichten in einem Land, in dem das Handwerk gewürdigt und verehrt wird. Preise und Auszeichnungen sind Orientierungshilfen für genussbegeisterte Franzosen, die gern durch die halbe Stadt pilgern, um die neueste Köstlichkeit eines *Maître d'Art* oder eines *Ouvrier de France* zu verkosten. Grolet kommt diese kulturelle Wertschätzung der Pâtisserie zugute. So kann er sich frei bewegen in einem Metier, das einen hohen Symbolcharakter hat. Um mit Pierre Bourdieu zu sprechen: »Von allen Produkten, die der Wahl der Konsumenten unterliegen, sind die legitimen Kunstwerke die am stärksten klassifizierenden und Klasse verleihenden.«[1] Dass die Pâtisserie in Frankreich den Rang eines öffentlich anerkannten Kunstwerks hat, ist unbestritten.

Rein ästhetisch auf die Welt zu blicken, ist nicht nur eine Frage der Bildung, sondern auch der Herkunft. Die schiere Notwendigkeit, die Funktion eines Gegenstands in den Vordergrund rücken zu müssen, verstellt weniger privilegierten Menschen die Wahrnehmung der Form. Für Bourdieu bedeutet der ästhetische Blick eine Abgrenzung und Distinktion gegenüber dem Gemeinen. Es bedarf eines kulturellen Kapitals und ökonomischer Grundlagen, um sich diesen Blick ermöglichen und erlauben zu können. Cédric Grolet setzt diese Barriere zumindest zeitweise außer Kraft, indem er Popularität und Exklusivität nonchalant ineinanderfließen lässt und den Herstellungsprozess luxuriöser Produkte in einer liebevollen Derbheit Fans wie Gastrokritikern offenbart. Wie er mit tätowierten Armen in enormen Schüsseln rührt und Bleche dick mit Teig befüllt, erinnert eher an einen schuftenden Mechaniker als einen ruhmreichen Konditor. Wenn er den Kuchen teilt und herzhaft in das erste Stück beißt, sieht man den kleinen Jungen vor sich, Sohn eines Fernfahrers und einer Hausfrau, der den Teig aus der Schüssel schleckt. Gelungen inszeniert sind Grolets Instagram-Reels, da er den proletarischen Gourmetaufsteiger perfekt verkörpert, authentisch aber auch, da der Spaß am Metier in jeder Handbewegung, in jedem verzückten Blick beim Verkosten seines Backwerks zum Ausdruck kommt. Gratis verteilt der proletarische Konditor Köstlichkeiten an geduldig vor dem edlen Geschäft wartende Fans, während zeitgleich kaufkräftige Kunden die wie Kunstwerke präsentierten Kuchen zu horrenden Preisen im Showroom erwerben. Eine beeindruckende Performance, mit der er der Luxusbranche ein Schnippchen schlägt, ein kluger Marketing-Streich! Darüber hinaus aber ist es die großzügige Geste eines Mannes, der in den Olymp der Pâtisserie aufgestiegen ist, ohne seine Wurzeln zu verkennen. Nicht zuletzt handelt es sich um ein Symbol für den Klassengrenzen und soziale Schichten überwindenden Glauben an die Kraft der Ästhetik.

Die Süßigkeit, die Grolet wie ein kindlicher Königspâtissier aus seinen monumentalen Gefäßen hervorzaubert, nennt sich *Calissons*. Dieses aus der Provence stammende Konfekt in Form eines Weberschiffchens gehört zu den dreizehn traditionellen Desserts, die in Südfrankreich gern zu Weihnachten gereicht werden. Dass es sich bei der Mandelspezialität um einen königlichen Genuss handelt, zeigt sich schon daran, dass die Glasur *glaçage royal* genannt wird. Die schneeweiße Glasur aus schaumig gerührtem Eiweiß, Zucker und Zitronensaft bedeckt die Fruchtschicht der Calissons. Ihre Entstehungsgeschichte reicht bis in die Antike zurück. Der Legende nach aber sollen sie in ihrer heutigen Form erstmals 1454 bei der zweiten Hochzeit des Königs René von Anjou mit Jeanne de Laval gereicht worden sein. Die vom Hofpâtissier kreierte Süßigkeit soll der Königin ein verzücktes Lächeln auf die Lippen gezaubert haben. Auf die Frage eines Höflings, was die Königin denn da Erstaunliches genösse, habe der Tischnachbar geantwortet: »Di calin soun«, was im Provenzalischen ›Es sind Liebkosungen‹ bedeutet. Weniger pikant ist eine andere Erklärung, gemäß der der Erzbischof das

Konfekt auf Basis eines Hostienbodens an die Gläubigen verteilt habe mit der Aufforderung: »Venite ad calicem«, ins Provenzalische übersetzt mit *venes toui i calissoun,* ›Kommet zum Kelch!‹

Wer auf ein Wunder nicht warten will und keine Zeit hat, in die Provence zu pilgern, kann sich ebenso wie Cédric Grolet seine eigene Variante der Calissons ausdenken. Dafür bedarf es für etwa 20–25 Calissons beispielsweise folgender Zutaten:

200 g kandierte Melone
150 g Orangeat, Zitronat und eventuell kandierte Clementinen
300 g gemahlene Mandeln
200 g Puderzucker
3 Esslöffel Orangenblütenwasser
Oblaten
Ein Eiweiß
Wasser
Etwas Zitronensaft

Trockenfrüchte, Mandeln und Puderzucker fein pürieren, mit Orangenblütenwasser aromatisieren. Eine große Oblate mit der Masse gleichmäßig bestreichen und eine Nacht ruhen lassen. Mit Metallförmchen kleine Schiffchen ausstechen oder mit dem Messer Rauten schneiden. Zum Abschluss das Mandelgemisch mit einer Glasur aus geschlagenem Eiweiß, Puderzucker und etwas Zitronensaft krönen. Eine Stunde trocknen lassen und nach Herzenslust verkosten.

Für Cédric Grolet ist es charakteristisch, dass er ursprünglich im adligen Umfeld oder mit einem sakralen Nimbus umgebene kulinarische Schöpfungen neu interpretiert. *Trompe-l'œil*-Früchte, die kunstvolle, trügerisch echte Nachahmung natürlichen Obstes, machte er gar zu seinem Markenzeichen. Seine Begeisterung für die Wandlungsfähigkeit der Natur entdeckte er bereits als Kind. Er verdiente sich Taschengeld beim Erdbeerpflücken und merkte beim Verkosten der Früchte, dass sich der Geschmack von Mal zu Mal veränderte. Süße, Saft, Form und Farbe – die Natur ist ein ebenso fabelhafter Gestalter wie der Mensch. Grolet machte sich aus diesem Wissen um die Metamorphose ein spielerisches Vergnügen und setzte mit seinen Trompe-l'œil-Früchten eine Welle in Gang, die auch zahlreiche Amateurkonditoren erfasste.

Die kunstvolle Nachahmung der Natur hat in der europäischen Konditorei eine lange Tradition. Auch Grolet schöpfte aus der Historie. Erinnert sei an Bartolomeo Scappi, den berühmten Kochbuchautor der Renaissance und Leibkoch mehrerer Päpste. Inspiriert von der Trompe-l'œil-Malerei seiner Zeit, wandte er illusionistische Kunsttechniken auf die Pâtisserie an oder täuschte das Auge der Gäste mit zu Ziegenköpfen geformtem Lachs. Den künstlerischen Ansatz, das ›Wesen‹ der Dinge zu verleugnen und etwas gänzlich Neues zu kreieren, spinnt Grolet weiter, indem er der Natur in einer vollendeten ästhetischen und geschmacklichen Gestaltung wieder zu ihrem Recht verhilft. Ein Grolet-Apfel ist ein Apfel, eine Grolet-Zitrone eine Zitrone. Die kunstvollen Früchte verleugnen ihre Herkunft nicht, sondern stellen eine Hommage an das Ursprüngliche dar. Mit übersüßten Geleefrüchten haben Grolets »Früchte« kaum etwas gemein: Zucker wird sparsam verwendet, auf künstliche Aromen weitgehend verzichtet.

Grolet scheut nicht davor zurück, uns die botanische Einordnung eines Gewächses in Erinnerung zu rufen und kulturelle Beschränkungen damit aufzuheben. Die Tomate ist botanisch gesehen Obst und findet als solches auch einen Platz in Grolets

Rezepten: Aus grünen, gelben und Cœur-de-Bœuf-Tomaten, Basilikum, Olivenöl, Zucker sowie weißer und elfenbeinfarbener Kuvertüre zaubert er eine Trompe-l'œil-Tomate, deren ›Fruchtfleisch‹ in einer cremigen Sauce die Geschmacksknospen betört. Auch diesen Überraschungseffekt kennen kulinarische Historiker von Scappi, der ausgehöhlte und mit Schinken ausgelegte Kürbisse mit Wachteln, Kalbfleisch, Zimt und Safran füllte. Der sorgsam gegarte Kürbis wurde mitsamt dem Deckel den verblüfften Gästen serviert.

Gänzlich naturbelassen sind auch Grolets Meisterstücke nicht, Verdickungsmittel und Farbstoffe finden auch bei ihm Verwendung.[2] Selbst Goldstaub dient zur Verzierung, Augenzwinkern und Reminiszenz an die royale Tradition zugleich.

Grolets unideologischen Ansatz und sein Auftreten als hochbegabter anarchischer Spieler in einem doch sehr bourgeoisen Metier wissen auch seine Millionen Instagram-Follower zu schätzen. Grolet reißt Schranken ein, ohne der Versuchung einer Infantilisierung der Gesellschaft zu erliegen. Trotz kindlicher Begeisterung und großer Experimentierlust ist Grolets Backkunst historisch verwurzelt. Der vielfach prämierte Konditor wagt es aber, sowohl über die Tradition hinauszuschreiten als auch die zeitgenössische Suche nach Identität in einem erwachsenen Spiel mit Form und Inhalt aufgehen zu lassen. Der österreichische Philosoph Robert Pfaller nennt diese »Fähigkeit zur Überschreitung« die »Tugend der Erwachsenheit«.[3] Eben diese Tugend ermöglicht es uns, der Entzauberung der Welt zu entgehen. Es ist ein paradoxer Effekt, den die Trompe-l'œil-Kunst erzielt: Das Wissen um die Ursache der Illusion lässt die Illusion selbst erst entstehen.

Eine verlockende Weltsicht, die im Netz zahlreiche Nachahmer findet, wenngleich das Kunstvolle oftmals dann doch im Grotesken oder Kindischen verlorengeht. Parallel zur Infantilisierung des Geschmacks, die vor allem durch das Verschwinden von Bitterstoffen in der Nahrung gekennzeichnet ist, entwickelt sich die plakative Zurschaustellung des Infantilen. Allein die Darbietung zahlreicher Lebensmittel in Form von Lollis zeugt von einer Ästhetik der Regression. Ziegenkäse-Speck-Lollis, Pizzabrot am Stiel, Cake Pops, Rohkost-Lollis mit Trockenfrüchten und Hanfsamen – nichts entgeht der *Lollipopisierung*. Die Dekonstruktion von Lebensmitteln und deren Bannung in infantiler Gestalt lassen den Menschen als fügsames, willensschwaches Wesen erscheinen, das des Aufbäumens nicht nur ohnmächtig ist, sondern sich begnügt mit dem Bequemen und Mundgerechten. Die eigene Gestaltungskraft verschwimmt in Himbeersmoothies und Bananenmus.

Deshalb ist es umso bedeutsamer, dass Ausnahmepâtissiers wie Grolet wieder den Eigengeschmack der Zutaten betonen und der natürlichen Form schöpferisch huldigen. Das lässt auf ein offenes, weites Verständnis von Ästhetik schließen. In Anlehnung an das griechische Wort *aísthesis* ließe sich alles darunter verstehen, was mit der sinnlichen Wahrnehmung verbunden ist. Ästhetik als komplexer Wahrnehmungsprozess ist somit »ein Phänomen, das unsere ganzen Wahrnehmungs- und Gestaltungsformen durchzieht. Aisthetik ist die Ordnung der Welt mit sinnlichen Mitteln. Damit ist es auch ein Phänomen, welches uns vom Beginn unseres Lebens an begleitet.«[4]

Kulinarischer Ästhetik kommt eine ebenso bedeutende Rolle zu wie der Ästhetik in Malerei, Architektur, Theater oder Musik, denn Kochen ist Bestandteil der kulturellen Praktiken einer Zivilisation und eines Zeitalters. Die gastronomische Kunst unterscheidet sich allerdings von dauerhaften, stabilen Künsten durch ihren ephemeren Charakter. Der Koch weiß um die Vergänglichkeit seiner Kunst, und doch steckt er sein ganzes Können, seine Vorstellungskraft und seinen Gestaltungswillen in eine Schöpfung, die auf der Zunge des Verkostenden zum Verschwinden verdammt ist. Im Verschwinden aber liegt auch Verschwendung. Zeit, Genuss, Gedanken – es ist ein köstliches Amalgam, über das der Koch in seiner flüchtigen Kunst verfügt.

Verschwendung ist in der Gastronomie ein Begriff, der einen doppelten Sinn entfaltet. Aus dem schonenden Umgang mit Ressourcen und dem präzisen Einsatz von Zutaten, einem Prozess, der einzig darauf ausgerichtet ist, Verschwendung zu vermeiden, erwächst ein verschwenderisches Schwelgen, in dem ökonomische Gesetzmäßigkeiten keine Geltungskraft mehr besitzen. Da mag man sich noch so lange die Pistaziencremefüllung eines Eclairs auf der Zunge zergehen lassen und den Haselnussbiskuit zwischen Himbeermousse und Zitronenbaiser erkunden, dem Zeitaufwand des Konditors wird der ausgedehnte Genussmoment nicht gerecht. Die Kochkunst und ihre anspruchsvolle Ästhetik sind uns eine Lehre in zeitlicher Relativität. Der französische Philosoph Michel Onfray beschreibt in *Die genießerische Vernunft* den Koch als einen Künstler, der die Zeit wie ein Bildhauer formt und täglich den Kampf gegen die Uhr aufnimmt. Den günstigen Augenblick zu erheischen, das gefürchtete »Zu spät«, das verschmähte »Zu früh« zu vermeiden, sind die Herausforderungen des Kochs.[5] Während sich diese Anstrengung und Disziplin in Luft auflösen, sobald ein Gericht serviert wird, entfalten sich Sinn und Sinnlichkeit des Schöpfers in voller Pracht beim Kredenzen einer Speise. Die Zubereitung eines Gerichts ist das Ergebnis einer persönlichen Lebensgeschichte, reflektiert aber auch Zeitströmungen. Onfray spricht von der »Quintessenz, einer Synthese des Universellen und Einzelnen in Form von Einzigartigkeit«.[6] Erst im Widerstreit und Austausch zwischen dem Einzelnen und der Geschichte entsteht auch das ästhetisch Besondere.

Es bedarf einer speziellen Courage, sich den Reibungskräften einer Zeit auszusetzen und das Eigene – Anfeindungen und Spott zum Trotz – herauszustellen. Persönlichkeit und Temperament fließen in eine kulinarische Komposition ebenso ein wie modische Erscheinungen, die zu gegebener Zeit vielerlei künstlerische Bereiche erfassen. Dass starke Emotionen, Schmerz und allen voran Liebe künstlerisches Gestalten befeuern, ist in der Psychoanalyse ein Gemeinplatz. Tiefe Einschnitte vermag der Mensch durch Metamorphose wenn nicht zu überwinden, so doch in ihrem eigentümlichen, Schönheit hervorbringenden Potential zu erkennen. In jedem Gericht finden kindliche Gefühlsverwirrung, Freude und Leid einen sublimierten, gefassten Ausdruck.

Um dieser Ästhetik in ihrer Sinnesgeschichte gerecht zu werden, ist es ratsam, dass der Genießer auf seinen eigenen Körper vertraut und sich nicht panzert gegen Fremdes, Ungewohntes, Herausforderndes. Der soziologische Habitus und kulturelle Zwänge, ob real oder nur als solche empfunden, behindern das aufrichtige Verkosten. Sie verbauen dem Verkostenden die Chance, einen Sinn zu entwickeln für unbekannte ästhetische Gebilde. Der Geschmacksbildung wohnt ein zwiespältiges Momentum inne: Einerseits braucht es Erfahrung und Kenntnisse, um kulinarische Kunst wertschätzen zu können, andererseits stehen sie unverbildetem und unvoreingenommenem Verkosten im Wege.

Verkosten schließt immer auch Verirren ein, ein geradliniger Weg zum intensiven Genuss ist nicht vorgezeichnet. Die individuelle kulinarische Biographie schließt auch Wagnisse ein, die über die Kirsche auf der Sahnetorte hinausreichen. Sinnliches Erspüren und Erschließen geschieht über Nase und Mund, Augen sowie in manchen Fällen und Kulturen auch die Finger. Erst in einem zweiten Schritt entschlüsselt der Genießer das Erlebnis und ordnet es in seine Erfahrungen ein. Wie auch in der Malerei oder der Musik geht es darum, den Sinnen eine Chance gegenüber dem Verstand zu geben und mit ihrer Hilfe eine neue geschmackliche und ästhetische Welt entstehen zu lassen.

Bazon Brock, Ikone der Ästhetik, Ästhetikprofessor emeritus und Meister der Parole, erkennt einen Gewinn im Übergang ästhetischer Theorien zur Vermittlung ästhetischer Strategien. Die Ästhetik des Alltagslebens versteht er als Anleitung, die Welt wahrnehmend zu erschließen.[7] Es ist eine demokratische, freiheitliche, auf Autonomie zielende Ästhetik, die Brock postuliert, eine Ästhetik für den gesamten *populus*, für das Volk, ohne aber populistisch zu sein. Die Abkehr von einer reinen Lehre der Schönheit führt ihn auch zur Aufhebung der Unterscheidung von Schöpfung und Arbeit, Hochkultur- und Trivialkultur. Ein Nebeneffekt sei die Überwindung der Scham weniger privilegierter Gesellschaftsmitglieder, nicht ausgeklügelt über Kunst und Kulinarik parlieren zu können. Damit entfalle auch ein Kontrollinstrument gesellschaftlicher Eliten: »Unter dem Druck der Öffentlichkeit, und das heißt: der Kontrollmöglichkeit durch andere, wie sie in einem Restaurant gegeben ist, befolgen gerade Angehörige der Unterschichten immer noch Handlungsnormen, die sie im Ritual begründet glauben. Das gilt vor allem beim Gebrauch der Aneignungsinstrumente Messer, Gabel, Löffel in ihrer funktionellen und rituellen Gestaltdifferenzierung als Fischbesteck, Fleischbesteck, Obstbesteck oder in der hochgradig rituellen Gestaltdifferenzierung von Gläsern, aus denen man Weißwein oder Rotwein, Wasser oder Likör, Kaffee oder Tee, Champagner oder Cognac trinkt.«[8]

Dass Tischrituale und eine stark reglementierte Darbietung der Speisen und Getränke inzwischen selbst in Luxusrestaurants in Auflösung begriffen sind, ist für eine möglichst breite Bevölkerungsschichten umfassende Ästhetik des Alltags zwar von

Vorteil, droht jedoch eine Gestaltlosigkeit und damit ein Verschwinden der Ästhetik selbst mit sich zu bringen. Es ist eine der großen Herausforderungen unserer Zeit, eine möglichst große Teilhabe an gesellschaftlichen Ereignissen zu bieten, ohne dabei das Subjekt und die historisch gewachsenen Rituale dem Verschwinden anheimzugeben. Zwar ist rituelles Handeln in höheren gesellschaftlichen Schichten stärker ausgeprägt, doch ist es gerade Kennzeichen einer mündigen Gesellschaft, sich nicht mit der ästhetischen Avantgarde von Eliten zu bescheiden, sondern selbst die Initiative zu ergreifen. Dabei spielen Aneignungen und eklektisches Ausprobieren eine legitime Rolle. Vielfalt als Gegenpol zu ästhetischer Verwässerung und Formlosigkeit lässt sich nur durch Reibung mit dominanten, breit rezipierten Ästhetiken erzielen.

Hilfreich ist dabei die Rückbesinnung auf eine Vergangenheit, in der Formfindung als Teil der bürgerlichen Selbstgestaltung betrachtet wurde. So wie Marie-Antoine Carême in der Literatur über Garten- und Baukunst Anregungen zu seinen Kreationen in der Pâtisserie fand, das Mille-feuille perfektionierte und eine straffe Küchenorganisation nicht zuletzt von seinen militärischen und diplomatischen Arbeitgebern abkupferte, können auch aktuelle Gastronomen aus unterschiedlichsten künstlerischen Quellen schöpfen, um den eigenen Formwillen zu kräftigen. Wer die Archive der Kulinarik durchforstet, kann auf neue geschmackliche und ästhetische Wege gelangen, die nicht unbedingt in einer Retroküche enden.

Die Renaissance des *Verjus* etwa, eines durch das Auspressen unreifer Trauben erzeugten Saftes, hängt mit der Wiederentdeckung kulinarischer Klassiker zusammen. Guillaume Tirel, genannt Taillevent, beschrieb in seinem *Viandier* aus dem 14. Jahrhundert eine mittelalterliche Küche, für die mit Safran, Zimt, Ingwer und Pfeffer gewürzte Saucen ebenso charakteristisch waren wie Ragouts und Eintöpfe. Der Verjus diente dazu, die üppigen Gerichte mit einer leichten fruchtigen Säure auszugleichen, ohne das komplexe Aromenspiel zu gefährden. Verjus, entstanden aus einem Abfallprodukt, aus vom Rebstock zur Kräftigung der Pflanze entfernten Trauben, war für Taillevent gleichrangig mit Fleisch und teuren Gewürzen. Die urökologische Denkweise, die Pflanze ganzheitlich zu betrachten und in das Kochen einzubeziehen, inspiriert auch zeitgenössische Köche, die Verjus in ihr Repertoire aufgenommen haben. Parallel dazu mag sich sogar eine Neustrukturierung des Essensalltags entwickeln. Taillevent legte großen Wert auf Fastenzeiten und die Unterscheidung zwischen mageren und fetten Speisen gemäß kirchlichen Vorschriften. Die ursprünglich kirchliche Nahrungsreglementierung erlebt heute in säkularisierter Form ein Revival: Fastenperioden und *Veggie Days* sind fest in den Speiseplan vieler Zeitgenossen integriert.

Zu bedenken bleibt dabei, dass ästhetisches Erleben keineswegs einer intellektuellen oder gar normativen Ebene verhaftet bleibt, sondern tief ins Nervensystem und ins Unterbewusste reicht. Ein Frösteln kann uns überkommen, wenn der Parasympathikus, einer der beiden großen Nerven des vegetativen Nervensystems, aktiv wird bei der Nahrungsaufnahme. Zudem kann die erhöhte Versorgung von Magen und Darm mit Sauerstoff nicht nur Müdigkeit, sondern auch einen leichten Schauer auslösen. Das heilige Erschaudern, das man bei einem besonders beeindruckenden Mahl verspürt, ist keinem Genießer fremd. Es ist ein poetisches und doch leibliches Empfinden, das aus den Tiefen der Seele kommt.

Der Kunstliebhaber kennt das seelische Movens, das ein Bild erzeugen kann. Gourmets und Melomanen ist dieser unwillkürliche Schauer gleichermaßen vertraut. Benjamin Brittens Musikstück *The Company of Heaven* erschüttert gerade durch seine stilistische Gefasstheit, in deren Form menschliche Dramen und Höllenstürze gebannt werden. Der Chill, den manche beim Anblick und Verzehr einer delikaten Speise verspüren, ist freilich von einer angenehmeren Leichtigkeit. Dass sich ästhetische Ergriffenheit auch physiologisch bemerkbar macht, ist ein Relikt der Evolution. Blutdruck, Hautleitwert und Herzfrequenz geben Aufschluss über die Erregung eines Menschen. Tief in die Evolutionsgeschichte reichen die Emotionen und körperlichen Reaktionen, die beim ästhetischen Erleben freigesetzt werden. Die Lust an der Ästhetik interessiert inzwischen auch die Forschung, nachdem lange Zeit Belehrung und ein im Kant'schen Sinne »interesseloses Wohlgefallen«, also ein gelungenes ästhetisches Urteil im Zentrum standen.[9]

Löst man sich aus dem pädagogischen Panzer, sieht man sich zunächst vermeintlich schutzlos einem ästhetischen Eindruck ausgesetzt, doch haben es der menschliche Körper und Geist so eingerichtet, dass auch Widriges oder zum Widerspruch reizendes Erleben belohnt werden. Regelverletzungen regen das Gehirn zu Heilungs- oder Korrekturvorgängen an. Enttäuschte Erwartungen erzeugen Irritationen, werden aber vom Gehirn in Lust am Unbekannten verwandelt. Vorausgesetzt natürlich, eine gewisse harmonische Grundstruktur ist gegeben. Feigenpralinen mit Rotwein-Ganache oder schwarze Knoblauchpralinen mit salziger Karamellcreme verstören anfänglich die Papillen, befeuern jedoch die ästhetische Lernlust. Die Freude am ästhetischen Risiko wird wiederum belohnt mit einer breiteren Palette an Genussmöglichkeiten.

Die Empfänglichkeit für kunstvolles Erleben und geschmackliches Empfinden ist zwar ebenso wie die Risikofreude nicht bei allen Menschen gleich ausgeprägt, die Disposition kann aber, einmal erkannt, durch die Wiederholung positiver Erlebnisse verstärkt werden.

Der rituelle Aspekt des Chills, die Sehnsucht nach dem erneuten Schaudern findet sich in einer quasireligiösen Zelebration des Essens wieder. Die Suche nach spirituellem Glück, wie sie in der mittelalterlichen Gottesminne erkennbar war, ist längst verweltlicht worden. Einen Ersatz für das Vergötterte hoffen die spirituell Obdachlosen in der Liebe und körperlichen Genüssen zu finden. Der sakrale Aspekt dieses Genusses offenbart sich in einer ritualisierten und auch kunstvollen Darbietung bzw. Aufnahme von Nahrung. Die ästhetischen Formen reichen dabei von einer Tischkultur, die jeden einzelnen Schritt wie in einer kirchlichen Zeremonie definiert, über Ernährungsvorschriften bis zur kultischen Verehrung der Natur in Abbildungen und Inszenierungen. Der zeremonielle Charakter bedeutet dabei nicht zwangsweise ein Nachbeten bürgerlicher Konventionen, sondern kann auch in deren Auflösung bestehen. So könnte sich – überspitzt formuliert – die Anzweiflung des Monotheismus und einer einheitlichen Lebensweise auch in der Vielfalt der Servierarten reflektieren: Von zahlreichen Schälchen für Mezze bis zu üppig gefüllten Bowls ist auf Restauranttischen und in Privathaushalten alles an Geschirr zu finden. Das klassische bürgerliche Essensmuster, wie es sich in den vorigen Jahrhunderten herausgebildet hat, zerfließt. Man mag ein Bedauern dafür empfinden oder aber eine Chance darin erblicken, wie aus Vergangenem Neues, Vielversprechendes erwachsen kann, solange auch der Historie Respekt gezollt wird.

Auch im bildnerischen Umgang mit Essen wäre die Beschränkung auf *Food Porn*, die spektakuläre, effektheischende Ablichtung von Speisen, fatal. Hochglanzdarstellung und Bling-Bling-Style wirken trotz aller Faszination für das Objekt entfremdend: Zwar wird ein sozialer Zusammenhang mit anderen aus der Food Community hergestellt, doch dient das Bild vor allem der Selbstdarstellung und der Ausstellung eines Lebensstils.

Gelegentlich werden auch Potemkin'sche Dörfer aufgebaut, da sich hinter den Fassaden keine Substanz verbirgt und der Genuss nur vorgespiegelt ist. Das Gefühl, Follower zu gewinnen, Bewunderung zu erlangen oder gar Neid anzustacheln, scheint ein Stimulus zu sein, der das ureigene Begehren übertrumpfen kann. Ein wesentlicher Unterschied zur klassischen Essensfotografie, wie sie vor allem in der Werbung praktiziert wird, besteht darin, dass die fotografierte Nahrung beim Food Porn echt ist, während in der Werbefotografie oftmals zu technischen Hilfsmitteln und Substituten gegriffen wird. So werden Cornflakes beispielsweise in weißen Klebstoff getaucht, da dieser im Gegensatz zu Milch die Flocken nicht aufweicht. Food Porn hat sich zwar auch zu einem eigenen Genre herausgebildet, bei dem Bildaufbau, Setup, Licht und Perspektive eine ausgeklügelte Rolle spielen, doch steht der verbindende Aspekt der sozialen Medien im Zentrum.

Dieser folgt zwar dem Credo der Authentizität, verkennt aber, dass das Leben nicht einzig dem Gesetz der Wahrheit gehorcht. Wer sich der eigenen Dunkelheit nicht stellt, verkümmert zum Schatten seiner selbst und fristet in der virtuellen Welt ein kümmerliches Dasein. Das digitale Vexierspiel unserer Persönlichkeit im Metaversum und das permanente Selbstmarketing kapern unsere Begierde nach Verwandlung und verdammen uns zu einer braven moralinsauren Existenz, die jedem Genießer ein Schrecken sein muss. Die Folge daraus ist, dass wir schließlich das Falsche für das Echte halten, weil wir dem Authentischen eine Reinheit zusprechen, die es im wirklichen Leben nicht gibt. Das Authentische ist nicht mehr Natur, sondern verwandelt sich in höchste Künstlichkeit, vergleichbar mit natürlichem Make-up. Echtheit, das kommt noch hinzu, muss geprüft werden, und wer wird diese Rolle übernehmen in einer fragmentierten Gesellschaft, im Reich der Blasen und hermetisch abgeriegelten Communities? Anstatt der Versuchung eines autoritären Echtheitsprüfers zu erliegen, sollten wir lieber Karneval feiern, temporären Exzess genießen und Epiktet vertrauen: »Mache dir selbst zuerst klar, was du sein möchtest; und dann tue, was du zu tun hast.«

Ein neues Konzept gastrosophischer Mündigkeit sollte sich nicht begnügen mit dem Offensichtlichen, hell Ausgeleuchteten und Visuellen, sondern hinter die Fassaden blicken und das Verborgene erkunden. Der Schweizer Künstler Daniel Spoerri führte in den 1960er und 1970er Jahren das Publikum mit seinen Fallen-Bildern hinters Licht. Reste von Mahlzeiten klebte der Erfinder der *Eat Art* auf einen festen Untergrund und erzeugte so eingefrorene Momente der Wirklichkeit. Von der Horizontalen an der Wand in die Senkrechte gebracht, brachen die Reliefs den vertrauten Blick des Zuschauers auf die Wirklichkeit. Den bourgeoisen Geschmack irritierte Spoerri in seinem 1968 in Düsseldorf eröffneten Restaurant Spoerri. Kunst und Kulinarik standen dort als »Ess-Kunst« auf der Karte. Serviert wurde ein *menu exotique*, bei dem heute jedem Tierschützer die Haare zu Berge stehen würden: Seehundragout und Klapperschlange. Die Reste verwertete er zu Wimmelbildern. In seiner Eat Art Gallery präsentierte er Objekte, die essbar waren oder zumindest einen Bezug zum Essen haben sollten.

Spoerris Freund, der selbsternannte Universalkünstler Dieter Roth, führte in dadaistischer Tradition Kunst und Sprache ad absurdum. Zeitschriften und Bücher weichte er ein, zerhäckselte und würzte sie. Das Gemisch vermengte er mit Fett und stopfte es in Naturdärme. Die so fabrizierten Literaturwürste hängte er an Metzgerhaken und präsentierte sie als Gesamtausgabe. Abstoßend? Ekelerregend? Respektlos?

Roths Wurstsonnenaufgänge und braunsaucige Landschaftsbilder sind eine schwerverdauliche Melange. Den Anhängern des leicht Konsumierbaren und des Fast Food aber suggerieren sie, dass es sich mit Ästhetik verhält wie mit dem Leben: »Ich weiß nicht, warum das so ist, ich weiß es nicht. Warum nicht? Ich weiß es nicht. Warum nicht? Ich weiß es nicht. Warum nicht? Ich weiß es nicht!«[10]

Kulinarik und Erotik

Die Geschmacksknospen öffnen

Die aphrodisierende Wirkung von Austern, der lustvolle Schmelz einer Crème Chantilly … leibliche Genüsse sind untrennbar mit Erotik und Kulinarik verbunden. Liebe geht durch den Magen, heißt ein deutsches Sprichwort. Dass wir den geliebten Menschen mit einem hingebungsvoll zubereiteten Gericht verwöhnen oder beim ersten Date auf die Kraft der kulinarischen Verführung hoffen, entspringt unserem intuitiven Wissen über die erotische Dimension des Essens. Psychoanalytiker würden von oral vermittelten Genüssen sprechen. So schreibt Freud über die orale, die erste sexuelle Entwicklungsphase: »Die Sexualtätigkeit ist hier von der Nahrungsaufnahme noch nicht gesondert, Gegensätze innerhalb derselben nicht differenziert. Das Objekt der einen Tätigkeit ist auch das der anderen, das Sexualziel besteht in der Einverleibung des Objektes […].«[1]

Das Bedürfnis nach Einverleibung schlägt sich auch sprachlich nieder: »Ich hab dich zum Fressen gern.« Was hier noch gemütlich, pumperlgsund und ein bisschen niedlich daherkommt, klingt in dieser Redewendung schon wilder: »Ich könnte dich mit Haut und Haaren fressen.« Auch die Franzosen und Engländer tun ihr rohes Begehren sprachlich kund: *Je te mangerai toute crue / I'll eat you raw.*

Ein formidabler Komplize ist die Sprache nicht nur im amourösen Kannibalismus. Auch raffiniertere Varianten des Verlangens finden einen ihnen gemäßen Ausdruck. Über Essen zu sprechen ist ein köstliches Präludium für erotische Genüsse. Im Restaurant bei einem ersten Rendezvous Pikanterien auszutauschen, die Augenlider zu senken beim Verkosten einer delikaten Vorspeise und der Verzückung mit einem verführerisch dahingehauchten »Ah« Ausdruck zu verleihen, sind essenzielle Bestandteile einer kulinarisch-erotischen Flirtkultur. Das gekonnte Spiel der erotischen Annäherung scheint, so jüngste Forschungsergebnisse, sogar in unseren Genen verankert zu sein. Es gibt universelle Flirtmuster, die sich herausgebildet haben im Paarungsverhalten des Menschen und die sogar bei Tieren festzustellen sind.[2] Der Flirt ist eine anarchische Kulturtechnik, da er traditionelle Machtverhältnisse zwischen den Geschlechtern auszuhebeln vermag. Frauen, deren Handlungsvermögen in vergangenen Jahrhunderten von Hierarchien stark eingeengt war, konnten spielerisch die Oberhand über ihre Bewerber wahren und die Lust an der Macht im Spiel des Flirtens genießen. Dass manche Köstlichkeit beim Flirt zum Einsatz kommt, ist naheliegend. Die Wahl der Speisen und die Art des Verzehrens lassen ja Rückschlüsse auf Genussfreudigkeit zu. Ganz profan gesprochen: Liebhaber von Fastfood sind vielleicht auch *Quick'n'dirty* nicht abgeneigt.

Heinrich Heine versuchte sich gar an einer kulinarischen Analyse weiblicher und nationaler Besonderheiten in seinem Schelmenroman *Aus den Memoiren des Herren von Schnabelewopski*. Über die Engländerinnen sagt er: »Da lächelt kein Frikassee, da täuscht kein flatterndes Vol-au-vent, da seufzt kein geistreiches Ragout, da tändeln nicht jene tausendartig gestopften, gesottenen, aufgehüpften, gerösteten, durchzückerten, pikanten, deklamatorischen und sentimentalen Gerichte, die wir bei einem französischen Restaurant finden und die mit den schönen Französinnen selbst die größte Ähnlichkeit bieten!«[3]

Nur auf den ersten Blick vermag man darin nationale Klischees zu erkennen. Nichts aber war Heine fremder als Deutschtümelei und eine Beschränkung auf die Nation. In der deutschen Sprache fand er eine grenzüberschreitende Heimat, in der er politische Begrifflichkeiten nach Gusto einzusetzen und zu verwerfen, vor allem aber in eine anarchische Sinnlichkeit umzuwandeln wusste. Mit seinem Schelmenroman taucht er in eine Sphäre ein, in der nationale Ausprägungen des Leiblichen wie buntgefärbte Glasuren auf Törtchen aus Erotik, Kulinarik und Weiblichkeit wirken. Die Hülle aber ist nur der Köder. Es ist eine umstürzlerische Welt, in die uns der Dichter entführt. Erotik und Kulinarik werden der Maßregelung und Normierung entzogen. Sie sind keine Nebendarsteller mehr im spröden Dasein, sondern werden zu Hauptakteuren, die an der spießbürgerlichen Unterwerfung rütteln. Karnevalesk ist diese Genusswelt, in der Frauen genauso verzehrt werden wie Roastbeef, Dampfnudeln und Makkaroni: »Den Makkaroni mußt du aber mit den Fingern essen, und dann heißt er: Beatrice!«[4] Ist sie etwa misogyn im tiefsten Innern, die verkehrte Welt des Heinrich Heine? Ein Witz vielmehr, da Heine in der satirischen Überspanntheit Geschlechterstereotype der Lächerlichkeit preisgibt. Heines Frauen sind erotisch-kulinarische Verführerinnen, die ihre sinnlichen Künste nicht zur Erringung einer gesellschaftlichen Position einsetzen, sondern um ihrer selbst genießen. Ganz unabhängig von nationaler Zugehörigkeit ist dieser Genuss als Selbstzweck. Erotische und kulinarische Traditionen aber sind durchaus länderspezifisch. Heine radiert die Geschichte nicht aus, sondern macht sich ein sprachliches Späßchen daraus. Über die deutsche Küchenerotik äußert er sich kryptisch: »Sie hat alle möglichen Tugenden und nur einen einzigen Fehler; ich sage aber nicht welchen. Da gibt's gefühlvolles, jedoch unentschlossenes Backwerk, verliebte Eierspeisen, tüchtige Dampfnudeln, Gemütssuppe mit Gerste, Pfannkuchen mit Äpfel und Speck, tugendhafte Hausklöße, Sauerkohl – wohl dem, der es verdauen kann.«[5] Allerdings vermag er den »Rauchfleischlichkeiten« und »Mockturteltauben« der Hamburgerinnen doch einiges abzugewinnen. Galanter gesinnt aber ist er den Holländerinnen, von rustikalen Dessous einmal abgesehen: »Besonders ist die Zubereitung der Fische unbeschreibbar liebenswürdig. Rührend inniger und doch zugleich tiefsinnlicher Sellerieduft. Selbstbewußte Naivität und Knoblauch. Tadelhaft jedoch ist es, daß sie Unterhosen von Flanell tragen; nicht die Fische, sondern die schönen Töchter des meerumspülten Hollands.«[6]

Selbst der schulmeisterliche Habitus ist verzeihlich, wenn nicht gar einem Spiel entsprungen. Im wirklichen verkehrten Leben, in dem die Erotik der Pädagogik unterworfen ist und die Frivolität dem Bierernst, erwies sich Heinrich Heine als Verbündeter von unter Gewalt leidenden Frauen. In *Lutetia. Berichte über Politik, Kunst und Volksleben*[7] bezieht er eindeutig Stellung in einem Kriminalfall, der die Gemüter der Zeit erregte. Marie Fortunée Lafarge war angeklagt, ihren Gatten mit einem mit Arsen vergifteten Kuchen ermordet zu haben. Heinrich Heine hielt Lafarge, die von ihrem Gatten sexuell genötigt und missbraucht worden war, für unschuldig. Er hätte sie freigesprochen, selbst wenn sie die Tötung begangen hätte, denn sie hätte in diesem Fall aus Verzweiflung in einem Akt der Notwehr gehandelt. Heine erweist sich so als ein früher Ankläger häuslicher Gewalt. *Lutetia* ist Heines feministisches *J'accuse*, eine Klageschrift gegen gewaltvolle Missstände in der Gesellschaft, gegen Vorurteile und Ungerechtigkeiten produzierende Hierarchien. Heine zieht bei der dichterischen Freiheit, die auch Reibungen mit zeitgebundenen Ansichten ertragen muss und das Spiel mit Sexismen erlaubt, die Grenze am Gesetz. Sobald es um Leib und Leben geht, kennt Heine keinen Spaß mehr. Kunst und Leben sind zwei verschiedene Wahrnehmungs- und Handlungsräume. Kunst sollte als Kunst Bestand haben und nicht unweigerlich als Transfer- und Schnittstelle zur Wirklichkeit gesehen werden.

Im künstlerischen Spielraum darf das Leben verkostet werden ganz nach Gusto. Kulinarische Erotik und erotische Kulinarik durchdringen sich dann in einer beglückenden Sprachlust. Besonders Marcel Proust war ein begnadeter Spracherotiker. Der Spargel, seiner phallischen Formen wegen prädestiniert für sexuelle Assoziationen, tritt in Prousts Epos *Auf der Suche nach der verlorenen Zeit* in vielerlei erotischen Posen auf.[8] Witzeleien und Frivolitäten beherrscht Proust in allen Abstufungen. Der derbe Witz der Straße ist ihm ebenso vertraut wie die raffinierten Anspielungen im Kreise des Herzogs von Guermantes. Dabei vertraut Proust auch auf das Vorwissen und die geheimen Gelüste der Leser. Die erotische Phantasie stimuliert er mit malerischen Beschreibungen, die nicht nur seinem poetischen Blick, sondern auch der Kenntnis von Kunstwerken zu verdanken sind. Der Spargel ist ein traditionsreiches Motiv in der Stilllebenmalerei. Edouard Manet malte einen Spargelbund, der zusammen mit dem Einzelporträt eines Spargels in die Sammlung Ephrussi aufgenommen wurde. Proust war dieses Bild bekannt, ebenso war er vertraut mit den kunstgeschichtlichen Debatten seiner Zeit: War eine gut gemalte Möhre, mit Max Liebermann gesprochen, nicht besser als eine schlecht gemalte Madonna? Proust, nicht unparteiisch in der ästhetischen Debatte, imaginierte sich sein ganz eigenes Spargelbild in *Auf dem Weg zu Swann*, dem ersten Band seines Opus Magnum: »[...] hingerissen war ich vor allem von den Spargeln, in Ultramarin und Rosa getaucht, deren fein in Malvenfarbe und Himmelblau gestippte Spitzen sich unmerklich zum anderen – noch vom Boden des Spargelfeldes befleckten – Ende hin in einem Farbenschimmer verloren, der nicht von dieser Welt war.«[9]

Prousts changierendes Farbspiel lässt den Spargel in einer entrückten Sinnlichkeit aufscheinen, die mit den handfesten Zuschreibungen des Altertums kaum mehr etwas gemein haben. In der Antike wurde Spargel als Aphrodisiakum und Medizin empfohlen. Junge Ehepaare schmückten sich mit einem Kranz aus Spargelkraut, einem Symbol für Potenz und Fruchtbarkeit. Bei Proust hingegen verliert das Gemüse nicht nur seine Funktion, sondern auch seine Kenntlichkeit, trotz aller Detailbeschreibungen und wissenschaftlicher Beobachtungsgabe. Das Objekt ist in erster Linie Stimulus für sinnliche Empfindungen, so wie auch das unwillkürliche Erinnern der Kindheit dazu dient, die inneren Regungen des Erzählers besser zu verstehen. Bei Proust unterscheidet sich dieser solipsistische Genuss von der Verschmelzungs- und Verschlingungslust, die erotisches Schreiben dominiert. Sich nach jemandem zu verzehren, das Bedürfnis zu haben, die Sehnsucht danach, sich den anderen einzuverleiben – zahlreiche sprachliche Ausdrücke und Metaphern verweisen auf die enge Verbindung von Kulinarik und Erotik. Auch die Metamorphose ist Teil dieser Verknüpfung. Das Verlangen nach dem Genuss einer Speise verwandelt sich in erotisches Begehren.

Martin Suter symbolisiert diesen Akt der Verwandlung in der Art und Weise, wie ein verführerisches Gericht nach den Prinzipien der Molekularküche zubereitet wird. Spargel entfaltet seine aphrodisierende Wirkung physiologisch, aber auch in der technischen Raffinesse des Kochens: »Er hatte getrocknete Spargel eingeweicht, sie mit dem Stabmixer püriert und im Rotationsverdampfer die Essenz daraus gewonnen. Diese hatte er mit

Ghee und Algin vermischt, und als die Mischung am Eindicken war, hatte er sie zu kleinen Spargeln geformt, deren Spitzen er mit Chlorophyll grün färbte. Aus dem gängigsten ayurvedischen Mittel zur Lusterregung, einer einfachen Mischung aus gemahlener Lakritze, Ghee und Honig, hatte er Eislutscher gemacht, indem er sie zu Plätzchen geformt, mit einem Holzspieß versehen, mit Pistaziensplittern dekoriert und tiefgefroren hatte.«[10]

Im Gegensatz zu Proust serviert Suter mundgerechte verbale Erregungshäppchen. Es ist ein technisches Schauspiel, das der Schriftsteller inszeniert. Vor den Augen des Lesers entsteht ein Rummelplatz für Gourmets, die ihrer kindlichen Spiellaune freien Lauf lassen. Es ist eine Anleitung zur kulinarischen Verführung, erdacht für gelehrsame Leser, die bereits eine gewisse Vorbildung in erotischen Dingen besitzen.

Weniger auf die Dinge als auf das rechte Timing bei der Verführung konzentriert sich Ulrike Draesner in ihrem Roman *Vorliebe*. Die Anbahnung eines ehelichen Betrugs ist eine minutiöse Angelegenheit und ein *Amuse-bouche* zugleich, das sowohl sprachlich als auch kulinarisch eine kitzlige Angelegenheit ist. Eine surreale Note erhält der protokollarische Ablauf mit der Beschreibung des Mundes, dieses gierigen Schlundes, in dem die Vernunft zu verschwinden droht: »Im Kuss tickte der Küchenwecker, eine rote Tomate von Ikea, ein Ehestück. Der Koch hatte sie auf 15 Minuten gestellt. Die Äpfel schrumpelten, der eingefüllte Honig lief aus, roch erst süß, dann verbrannt, Harriets Mund reichte bis in ihren Kopf, füllte das ganze Gehirn.«[11]

Der Apfel, Sinnbild der Versuchung, ist längst nicht mehr paradiesisch. Als Bratapfel symbolisiert er das ganze Malheur bürgerlicher Sittsamkeit. Kein zivilisatorischer Zwang aber vermag die Leidenschaft einzudämmen.

Die Lust bricht sich immer wieder Bahn, auch wenn ihr gesellschaftliche Normen heftigen Widerstand bieten. In der Kulinarik findet die Erotik eine treffliche Verbündete, da der gemeinsame Genuss von Speisen traditionell als Vorspiel zu amourösen Tändeleien akzeptiert ist und in manchen Kulturen, zumindest aber in deren Künsten sogar gleichbedeutend mit Sex ist. Der Slogan auf dem Werbeplakat des japanischen Films *Tampopo* (1985) lautet: *Essen und Sex ist im Grunde dasselbe.* Juzo Itamis gastroerotischer Klassiker ist eine Initiation in Kulinarik und Liebesspiel zugleich. Dem Verzehr einer Nudelsuppe widmet Itami ebenso viel Aufmerksamkeit wie der Wahl der Zutaten und der Zubereitung. Die einzelnen Etappen der genießerischen Einverleibung verlangen nicht nur Respekt vor den Ingredienzen, sondern auch Selbstbeherrschung und verführerisches Savoir-faire:

> »Meister, fängt man beim Essen mit der Suppe an, oder fängt man besser mit den Nudeln an?«
> »Wir beginnen zunächst einmal damit, dass wir mit den Spitzen der Stäbchen die Oberfläche der Nudelsuppe berühren, als wollten wir sie zärtlich streicheln.«
> »Wozu macht man das?«
> »Das ist eine Liebeserklärung an die Nudelsuppe.«[12]

Begehren wird in diesem Dialog sowohl zivilisiert als auch künstlerisch sublimiert. Die lustvolle Triebhaftigkeit entfaltet sich in dem vom Meister gesetzten Rahmen umso intensiver, da sie inszeniert wird. Das Animalische wird gezähmt, geht aber seiner sexuellen Grundenergie nicht verlustig. Gerade in Japan ist dieses Thema von eminenter Bedeutung, da Sexualität lange als natürliches Phänomen galt, das man genießen sollte wie das Essen. Zugleich aber gilt es in Japan als geboten, sich dem Umfeld anzupassen und überbordende Individualität zu vermeiden. Da der westliche Einfluss unter puritanischen Vorzeichen aber besonders im 20. Jahrhundert stark zunahm, entstand ein Spannungsfeld zwischen ursprünglich tabuloser Sexualität und Prüderie. Der Alltag wurde von sexualfeindlichen Gesetzen reglementiert. Die Erotik fand Zuflucht in der Kunst, die sich wieder auf die Tradition der – im wahrsten Sinne des Wortes – *Leibspeise* besann.

Ikonisch in der kulinarisch-erotischen Filmkunst ist die Eidotter-Szene aus *Tampopo*. Verlangen wird hier über Bande gespielt. Die Zungen umschlingen sich nicht im Kuss, sondern lassen sich zu einer delikaten Ménage-à-trois mit einem Eidotter verführen. Der Mund eines Mannes nähert sich behutsam dem Mund der Geliebten. Anstatt ihr den ersehnten Kuss zu geben, lässt der Liebhaber ein glänzendes rohes Eidotter in den Mund der Frau gleiten. Den Moment der Überraschung überwunden, lässt sich die Geliebte auf das Spiel ein und bewegt den glänzenden gelben Ball mit der Zunge zurück in die Mundhöhle des Geliebten. Er spielt den Ball erneut zurück, vorsichtig, beherrscht. Mit steigender Erregung aber verliert die Geliebte ihre Geduld und Zungenfertigkeit. Im Moment des Orgasmus zerplatzt das Eidotter und zerrinnt auf dem weißen Kleid der Verzückten. Itami gelingt mit diesem oralen Kabinettstück eine filmisch vollendete Verschmelzung von Kulinarik und Erotik.

Von der Erotik des sinnlichen Neckens hin zur Derbheit und Gier des Verschlingens begibt sich Ingo Schulze in seinem Roman *Abendmahl*. Den Körper mit Speisen zu bedecken, Flüssigkeit über den Leib der Geliebten fließen zu lassen und aus den Öffnungen des Leibes zu schlürfen, ist inzwischen ein Topos auch der Alltagskultur. Spätestens seit dem Film *9 1/2 Wochen* mit Mickey Rourke und Kim Basinger kommt Honig nicht nur auf dem Butterbrot zum Einsatz. Auch »die Bier, die so schön prickelt in meine Bauchnabel« inspirierte die Liebhaber von Schöfferhofer Weizen zu einer deutschen Variante des Prickelspiels à la française. In Ingo Schulzes *Abendmahl*[13] aber wird das

Objekt der Begierde zur leibhaftigen Hostie. Die heilige Kommunion persifliert Schulze in einem rituellen Akt des Einverleibens. Den kontemplativen Moment eines gemeinsamen Mahls lässt er degenerieren in einem kannibalistischen Fraß. Ein zur Luststeigerung anfangs mit Speisen bedecktes junges Mädchen wird von einer Horde Männer gerissen und ausgeweidet.

Mit der katholischen Ikonographie und der Faszination für den Ekel spielt auch der kanadische Autor, Theaterregisseur und Schauspieler Larry Tremblay in seinem BDSM-gesättigten Roman *Der feiste Christus.*[14] Während Schulze das Verschlingen inszeniert, rückt Tramblay die christliche Verzichtsethik in ein bulimisches Licht. Das *Noli me tangere*, eine an Maria Magdalena gerichtete Aufforderung, Jesus nicht zu berühren, verbindet Tremblay mit einer paraphilen Fütterungssucht. Die Hauptfigur Edgar geriert sich zunächst als Retter eines malträtierten jungen Mannes, benutzt ihn aber anschließend als Objekt seines eigenen unerfüllten Verlangens. Fixiert ans Bett, ist der errettete Christus zu totaler Ohnmacht verdammt. Gefüttert auf Gedeih und Verderb, vegetiert er als *Feedie* in der Wohnung Edgars dahin. *Feederism* als abweichendes Sexualverhalten, bei dem ein *Feeder* einen *Feedie* füttert, ist eine Form der Gastroerotik, bei der allerdings Ekel und Abscheu gereizt werden.

Vorläufer hat die Erotik des Grenzgangs bei Georges Bataille und seiner *Geschichte des Auges.* Der Erzähler fragt seine Gespielin, woran sie beim Anblick eines Eis denke. Die Antwort lautet: »An ein Kalbsauge, wegen der Farbe, und im übrigen sei das Eiweiß das Weiße des Auges und der Dotter die Pupille.«[15] Erotische Assoziationen sind so mannigfaltig und eigensinnig, dass der ursprüngliche Stimulus bald losgelöst scheint von der Kette der in Gang gesetzten Sinnesprozesse. In *Tampopo* ist das Ei zentraler Bestandteil eines höchst sinnlichen Liebesspiels, bei Bataille vereint es Schönheit und Abgrund in sich und wird zum

Ursprung eines literarischen Wagnisses. Für Bataille lässt sich das Schöne ohne das Hässliche nicht denken, der Genuss nicht ohne den Ekel. In die rationale, die Sinne betäubende Weltordnung gießt er das Öl der Unvernunft. Dabei setzt er auch die Sprache aufs Spiel, denn Phänomene außerhalb der Vernunft unterliegen dem Schweigen. Bataille verlangt sprachliche Entfesselung, eine doppelte Herausforderung im Falle der Gastroerotik, da sowohl die Sprache der Liebe als auch die der Kulinarik weiterer Erforschung und Bereicherung harren.

Batailles Spiel mit dem Ekel war ein ernstes. In jüngster Zeit ist das Spiel mit Nahrung vielmehr infantil geworden. Die Lust am Verbotenen – »Mit Essen spielt man nicht!« – juckt gewiss so manch Erwachsenen noch in den Fingern. Wie aber verhält es sich mit dem unwiderstehlichen Verlangen, sich mit dem bloßen Hintern in eine üppige Sahnetorte zu setzen? Die Londoner Edelkonditorei Bompas & Parr hat sich dieser Marktlücke angenommen: Für eine sogenannte *splosh party* (*sensation play with food*) wurde sie mit einem Catering betraut, das sich wie eine besonders *strange* Spielart der ohnehin für Kuriositäten bekannten englischen Erotiker anhört. Die Dessertspezialitäten waren als Stimulus für podexverliebte Briten gedacht: *Sitting on cakes*, wahlweise auch auf *baked beans*, in der richtigen Temperatur natürlich, beschert den Splosh-Fans ein multisensorisches Erlebnis, das Cream Pies eine neue Bedeutung verleiht und für normversessene Engländer offenbar einen Befreiungsakt bedeutet.

Die totale Loslösung von Sprache und Konvention beschert bestenfalls eine gefährlich schöne Lust, kann aber auch einem nicht mehr einzuhegenden Todestrieb den Weg bahnen. In Marco Ferreris Film *Das große Fressen* aus dem Jahre 1973 geht es nicht um Entgrenzung und Vertiefung leiblicher Gelüste, sondern um Triebe als Mittel zum Suizid. Ferreri zeigt anhand seines Männerquartetts Marcello, Michel, Ugo und Philippe die Dekadenz einer narzisstischen, konsumverrückten Endzeitgesellschaft. Alle vier Protagonisten haben die Karriereleiter erklommen, kennen aber kein erfülltes Leben. Die Leere versuchen sie zu füllen, indem sie sich buchstäblich zu Tode fressen und ficken, womit sie ihre Triebe gegen sich selbst richten. Ferreris Inszenierung der sexuellen und kulinarischen Völlerei stößt den Zuschauer ab, und doch vermag sich dieser der Gier nach dem Exzess selbst nicht zu entziehen. Der Voyeur ergötzt sich an den französischen Delikatessen. Was als Augenschmaus beginnt, entartet allerdings zur widerlichen Groteske. Austern werden nicht einzeln genossen, sondern um die Wette verschlungen. Die zum Todesfest bestellten Prostituierten beschmieren ihre Körper mit Cremetorten. Die Gier verliert ihre zivilisatorische Glasur. Das gepflegte Parlieren über Essen und das feine kulinarische Unterscheidungsvermögen verschwinden. Die Wollust verkümmert im Akt des Schlingens und Stopfens. Ferreri gibt in seinem drastischen Spektakel Essen als kulturelle Errungenschaft der Vernichtung preis. Die hedonistische Sehnsucht nach unendlicher Luststeigerung endet unweigerlich im Tod. Er ist das Nichts, in dem sich die Lust selbst verschlingt.

Die Entfremdung des Menschen von seinen natürlichen Bedürfnissen thematisiert auch der Schriftsteller Michel Houellebecq. In seinem Roman *Vernichten* beklagt er weniger die Gier und den exzessiven Konsumzwang als die selbstzerstörerische Wirkung einer entwurzelten Vernunft. Eine entfesselte Ratio zersetzt auch kulinarische Traditionen. Seelenlose Mixturen machen sich sowohl im Alltag als auch in der Geisteswelt bemerkbar. So trinkt sein Protagonist Paul Raison einen teuren Wein, dessen Geschmacksnoten ein »einziges Durcheinander« sind: »Der Wein hatte ›eine buttrige Note und Aromen von Zitrusfrüchten, Ananas, Linde, Bratapfel, Farn, Zimt, Feuerstein, Wacholder und Honig‹.«[16]

Die Dekonstruktion des Geschmacks ist für Houellebecq Symptom einer krankhaften Gegenwart. Die Unfähigkeit, das Leben zu kosten und dem Sinnesgenuss schwelgerisch Ausdruck zu verleihen, symbolisiert der Autor mit der Krankheit seiner Hauptfigur: Paul Raison leidet an Mundkrebs. Mit dem Verschwinden der Vernunft geht das Versiegen der Worte einher. Einzig die Liebe vermag dem Prozess der rationalen Zergliederung und des Verfalls zu widerstehen. Der Körper des anderen wird dabei aber nicht mehr als Objekt der Begierde gesehen, sondern als Leib, der aus Liebe und ehelicher Pflicht umsorgt werden muss: Prudence, die Gattin des Protagonisten, »war für seinen Körper verantwortlich, das war, so schien es ihm, der Sinn der Ehe, er hatte seinen Körper in Prudence' Hände gelegt und damit letztlich das Richtige getan, sie würde sich bis zum Ende darum kümmern.«[17]

Die Konzentration auf das Umsorgtwerden wirkt sich sowohl in erotischer als auch kulinarischer Hinsicht aus. Der Sex wird sanfter, trägt der körperlichen Erschöpfung des Erkrankten Rechnung: »Es war ein sehr langer, träumerischer Blowjob – er begann kurz nach achtzehn Uhr und endete gegen einundzwanzig Uhr –, und er bereitete ihm eine unendliche Lust, wie er sie fast noch nie erlebt hatte.«[18] Das ewige Sehnen nach Lust hat zwar einen körperlichen Ausgangspunkt, gewinnt aber eine immer größere spirituelle Dimension. Prudence lässt »kartesische Wirbel im Äther entstehen«, um eine »vielleicht den Gravitationskräften entsprechende Anziehungskraft zwischen ihnen zu erzeugen«, obwohl doch die Existenz des Äthers und der Wirbel widerlegt sind. Dieser Glaube an die Himmelsmacht Liebe transzendiert die Wissenschaft. Auch Kulinarik und Gastrosophie, die Kultivierung und wissenschaftliche Durchdringung der Nahrungsaufnahme, erscheinen im Angesicht des Todes von minderer Bedeutung: Wenige Dinge nur hatte Prudence gefunden, die Paul Raison vertrug, »die er zu sich nehmen konnte, ohne sofort den Drang zu verspüren, sich zu übergeben: Es handelte sich im Wesentlichen um Salzkartoffeln, Nudeln ohne Sauce und wenig schmackhafte Käsesorten, vor allem Schmelzkäse, in gastronomischer Hinsicht war sein Lebensende alles andere als bemerkenswert.«[19]

Ein bitteres Ende nimmt die Kulinarik in Houellebecqs Roman *Vernichten*, zumal der Bonvivant in seinen Romanen Gastronomie und Erotik erstaunlich viel Platz eingeräumt hat. Allein in seinen ersten sechs Romanen von *Ausweitung der Kampfzone* bis *Unterwerfung* werden 200 Gerichte zitiert oder verzehrt, das heißt 34 Gerichte pro Buch, durchschnittlich alle zehn Seiten flicht der Autor Kulinarisches ein.[20] Houellebecqs kulinarische Beschreibungen sind dabei vor allem sinnliche Oasen in einer von Überdruss und Kampf geprägten Gesellschaft. Der rationale Diskurs wirkt aussichtslos; Versöhnung und gegenseitige Erkenntnis mögen sich höchstens auf einer sinnlichen Ebene ergeben. Essen ist aber auch ein Indikator für soziale Verhältnisse. Die Suche nach Wurzeln ist bei Houellebecq neben einer geistig-kulturellen auch eine kulinarische. Es sind vor allem traditionelle französische Gerichte, die in Houellebecqs Romanen aufgetischt werden: Pot-au-feu, ein nordfranzösischer Eintopf aus Gemüse und Rindfleisch, Thunfisch auf katalanische Art, oder die *Croustade landaise*, ein Apfelkuchen aus der Gascogne. Houellebecq bezieht auch Stellung gegen die Globalisierung der gebeutelten französischen Landwirtschaft. Dem Triumph des argentinischen Fleisches und der Niederlage des Charolais-Rindes steht der französische Bauer hilflos gegenüber.

Dass die Rückbesinnung auf Tradition auch zur Farce verkommen kann, zeigt sich in einer Szene aus *Vernichten*, in der sich eine gelangweilte Bourgeoisie in ihrem sterilen Loft in der Luxusküche von einer Leihköchin zur Abwechslung traditionelle Speisen wie Sellerie mit Remoulade und Erdbeerkuchen zubereiten lässt. Den *Ennui* à la Baudelaire kennen Houellebecqs Figuren auch in der Erotik. Romantische Liebe beginnt sich erst in *Serotonin* in das Leben der Figuren hineinzuweben, um in *Vernichten* einen Kulminationspunkt zu erreichen, der freilich auch das Ende jeglichen leiblichen Genusses bedeutet.

Der Wunsch, durch den Rekurs auf die Herkunft und das Einfache sein eigenes Inneres zu finden, ist auch ein Topos im aktuellen Film. In *Der Geschmack der kleinen Dinge* (2023) begibt sich Gérard Depardieu in der Rolle eines hochprämierten Sternekochs kurz vor dem Burn-out auf die Suche nach dem Guten, Echten und Wahren. Nach Exkursen in die Vergangenheit und die Kochkunst Asiens erlebt er einen Moment der Selbsterkenntnis im Kreise seiner Familie am mit heimatlichen Speisen reich gedeckten Tisch. Sogar den liebenden Blick für seine ihm längst entfremdete Gattin findet er wieder. Der Film ist eine Besinnung auf das Maß, eine Absage an das überbordende Füllhorn und kulinarische Überspanntheit, aber auch eine Liebeserklärung an Zärtlichkeit und zugewandtes Miteinander.

Maß und Beschränkung sind die Parolen einer Gegenbewegung zum Exzess der vergangenen Jahre. Ein falsches Verständnis von Fülle führte zu einer Konsumhaltung, die sich auf Essen ebenso bezog wie auf Sex. Der Philosoph Raphaël Enthoven erklärt dieses Phänomen mit einem falschen Verständnis von Fülle: »Konsum ist das Maß für Macht. Wir verwechseln leicht Fülle und Exzess. Man nennt Überfluss das, was zu viel ist. Der Konsument kauft das, was er nicht wirklich begehrt. Selbst der Reiche hat nie genug. Fülle aber ist etwas anderes: Fülle ist die Fähigkeit, sich reich zu fühlen mit dem, was man hat. Ein Epikureer macht keinen Unterschied zwischen einem Teller mit Kaviar und einem mit Karotten, weil das nicht von ihm abhängt. Von ihm selbst aber hängt ab, in gleichem Maße die Karotte und den

Kaviar genießen zu können. Das ist eine Schule der Fülle. Fülle bedarf keiner Fülle.«[21]

Die Neubestimmung von Fülle und Selbstbescheidung ist der Gegenpol zum Kult eines exzessiven Lebensgenusses, wie er von den dekadenten Literaten in der Tradition Paul Verlaines und Charles Baudelaires Ende des 19. Jahrhunderts gepflegt wurde. Die verfeinerte, sinnlich-ästhetische Wahrnehmung der Welt beeinflusste bis weit ins 20. Jahrhundert hinein die Vorstellung von Genuss. Grenzenlose Enthemmung galt als Ausdruck einer anti-bürgerlichen Gesinnung und in der rauschhaften Grenzüberschreitung wahrhaft freiheitlichen Verhaltens. Faszination aber hegten die Dekadenzdichter und ihre Apologeten auch für die Askese. Verzicht ist ebenso wie die Verzückung in künstlichen Paradiesen ein Extremzustand, den der Asket und der zügellose Genießer als eine reizvolle Absage an bürgerliche Lebensweisen empfinden.

Wie sich ein neuer, von Askese und Exzess losgelöster Blick auf Genuss in Kulinarik und Erotik auswirken wird, bleibt abzuwarten. Vielleicht aber liegt eine beglückende Freiheit darin, Fülle unabhängig zu machen von externen Kriterien. Raphaël Enthovens Zauberformel für Fülle jedenfalls ist verheißend für kulinarisch-erotische Genießer und solche, die es noch werden wollen:

> »Wir müssen nicht auf das Maß verzichten, aber Liebe und Maß in Einklang bringen. Innerliche Unendlichkeit muss in gesellschaftliches Maß überführt werden.«[22]

Küchenkarrieren, Küchentragödien

Der Griff nach den Sternen

Da liegt es also, das Huhn, in seinem »Messgewand der golden bestickten Haut und das Ziborium, aus dem sich der kostbare Saft ergoss.«[1] Tags zuvor hatte die Haushälterin Françoise noch das Blut aufgewischt, nachdem sie dem Tier den Hals durchgeschnitten hatte. Marcel Prousts Brathuhn ist göttliche Gabe und heidnisches Opfer, dargeboten den Gästen, die sich am zarten Poulet erfreuen, serviert einem Leser, der sich eines köstlichen Schauders bei der Beschreibung des flatternden, mit dem Tod kämpfenden Huhnes nicht erwehren kann. Die Küche wird bei Marcel Proust zum Schauplatz poetischer Gewalt. Der Schriftsteller erinnert daran, dass kein Pläsier ohne Schmerz errungen wird. Der Leser wird zum Voyeur, der das gemeuchelte Tier genauso verzückt erschaut wie die mit aller Kunstfertigkeit zubereitete Speise.

Hinter den kulinarischen Kulissen tun sich bestialische Abgründe auf, die der Zuschauer pflichtgemäß verabscheut und doch gebannt verfolgt. Der ästhetischen Verfeinerung geht der barbarische Akt des Tötens voraus. Die sittsame Eleganz verhüllt das unheilvolle Schicksal: »Nach und nach erkannte ich, dass Françoises Milde und Reue, ihre Tugenden, eine Spülküchentragödie verdeckten, so wie die Geschichtsschreibung aufzeigt, dass die Regentschaften der Könige und Königinnen, die man mit gefalteten Händen in den Fenstern der Kirchen dargestellt sieht, von blutigen Ereignissen geprägt waren.«[2]

Die Küche wird zum Mikrokosmos, in dem sich Tragödien abspielen, und zum Schauplatz menschlicher Unzulänglichkeiten und Eitelkeiten.

Die Doppelbödigkeit der Wirklichkeit und die Verschleierung der Grausamkeit sind vergleichsweise harmlose Tücken des kulinarischen Universums. Spuren von Schmerz und Gewalt mag der Gourmet noch willentlich übersehen können. Manchmal aber versagt der Wille, dann genügt schlicht der Duft frischgerösteten Kaffees oder einer reifen Birne, um den Gedanken an eine bestimmte Witterung oder eine Landschaft aufkommen zu lassen. Unwillkürlich fügen sich dann Erinnerungsbruchstücke zusammen in einem seltsamen Glücksgefühl, das der Ratio keine Chance mehr lässt. Ein guter, ein rettender Einfall unseres Organismus, die Sinnenfreude im entscheidenden Moment über die Macht der Vernunft triumphieren zu lassen! Stärker als das Bedürfnis nach Spektakeln ist jedoch der narzisstische Impuls, im Lichte ergebener Bewunderer zu erstrahlen. Heftiger ist das archaische Streben nach Rache, und Rache ist, wie wir spätestens seit Mario Puzos leidenschaftlichem Epos *Der Pate* (1969) wissen, ein Gericht, das man am besten kalt serviert. Der oftmals zum Scheitern verurteilte Versuch, Rachegelüste im Zaum zu halten und rücksichtslos Macht erringen zu wollen, ist ein klassisches Motiv bei den Dramatikern der Antike.

Während bei Proust der ästhetische Genuss die moralischen Makel überdeckt, wird in Senecas Tragödie *Thyestes*[3] der Feingeist und Gourmet ob der Unmenschlichkeit bis ins Mark erschüttert. Die Brüder Thyestes und Atreus streiten sich um den Thron des Argos und greifen dabei zu widerwärtigsten Mitteln.

Atreus spiegelt Thyestes vor, den Bruderzwist beenden zu wollen. Versöhnung stellt er dem treulosen Bruder, der ihn mit der Gattin betrogen hatte, in Aussicht. Dankbar nimmt dieser das Angebot an und tappt dabei in eine grausame Falle. Atreus tötet Thyestes' Söhne und bereitet aus den Leichnamen ein Mahl des Grauens zu, das er dem Bruder serviert. Thyestes verspeist unwissend in trunkenem Zustand seine eigenen Kinder. Als er die Söhne zu sehen begehrt, um mit ihnen die Versöhnung mit Atreus zu feiern, offenbart ihm der grausame Bruder die Köpfe der Kinder auf einem Tablett. Der kannibalische Racheakt des Atreus lässt die Sonne verschwinden auf Erden. Thyestes stürzt in tiefsten Schmerz, die Welt in ewige Dunkelheit. Seneca steigert in vielen seiner Dramen menschliche Leidenschaften bis ins Maßlose. Die verhängnisvollen Auswirkungen ungebändigter Triebe führt er dem Leser in abschreckender Weise vor Augen – in der Hoffnung, Abscheu und Ekel erzeugten eine pädagogische Wirkung.

Mit künstlerischen Mitteln beleuchtet auch der thailändische Regisseur Sitisiri Mongkolsiri Ehrgeiz und Eitelkeit im kulinarischen Universum. In *Hunger* (2023) erzählt er die Geschichte der jungen Streetfood-Köchin Aoy, die ihrem ärmlichen Milieu entkommen will, weshalb sie sich beruflichen Erfolg und gesellschaftlichen Aufstieg ersehnt. Ihr Talent als Köchin beschert ihr die Chance, bei dem berühmten Chefkoch Paul in die Lehre zu gehen. Special möchte sie sein und nimmt dabei allerlei Torturen in Kauf. Dutzende Male erprobt sie sich am Wok, um das Feuer perfekt zu beherrschen, nicht ohne dabei schmerzhafte Brandmale davonzutragen. Triebfeder dieses schmerzhaften Lernprozesses ist der unbedingte Wille, Klassengrenzen zu überschreiten, um den Reichen und Schönen nachzueifern. Das soziale Klassenbewusstsein teilt sie mit dem Meisterkoch: »What you eat represents your social status. It has nothing to do with love.«

Zerfressen vom Ehrgeiz entwickelt sich Paul zum eiskalten Starkoch, der sich jedem andient, der sich seine Künste leisten kann. Aoy hadert mit sich und versucht es ihm gleichzutun, erkennt jedoch auf dem Höhepunkt ihrer Karriere, dass sie sich selbst verliert. Die Haute Cuisine wird in *Hunger* zum Brandherd sozialer Spannungen und moralischer Verkommenheit. Als Aoy spürt, dass ihr inneres Feuer gänzlich zu verlöschen beginnt, besinnt sie sich auf ihre Wurzeln, kehrt der oberflächlichen, machtbegierigen Welt den Rücken und findet ihren moralischen Kompass in der ursprünglich so verachteten heimischen Nudelküche wieder.

Hunger ist kein Eat-the-Rich-Film, der gewaltsam einer dekadenten Gesellschaft ein Ende bereiten will. Vielmehr drückt er den Glauben an die umwälzende Kraft der Kulinarik und an die Fähigkeit aus, das innere Feuer wie das unter dem Kochtopf zu beherrschen und auf kleiner Flamme Neues zu erschaffen. Aoy empfindet eine »prometheische Scham« angesichts der Verheerungen, die das Feuer menschlichen Schaffensdrangs in die Welt bringt: »Der philanthropische Titan hat das, was die Menschen aus dem Feuergeschenk machten, so nicht gewollt.«[4] Ihr gelingt es, nicht am gesellschaftlichen Miteinander zu zündeln, sondern Nutzen wie Nachteil des Feuers in einem vernünftigen Rahmen zu handhaben. Die »kühlen Feuer der Effizienz«[5] vermag sie ebenso zu bannen wie »die Feuer des Neides«[6]. Dem fahlen Feuer der Eitelkeiten entzieht sie sich ebenso wie dem seelenzerstörenden Dogma der Effizienz. Sie durchlebt eine Katharsis, die ihr den Neubeginn ermöglicht. Die Grausamkeit eines Atreus ist keine zwingende Notwendigkeit. Sich zu läutern ist dem Menschen möglich. Der Gedanke an eine genussvoll und ästhetisch zivilisierte Gewalt wie bei Prousts Brathuhn ist dabei nicht der schlechteste Stimulus.

Die Küche ist ein Ort der Leidenschaften, die, sofern sie nicht eingehegt werden, eine zerstörerische Kraft entfalten können. Gezähmt hingegen können sie dem Menschen höchsten Genuss angedeihen lassen. Seit Jahrhunderten versuchen Köche Ordnung zu schaffen in ihrem Herrschaftsbereich, um kulinarische Exzellenz zu erzielen. Erst in jüngster Zeit zieht der Gedanke flacher Hierarchien auch in die Restaurantküchen ein. Stephan Hentschel, Pionier der vegetarischen Fine-Dining-Szene und ehemaliger Küchenchef des ersten vegetarisch-veganen Berliner Restaurants Cookies Cream, plädiert im Gespräch für eine Demokratisierung der Küche. Sowohl Escoffiers militärischen Terminus der ›Küchenbrigade‹ lehnt er ab als auch den abgenutzten Terminus des ›Teams‹. Sein Kompliment spricht er an ›die Küche‹ aus, eine Küche, die mehr ist als nur die Summe der dort wirkenden Menschen. Dieser Duktus der Vernunft lässt eine Wertschätzung für Mensch wie Technik erkennen und wirkt einer eitlen Selbstbespiegelung der Köche entgegen.

Ganz anders dagegen der Molekularkoch Hervé This, der im Interview mit Chef Simon vor zwanzig Jahren bereits für die ›Starisierung‹ von Köchen eintrat:

> »Zunächst einmal sage ich überall, dass die Kochkunst eine der größten und schönsten ist, weil sie eine der umfassendsten ist: Sie bezieht den Geruchssinn, die ›sapiction‹ (Geschmackserkennung), das Gehör (Knusprigkeit!) und das Sehen mit ein.
>
> Es ist also ganz normal, dass Kochkünstler, die ich nicht mit Kochhandwerkern verwechseln möchte, genauso oder sogar noch mehr verehrt werden als Musiker, Bildhauer und Maler.
>
> Einem talentierten Koch kann also nie genug Starruhm zuteilwerden!«[7]

Nie genug? Dass Köche lange Zeit darauf beschränkt waren, den Papillen ihrer adligen Arbeitgeber zu schmeicheln und deren gesellschaftlichen Status zu erhöhen, trug zur Wertschätzung einer eigenständigen Kochkunst gewiss nicht bei. Der Koch definierte sich lange Zeit lediglich als schmuckes Beiwerk einer fürstlichen Tafel, von einigen Ausnahmen abgesehen. Spätestens im bürgerlichen Zeitalter bildete sich aber ein Konkurrenzbewusstsein heraus, das sich nicht auf das Metier allein beschränkte, sondern auch die Person des Kochs einschloss. War diese Anfangsphase des Austestens der eigenen Wirkung noch geprägt von einer kreativen Aufbruchsstimmung, uferte die Selbstvermarktung nicht selten in Profilneurosen und Geltungssucht aus. Ein ungutes Wechselspiel entspann sich zwischen dem Wunsch zu glänzen und dem zunehmenden Druck der Öffentlichkeit. Bewerten, vergleichen, verbessern, immer schneller drehte sich das Rad der Veränderung. Die Politik des ewigen Wechsels und die kapitalistische Devise des Continuous Change bergen die Gefahr einer Destabilisierung des Individuums. Burn-out und nervliche Zerrüttung sind die Konsequenzen der permanenten Überforderung. Alles muss messbar sein und damit kontrollfähig!

Zeit wurde zum höchsten Gut, so wertvoll, dass man sich gegen Ende des 20. Jahrhunderts nicht mehr mit der herkömmlichen Zeitrechnung bescheiden wollte. Der Schweizer Uhrenhersteller Swatch brachte im Oktober 1998 nicht nur eine neue Uhr auf den Markt, sondern präsentierte zugleich ein neues Messsystem: die Internetzeit. Die Tage sollten nicht mehr in Stunden eingeteilt sein, sondern in Beats, wobei ein Beat 1 Minute 26 Sekunden dauern sollte. Die revolutionäre Zeitrechnung, nach dem Firmensitz von Swatch als Biel Mean Time (BMT) bezeichnet, setzte sich zwar genauso wenig durch wie die Dezimalzeit nach Robespierres Revolutionskalender. Verordnete Sprachpolitik scheitert an Alltagsgewohnheiten und einer in Routine wurzelnden Widerspenstigkeit des Menschen. Spuren hinterlassen diese Normierungsversuche jedoch allemal: Die Zeit zersplittert in der individuellen Wahrnehmung. Das digitale Zeitalter zwingt den auf Optimierung bedachten Menschen, sein eigenes Zeitregime ständig zu überdenken und mit den Zeitgenossen abzugleichen. Die vermeintlich durch Selbstvermessung gewonnene Zeit führt in eine Falle: Die neue Freizeit darf nicht verschwendet werden, auch sie muss investiert werden in höchsten Genuss und bestmögliche Zeitverdichtung.

Für einen Koch, der ohnehin kaum Freizeit kennt, der zwischen Pfannen und Töpfen wirbelt und einer inneren Uhr in gleichem Maße gehorchen muss wie externen Zeitmessern, bedeutet die zunehmende Beschleunigung zweifelsohne ein Gesundheitsrisiko. Wer es sich nicht leisten kann, Aufgaben zu delegieren, oder schlichtweg die Kontrolle bewahren will, bewegt sich schnell am Rande des Abgrunds. Ein frenetischer Rhythmus und ökonomische Zwänge treiben Gastronomen – das Spektrum reicht vom Dorfgastwirt bis zum Meisterkoch – nicht selten in den Ruin.

Bernard Loiseau, einer der vorzüglichsten und beliebtesten Köche Frankreichs, nahm sich am 24. Februar 2003 mit einem Gewehrschuss in den Kopf das Leben. Pflichtgemäß absolvierte er in seinem Restaurant Côte d'Or im burgundischen Saulieu noch den Mittagsservice, dann schritt er zur Tat. Loiseaus tragisches Ende erschütterte in Frankreich nicht nur die Gourmets, sondern brachte auch den Glauben der französischen Bevölkerung an Bewertungssysteme und Leistung als emanzipatorischen Faktor ins Wanken. Der mit drei Michelin-Sternen ausgezeichnete Koch war kurz vor seinem Tod vom *Gault-Millau* von 19 auf 17 Punkte herabgestuft worden. Paul Bocuse machte den Gastrokritikern harsche Vorwürfe: »Ihre Bewertung sollte einem Menschen das Leben kosten.« Auch der *Guide Michelin* geriet ins Kreuzfeuer der Kritik, als lautbar wurde, dass Loiseau der dritte Stern aberkannt werden sollte. Seitens des Restaurantführers gab es Dementi: Man habe zwar ein persönliches Gespräch mit Loiseau geführt und auf die nachlassende Qualität bzw. Innovationsfähigkeit seiner Küche hingewiesen, eine Degradierung aber habe nicht im Raum gestanden.

Die Gerüchteküche aber brodelte. Loiseaus an der Börse notiertes Unternehmen sei hochverschuldet gewesen, der Koch habe sich nicht gewappnet gefühlt für neue Küchentrends wie die Fusionsküche. Zu sehr sei er der klassischen *cuisine française* verhaftet gewesen, um mit den Kochrichtungen à la mode mithalten zu können. Fremd habe er sich gefühlt in seiner eigenen Profession, die verstärkt auf die Vermischung unterschiedlicher Esskulturen sowie verschiedenster Regional- und Nationalküchen setzte, während er seinem traditionellen Stil treu blieb. Dominique Loiseau, die Gattin des verstorbenen Chefkochs, offenbarte schließlich, um den Gerüchten ein Ende zu setzen, dass ihr Mann an einer bipolaren Störung gelitten habe und depressiv gewesen sei. Zudem sei er sehr erschöpft gewesen von der pausenlosen Plackerei.

Der *Guide Michelin* war dadurch zwar entschuldigt, die Arbeitsbedingungen und die Abhängigkeit des wirtschaftlichen Erfolgs eines Restaurants von den Bewertungen der zwei großen Restaurantführer wurden fortan jedoch von einer breiten Öffentlichkeit diskutiert. Auch der deutsche Gastrokritiker Jörg Zipprick spricht von einem Schockmoment, den der Tod Loiseaus in der Gastroszene ausgelöst habe.[8] Selbstzweifel an einem rigiden Bewertungsprozedere und Klagen über ein unmenschliches Vorgehen der Kritiker häuften sich. Im Fokus stand der Mangel an Menschlichkeit in der Restaurantkritik. So abwegig es auch war, eine direkte Linie zwischen dem Suizid Loiseaus und der Restaurantbewertung zu ziehen, die Restaurantkritik sah sich gezwungen, einen Wandel zu vollziehen. Sanftere Töne wurden angeschlagen, die Kritiker befleißigten sich einer diplomatischen Sprache, die vor allem unanfechtbar sein sollte. Man wollte sich nicht mehr der Gefahr aussetzen, der Schuld am Tode eines Menschen bezichtigt zu werden. Verstärkt wurden die verbale Milde und Selbstkritik dadurch, dass Sprachnormen in der Gesellschaft ohnehin zunahmen.

Frankreich, das Land, in dem die Restaurantkritik ihren Anfang genommen hatte, übte sich nunmehr in vornehmer Zurückhaltung. Anstatt mit Biss ihr Unbehagen kundzutun, verzichteten immer mehr Kritiker auf negative Bewertungen oder hüllten sich in Schweigen. Den Verriss, ein in Frankreich lange Zeit praktiziertes Genre, überließ man fortan angelsächsischen Kritikern. Der *Guide Michelin*, der um mögliche ökonomische Folgen und persönliche Tragödien wusste, begann bei der Herabstufung von Restaurants zu zögern und entschied sich im Zweifelsfall für den Status quo. Als 2023 dann doch zwei Meisterköchen der dritte Stern aberkannt wurde, suchte der Chef des *Guide Michelin* das Gespräch mit den beiden betroffenen 3-Sterne-Köchen Guy Savoy und Christopher Coutanceau. Savoy nahm die Bewertung sportlich, versprach, mit seinem Team Rücksprache zu halten, und zeigte sich gewiss, das Match im nächsten Jahr wieder zu gewinnen.

Der respektvolle Umgang zwischen Kritikern und Kritisierten weckt Hoffnung: Die Rückbesinnung auf sachliche Bewertung und zivilisierte Gespräche ganz in der Tradition der Aufklärung lässt vielleicht auch die Scheu vor deutlichen Formulierungen wieder sinken. Das Spiel mit der Form, die Lust an sprachlicher Schärfe sind nicht nur ein Gewinn für die in kulinarischer Kommunikation versierten Köche, sondern auch der Wesenskern der Gastrokritik. Geschmacksbildung ist ohne

Freude an der Form ein ödes Unterfangen. Die Form zu kultivieren und mit ihr zu experimentieren ist außerdem überlebensnotwendig für ein journalistisches Metier, das sich ebenso wie die Köche starkem Konkurrenzdruck ausgesetzt sieht. Die klassische Restaurantkritik hat ihre Monopolstellung schließlich längst verloren. Auf zahlreichen Internetportalen und Blogs tun Gourmets und solche, die es noch werden wollen, ihre Meinung über kulinarische Erlebnisse kund. Zur Demokratisierung des elitären Genres trägt diese Vielstimmigkeit gewiss bei, allerdings kann sie auch in eine unangenehme Kakophonie ausarten. Dass Bewertungen oftmals nicht über »lecker« oder »eklig« hinausreichen und mit einem äußerst begrenzten Vokabular auskommen, ist nur ein ästhetisches Ärgernis. Wenn gehässige Kommentare eines laienhaften Kritikers einem Restaurant jedoch wirtschaftlichen Schaden zufügen, liegt zumindest eine leichtfertige Existenzgefährdung vor. Auch Betrug ist an der Tagesordnung, zumal Bewertungen mit einem Klick gekauft werden können, ohne dass diese als solche erkennbar wären. Das verunsichert nicht nur Verbraucher, sondern stört auch TV-Restaurantkritiker wie Christian Rach, der über viele Jahre als *Rach, der Restauranttester* bei RTL die Konventionen der klassischen Kritik durchbrach, gewiss aber als Koch über fundiertes Wissen verfügte und aus einem aufklärerischen Beweggrund heraus handelte. Nun ist eine Kochausbildung nicht Voraussetzung für einen brillanten Restaurantkritiker, wie das Beispiel von Alexandre Grimod de la Reynière belegt, doch setzt eine aussagekräftige Restaurantkritik Fachwissen und Stilbewusstsein voraus – von einer aufrichtigen Gesinnung ganz zu schweigen.

Restaurant, Gast und Kritiker leben in einem symbiotischen Verhältnis, das leicht aus dem Gleichgewicht geraten kann, sobald Kritikfähigkeit und Wohlwollen von Narzissmus und Böswilligkeit übertrumpft werden. Das kulinarische Leben gerät dann aus den Fugen, bis die Justiz bemüht werden muss. In Frankreich gab es mehrere Gerichtsverfahren, in denen leichtfertige Kommentatoren auf Bewertungsportalen bereits vor zehn Jahren zu Geldstrafen verurteilt wurden. Auch in Deutschland werden Forderungen lauter, im Zuge der Hatespeech-Gesetzgebung gastrokritische Kommentare im Netz ins Visier zu nehmen. Im Erläuterungspapier zum geplanten »Gesetz gegen digitale Gewalt« werden die Auskunftsansprüche über kritische Kommentatoren ausdrücklich auch auf Restaurantkritik ausgedehnt: »Hauptschwerpunkt der Eckpunkte ist die ›Digitale Gewalt‹ und damit das Vorgehen gegen Persönlichkeitsrechtsverletzungen im Netz. Es ist nur konsequent, dass man, wenn man die Rechtsdurchsetzung von Betroffenen digitaler Gewalt verbessert, fragt: Welche Interessenlagen sind vergleichbar, wo gibt es noch andere Rechte, die bislang unzureichend durchgesetzt werden können? Deswegen wird das Gesetz jenseits des Kernanwendungsbereichs von Rechtsverletzungen, die unter den Begriff digitaler Gewalt fallen, auch andere Rechtsverletzungen betreffen.«[9]

Dass der Auskunftsausspruch einer verleumdeten oder beleidigten Person auch für Äußerungen über ein Restaurant gelten soll, erklärt sich dadurch, dass sich die Verletzung absoluter Persönlichkeitsrechte neben dem allgemeinen Persönlichkeitsrecht auch auf das Recht am von der Person eingerichteten und ausgeübten Gewerbebetrieb bezieht.

In diesem Spannungsfeld bewegen sich auch Köche, die von einer sensationslüsternen, bildgesteuerten Öffentlichkeit immer mehr dazu getrieben werden, das Ich zu glorifizieren und zu einer Marke auszubauen. So mancher Koch mit faustischem Drang, der sich aus dem Schatten seiner Auftraggeber befreite und selbst einen herausragenden sozialen Status, wenn nicht gar Starruhm erlangte, wirkt überfordert. Marie-Antoine Carême erlebte noch eine klassische Aufsteigergeschichte, die sich Schaffenskraft und unternehmerischem Esprit verdankte. Seine Verehrung als »König der Köche und Koch der Könige« wirkt heute wie das Relikt einer Epoche, in der die Apotheose des künstlerischen Genies nicht auf Ablehnung stieß, sondern eine visionäre Kraft entfaltete. Die Zeiten aber haben sich gewandelt, und der Koch wurde mehr und mehr zum Unternehmer, der nicht nur beständig neue Rezepte austüftelte, sondern sich selbst als *brand* zu vermarkten und verwalten hatte. Dieses komplexe Unterfangen fiel gewiss Menschen leichter, die von Anbeginn in Wirtschaft, Medien und Recht verankert waren.

Dem deutschen Juristen Alfred Biolek gelang eine beispiellose Karriere als Vorreiter und Wegbereiter zahlreicher Fernsehköche. Kulinarik gestaltete er zu einem medialen Massenphänomen aus, das aber auch eines gehobenen Bildungsanspruchs nicht entbehrte. Trotz seiner enormen Wirkung auf deutsche Essgewohnheiten und die kulinarische Experimentierlust selbst unter Laien musste aber auch der Talkshowpionier berufliche Niederlagen einstecken. Bioleks Produktionsfirma meldete Insolvenz an, was ihn zwar schmerzte, aber nicht aus der Bahn warf. Der aus einer konservativen katholischen Familie stammende, stets auf Harmonie bedachte Moderator zeichnete sich durch Großmütigkeit aus, wusste seine Selbstbeherrschung und Wendigkeit aber auch strategisch zu nutzen. Als ihn der Filmemacher Rosa von Praunheim 1991 in einer RTL-Talkshow öffentlich als schwul outete, fühlte er sich zunächst zwar brüskiert, erkannte später jedoch an, dass er dem forcierten Coming-out Erleichterung und Freude über den Zuspruch von anderen Homosexuellen verdankte. Seine Selbstreflexion und Verwurzelung in einem verlässlichen familiären Milieu halfen ihm dabei, den Mut nicht sinken zu lassen. Bioleks Karrieretief lag zudem in einer Übergangszeit zwischen der analogen und der virtuellen Welt. Es war noch möglich, sich gegen den Strom zu bewegen, ohne gleich zum Politikum zu werden. Schrullen, Marotten und die Zurücknahme der eigenen Person waren gemeinhin akzeptiert und hatten eine Berechtigung neben vielen anderen gegensätzlichen Persönlichkeitseigenschaften.

Der Siegeszug der sozialen Medien aber ging einher mit Anforderungen an die Eigen-PR, die nur exaltierte, von kühler Besessenheit geprägte Selbstdarsteller oder Profis einer digitalen Erfolgs-Checkliste zu erfüllen wissen. Der Aufbruch in ein narzisstisches Zeitalter erfasste auch die Köche, die sich auf Instagram reflektierten und, vom Blick der Zuschauer abhängig, zur ewigen Selbstbespiegelung gezwungen wurden. Die Kochkunst bildete keine Ausnahme von der Tragik künstlerischen Exzesses und menschlicher Entgleisungen. In *Die Masken der Psychopathen* gehen die Autoren sogar so weit, zu behaupten, dass »die Tätigkeit als Künstler ein attraktiver Beruf für Psychopathen ist: große Freiheit in der Arbeitsausübung, kaum klare Regeln oder gar Kontrollen, Ansehen, Ruhm und (bei künstlerischem Erfolg) erhebliche monetäre Entlohnung für ›wenig harte Arbeit‹.«[10] Verlockend ist dieses Rampenlicht vor allem für Kochdarsteller, weniger für den im Küchendunst unter widrigen Arbeitsbedingungen schuftenden Koch, der sich mit finanziellen Zwängen, Personalmangel und bürokratischen Anfordernissen quälen muss und im Konkurrenzkarussell immer schneller herumgewirbelt wird. Sensible Geister drohen daran zu scheitern. Das Schicksal des französischstämmigen amerikanischen Kochs, Autors und Moderators Anthony Bourdain bleibt diesbezüglich in bitterer Erinnerung. Bourdain, der mit seinem Buch *Kitchen Confidential*[11] 2001 Furore machte, nahm sich 2018 in einem Hotelzimmer im Elsass das Leben. Eine seiner letzten Nachrichten, adressiert an seine Ex-Frau, lautete: »Ich hasse meine Fans. Ich hasse es, berühmt zu sein. Ich hasse meine Arbeit. Ich bin einsam und lebe in ständiger Unsicherheit.«[12] Bourdain, der sich aus

Drogenexzessen und einem grenzgängerischen Lebenswandel befreit hatte, indem er in der strukturierten, von klaren Abläufen gekennzeichneten Küchenwelt Zuflucht fand und aus der transformativen Kraft des Schreibens neue Energie schöpfte, sah schließlich den einzigen Ausweg im Suizid. Die ihm eigene Fähigkeit, die Widrigkeiten des Lebens und persönliche Schicksalsschläge in komödiantisch-kulinarische Enthüllungskrimis zu verwandeln, verkümmerte am Ende seines Lebens. Die Schuld daran gaben viele seiner Geliebten, der italienischen Schauspielerin Asia Argento, die als ausbeuterische sadistische Femme fatale charakterisiert wurde, die Bourdain in den Tod getrieben habe. Eine schlichte Herleitung einer menschlichen Tragödie, die es sich mit dem Rekurs auf ein klassisches Feindbild allzu leicht macht.

Bourdain jedoch hatte schon früh ein Gespür für die Fallstricke seiner Branche entwickelt. In seinem Kriminalroman *Bone in the Throat* münzte er seine Milieubeobachtungen in einen fesselnden Plot um. Die Hauptfigur, den aufstrebenden Küchenchef Tommy Pagana, lässt er in eine Zwickmühle zwischen Mafia und FBI geraten. Tommy ist zerrissen zwischen Gangstern und Gewissen. Die Inspiration, die in der Fiktion in überspannter Manier Niederschlag fand, fand der Autor in der Wirklichkeit. Bourdain war Zeit seines Lebens davon überzeugt, dass sich gesellschaftliche Unwuchten in der Küche bemerkbar machen. Politische und soziale Ungleichheiten glaubte er besser verstehen zu können durch eine eingehendere Betrachtung von Kost und Küche. »Der Mensch ist, was er isst«, hatte bereits der Philosoph Ludwig Feuerbach erkannt. Was wir essen, gewinnt bei Anthony Bourdain aber keine utopische Kraft, sondern mündet in eine existenzielle Tragik, die auch in sozialen Bedingungen gründet. Er litt so sehr an den gesellschaftlichen Verhältnissen, dass er keinen Ausweg mehr sah.

Hinter die Kulissen zu schauen ist eine Pflicht des mündigen Bürgers. Zu oft schon haben sich gutgläubige Bürger und Gourmets von Manifesten oder Proklamationen hinters Licht führen lassen. Der dänische Gourmettempel Noma[13] ist eine jener kulinarischen Institutionen, die auf eine neue, nachhaltige, sozial verantwortliche Gastronomie hoffen ließen, mit der Ausbeutung idealistischer Praktikanten aber einen Offenbarungseid ablegte. Die Kehrseiten der Kulinarik zu kennen, bedeutet für den Verbraucher, sich einer Gewissensentscheidung zu unterziehen. Was ist ihm der Genuss wert? Inwieweit kann er durch verantwortungsbewussten Konsum lebensfreundlichere und sozial verträglichere Arbeitsbedingungen fördern? Ist es hinzunehmen, dass Kohorten unbezahlter Praktikanten ausgebeutet werden, wie es in anderen Wirtschaftsbereichen längst passé ist? Wie schmeckt die bürgerliche Freiheit? Wann rollt der Kopf der Kochkünstler und vor allem: Wann klebt Blut an unseren Gaumen?

Der Geschmack der Kindheit

Märchenhafte Süße

Die kindliche Zunge erforscht die Umwelt mit mehr Courage als die Hände. Sie tastet sich spielerisch voran, weniger vom Verstand und dem Willen geleitet als von einer spielerischen Lust, unbekanntes Terrain zu erkunden. Sie ist die Vorhut einer kindlichen Neugier, schneller als der Gedanke und furchtloser auch, wenn sie Schnee auf der Zunge schmelzen lässt und an frostigem Eisen leckt. Schließlich weiß sie um den Kitzel des Verbotenen und die Chance, sich seinen eigenen kindlichen Kosmos aus Geschmack und Abneigung zu erschaffen. Sie ist ein eigensinniges Wesen, das sich dem Willen der Erwachsenen widersetzt und erkundet, was ihr selbst reizvoll erscheint. Sie verkriecht sich in ihre Höhle und treibt ihr Unwesen, ohne dass ihr die Außenwelt etwas anhaben könnte. Manchmal überkommt sie gar ein Gefühl der Allmacht, wenn sie sich windet und wälzt, wenn sie sich zeigt und den anderen zu verstehen gibt, was sie von ihnen hält.

Ein Relikt aus der Kindheit ist es, wenn wir unseren Ekel oder die Missachtung mit der Zunge zum Ausdruck bringen. Als Kleinkinder stießen wir Nahrung, die uns nicht mundete, mit der Zunge zurück. Die herausgestreckte Zunge ist ein ritualisiertes Ausspucken von widerwärtigem Essen. Die Zunge ist ein anarchisches Ding, das sich verzücken lässt und manchmal auch dem Ekel noch einen rebellischen Reiz abgewinnen kann. Sie ist der zuverlässigste und radikalste Weltenprüfer, der uns zur Verfügung steht. Dinge, die wir in den Mund nehmen, bearbeiten wir mit der Zunge. Sie ist Detektor des Verdorbenen und Gutachter des Köstlichen. Auf ihrer Oberfläche sitzen Geschmackspapillen, in deren Öffnungen Speichel und aufgelöste Speisebestandteile gelangen. Hunderte von Geschmacksknospen unterscheiden zwischen den Grundgeschmacksrichtungen süß, sauer, salzig, bitter und umami. Jede einzelne dieser Knospen besteht wiederum aus etwa hundert Geschmackssinneszellen, die Informationen zur Analyse an unser Gehirn weiterleiten.

Die Zunge ist eine große Zerstörerin, die zersetzt, zerlegt, verformt und so das Schöne erschafft. Eine schöpferische Zerstörung, eine kreative Zerstörung ereignet sich in unserem Mundraum. Auf der Zunge setzen sich Aromen frei, die in Verbindung mit dem Riechkolben und den Riechzellen zu vielfältigen Geschmackserlebnissen führen. Der kindliche Geist aber weiß noch nicht um die Komplexität und die Schwerstarbeit dieses mit Schleimzellen bedeckten muskulären Organs. Er lässt sich von diesem wendigen Wesen schlicht dazu verführen, immer neue Verbindungen herzustellen.

Über die Zunge bildet sich der Verstand des Kindes heraus. Tastreize nimmt der Säugling mit dem Mund weit besser wahr als mit Händen, Füßen oder der Haut; von Augen und Ohren, den anderen Sinnesorganen, ganz zu schweigen. Bis zum fünften Lebensjahr vermögen Kinder Oberflächen und Struktur von Materialien besser mit der Zunge zu erkunden als den Händen. Die Zunge genießt diesen kurzen Zeitraum, in dem sie Meisterin der Sinne ist und unbeeinträchtigt von Verboten und Maßregelungen die Welt erkunden kann. Noch ist sie so frei und macht sich ihr eigenes Bild von der Welt; sie erahnt den Geschmack der Wolken, wenn sie hineinstößt in das luftige Gespinst der Zuckerwatte. Sie ist eine synästhetische Künstlerin, die sich erfolgreich der Bevormundung erwehrt.

Belohnt wird sie für ihre unerschrockene Gelehrigkeit mit Wissen, für ihre Abenteuerlust mit süßem Saft, prickelnder Brause und scharfem Pfefferminz. Die Zunge war es, die mir als Kind den Geschmack der Welt erschloss, im Geheimen und ganz selbstvergessen. Ein leicht verblichenes Farbfoto zeigt mich als drei- bis vierjähriges Kind, wie ich in einen roten Apfel beiße. Den Apfel erkennt man kaum. Er ist von einem etwas dunkleren Rot als meine Gummistiefel, deren Sohlen auf die Kamera zeigen. Zu groß und prall für meinen Mund verdrängt er die Lippen und lässt mich die Augen zu schmalen Schlitzen verengen. Es ist unklar, ob ich noch etwas zu erhaschen versuche von dieser Welt oder die Augen bereits geschlossen sind, damit auch nicht das geringste Fünkchen Wirklichkeit eindringen kann. Ein entschlossener Ausdruck breitet sich auf dem Kindergesicht aus von ernsthafter, wilder Begierde nach der glänzendroten Frucht, die eine Hand kaum zu umfassen vermag, so dass die zweite ihr zu Hilfe eilt.

Die Zähne sind nicht sichtbar, und doch ist der Augenblick, in dem sie sich in das Fruchtfleisch bohren, gegenwärtig, sie erschrecken ein wenig vor der Säure, die sich im Mund bereits mit dem Speichel vermengt. Sie beginnen zu kauen, zu zermalmen, die Zunge schiebt saftige kleine Apfelstückchen im Mundraum hin und her. Das Saure kitzelt noch ein wenig die Nase, beginnt sich zu verflüchtigen und lässt eine köstliche Süße zurück, die süchtig macht nach mehr. Die Zunge rollt sich zusammen und bildet eine feine Rille, in die mit Hilfe der Zähne der Saft träufeln kann, den das Apfelmädchen aus dem Fruchtfleisch saugt, so lange, bis nur noch Fasern und ein mehliger Nachgeschmack bleiben, eine Erinnerung an vergangenen Genuss, der wiederholt werden muss, bis nur mehr ein Strunk übrig ist, den das Apfelmädchen verschmäht, aber ob der im Gehäuse verborgenen Schätze mit den Zähnen knackt, um die glatten braunen Kerne zum Vorschein zu bringen. Nun will es einen Apfelbaum pflanzen, die Kerne mit den Fingern verbuddeln in einem winzigen Tontopf, der nach kühler Erde riecht, und verwirft den Plan doch wieder, weil das Innere der Kerne lockt. Von blütenreinem Weiß ist es, das weiß das Kind, weil es nicht zum ersten Mal die Kernchen spaltet, um verblüfft zu werden von der Bitternis, die sich verbirgt in der süßen Frucht.

Betrachte ich dieses Bild, ist es nicht die Konstellation, die mir den Tag in Erinnerung ruft, sondern die Innerlichkeit des Geschmacks, die Genuss und Eroberungsdrang zugleich verhieß. Der Geschmack dieses roten Bauernapfels, dieses Apfels, der nur über den Geschmack, nicht über Namen identifiziert wurde, versprach mir eine Welt, die es in mir selbst zu entdecken galt, einen Rückzugsort auch vor den Menschen, die mich in die Pflicht nehmen und mir das Spiel verleiden wollten. Der Ruf der Oma, das Abendläuten, das Necken und Frotzeln der anderen verschwanden im Moment der köstlichen Verzückung.

Seh' ich das Foto, blickt mich mein Cousin an, frech und herausfordernd, ein schöner Junge, dessen Double auf der Verpackung der Kinderschokolade abgebildet schien. Auch er mit zusammengekniffenen Augen, aus dem schlichten Grund aber, dass er sich vor dem seltsam hellen Licht der Abendsonne schützen will. Der Lockenschopf daneben ist seine Schwester, die ihre Hände im Schoß schützend vor einen Apfel legt, unter dem sich, so hat es den Anschein, ein zweiter versteckt. Haben wir die Äpfel aus der Holzkiste entnommen oder der Zinkwanne? Oder sind wir noch einmal am Ende des Pflücktages auf die Leiter geklettert, um unsere Belohnung mit eigenen Händen vom Baum zu holen? Ich erinnere mich nicht, rieche jedoch die in der Zinkwanne lagernden Äpfel, die allein durch die Beschaffenheit dieses Behältnisses eine nüchterne Kühle ausstrahlten und weniger süß dufteten als die Äpfel in der Holzkiste, deren Eigengeruch noch verstärkt wurde durch die frischgezimmerte Leiter, die im hohen Gras postiert war.

Erst in zweiter Instanz machen sich Haptik und Anblick bemerkbar. Unter meiner Handfläche spüre ich wieder das Gras, das sich nicht entscheiden kann zwischen einer strauchigen Sprödheit und frühherbstlicher Feuchte. Meine Finger tasten die auf dem Boden liegenden Äpfel nach Dellen ab, die Augen suchen nach Wurmeinstichen. Die Knickerbocker meines Cousins sind samtig, rau und speckig zugleich, abgewetzt vom Herumräubern in Wald und Garten, speckig von den Erlebnissen der Vorbesitzer, deren Kindheit sich in das Hirschleder eingeprägt hat. Unsere Pullover, um deren Farbpalette aus Cyclam, Fuchsia und Himbeerrot uns Yves Saint Laurent beneidet hätte, fühlen sich so künstlich und echt an, wie es die Jahre um 1970 waren. Hinter dem Maschenzaun am Rand des Obstgartens liegt eine Welt, in der die Kinderaugen Fernes und Verbotenes imaginieren, in der sich Wege durch Landschaften bahnen ohne erkennbares Ziel.

Natürlich entfalten sich auch im Blick Erinnerungen und Sehnsuchtslandschaften, nichts aber ist so mächtig und plötzlich wie Geruch und Geschmack. Der Apfel auf meiner Zunge lässt mich eine Grenzenlosigkeit verspüren, die eingehüllt ist in ein wohliges Behütetsein. Es ist die Anarchie, die den Geschmack der Kindheit so einzigartig macht. Er ist unbefleckt von Anblick und Haptik, von den Spuren des auf den ersten Genuss folgenden Lebens. In dieser Reinheit gewinnt er auch für den erwachsenen Menschen eine regenerative Kraft. Möglichkeiten blitzen auf, der Nebel der Resignation und Verzweiflung lichtet sich zumindest ein wenig beim Gedanken an die Geschmacksmomente der Kindheit. Das kindliche Kosten jedoch auf wohltuende Wirkung beschränken zu wollen, würde ihm nicht gerecht werden, denn es hat eine anarchische, vorrationale Sprengkraft. Am ehesten gleicht es noch dem magischen Denken, wie Tilman Allert in seinem Buch *Der Mund ist aufgegangen* feststellt: »Die Formen der Welterschließung, die Kindern in der Spannung von Rohem und Gekochtem, Tierischem und Pflanzlichem, Festem und Kaltem als geschmackliche Wunder oder Schrecken begegnen, repräsentieren alles andere als eine vorrationale Verirrung des rationalen Denkens. Sie spiegeln Gedanken aus einer magischen Zeit.«[1]

Denkformen der Magie finden sich auch im Märchen. Um die kindliche Fähigkeit, sich über den Geschmack die Welt zu erschließen, ranken sich einige Handlungen, die auf ein magisches Ergebnis zusteuern. In den Märchen der Gebrüder Grimm ist Essen nicht nur eine Quelle der Lust und Symbol der Versuchung, sondern auch ein Mittel der Erkenntnis. Dass die Erkenntnis meist eine leibliche ist und damit wehtun kann, darin besteht die warnende Botschaft des Märchens. Schneewittchen lässt sich dazu verleiten, vom verbotenen Apfel zu kosten, und versinkt in einen Todesschlaf, aus dem es erst die magische Kraft eines Kusses erlöst. Goldlöckchen, angelockt von dessen Duft, nascht in einem fremden Haus vom süßen Brei und entkommt mit Müh und Not der Rache der drei Bären. Wer nicht hören will, muss fühlen, lautet die Devise, wobei das Fühlen in einer Zeit, die von starken Hierarchien und Autoritätsglauben geprägt war, oftmals großen Schmerz bereitete, wenn die Bestrafung auf dem Fuße folgte. Zum verbotenen Essen in Zeiten des Mangels zählten aber nicht nur fremdes Essen, das einem selbst nicht zustand oder gehörte, sondern auch raffinierte Speisen, die sich nur ein Bruchteil der Bevölkerung leisten konnte. Die Begierde nach nicht standesgemäßen Köstlichkeiten wurde ins Reich der Phantasie verbannt, die unersättliche Triebnatur in ihre Schranken verwiesen.

In *Tischlein deck dich* dient der Gedanke an einen mit den herrlichsten Speisen gedeckten Tisch und einen Goldstücke von sich gebenden Esel als Anreiz für ein strebsames Leben und familiären Zusammenhalt. Irdischer Überfluss steht nur den Fleißigen in Aussicht. Arbeit und Nächstenliebe, bürgerliches Streben und mitmenschliches Handeln sind die Voraussetzung für Speis und Trank im Märchen. In *Frau Holle* befreit das fleißige Mädchen ein sprechendes Brot aus dem Ofen und schüttelt die reifen Äpfel vom Baum. Ein respektvoller Umgang mit Nahrungsmitteln soll den Kindern dadurch vermittelt werden. Motivieren soll dabei nicht nur der Goldsegen am Ende, sondern auch die »Anthropologisierung« der Nahrung. Sprache vermenschlicht die Dinge. In einer Welt, in der ansonsten die Verdinglichung vorherrscht, befördert das Märchen die Subjektwerdung des Kindes, indem es an dessen Neugier, Empathie und natürliche Kommunikationslust appelliert.

Weniger von einem pädagogischen als einem anarchischen Geist animiert sind die Geschichten Wilhelm Buschs. Im sechsten Streich werden die diebischen Leckermäuler Max und Moritz selbst zu knusprigem Brot verbacken:

Eins, zwei, drei! – eh man's gedacht,
Sind zwei Brote draus gemacht.
In dem Ofen glüht es noch –
Ruff!! – damit ins Ofenloch!
Ruff!! – man zieht sie aus der Glut –
Denn nun sind sie braun und gut! –
– Jeder denkt, »die sind perdü!«
Aber nein! – noch leben sie! –
Knusper, knasper! – wie zwei Mäuse

Fressen sie durch das Gehäuse;
Und der Meister Bäcker schrie:
»Achherrje! da laufen sie!!« –[2]

Nicht mehr lange vagabundieren die beiden Strolche jedoch durch die Landschaft, denn Heuchelei und Starrsinn zu entkommen, ist dem Kind noch weniger vergönnt als dem Erwachsenen. Am Ende der Geschichte landen Max und Moritz, im Mühlentrichter verschrotet, im Magen der Enten, und der Bäcker fragt erstaunt: »Warum ist der Mensch so lecker?!« Die Antwort gibt Busch zwischen den Zeilen: Der Mensch labt sich nicht nur an der Zurichtung des anderen, sondern findet auch Geschmack an der Unbeugsamkeit, die im kindlichen Herzen noch ungehindert pocht.

Wilhelm Busch statuiert hier kein Exempel für ungezogene Kinder, vielmehr stellt er grundsätzliche Fragen nach der Natur des Menschen und der Beschaffenheit einer Gesellschaft, die dem kindlichen Wesen nur mit Zucht und Ordnung zu begegnen wusste. Die Geschichte ist satirisch überzogen und provoziert einen grausamen Kitzel, der Kinder aufwühlt, aber nicht zu folgsamen Untertanen macht. Max und Moritz waren die Vorläufer all der anarchischen Kids, die dem autoritären Geist in zeitgenössischen Kinderbüchern ein Schnippchen schlagen.

Nicht minder antiautoritär, aber umso sanftmütiger ist eine Kreatur aus dem Reich der Süßigkeiten. In den 1970er Jahren, zur Hochzeit von *Love and Peace*, zogen die Barbapapas in die Kinderzimmer ein. Benannt nach *barbe à papa* (›Papas Bart‹), dem französischen Wort für Zuckerwatte, führt die vielköpfige Familie aus bunten Knubbelwesen in diesen Büchern ein frohsinniges Familienleben. Künstlerische Interessen und gegenseitige Unterstützung lassen Macht und Hierarchie im Kreise der Barbapapas in den Hintergrund treten. Sie sind Phantasiewesen, geboren aus süßem Zuckergespinst, so gestaltungswillig und wendig, wie es im Namen der Hilfsbereitschaft und Solidarität gerade nötig ist. Inbegriff der Metamorphose sind sie, wenn sie sich in eine Brücke, einen Schubkarren oder auch in Tiere verwandeln. Barbapapas entspringen einer Phantasie, die ohne moralischen Anspruch auskommt und die Zucker nicht verpönt, sondern zur Grundsubstanz dieser bunten Geschöpfe adelt. Am Anfang war der Zucker – und *Ra-Ru-Rick, Barbatrick* verwandelt er sich in Zuckerhüte, Karamellgitter und amorphe watteartige Gebilde, die sich im Auge des Betrachters in herzige Wesen wie Barbapapas transformieren.

Die Geschichte des Geschmacks der Kindheit ist auch eine kulinarische Geschichte der Freiheit, weil der kindliche Bezug zu Nahrung noch offen ist für alternative Wahrnehmungen, während Erwachsene geschmacklich und ästhetisch oft eingefahrenen Mustern folgen. Das freigeistige Momentum, das den Bürger vom Untertanen unterscheidet, wurzelt nicht zuletzt im Geschmack der Kindheit. Deshalb greift es zu kurz, wenn sich manche Forscher vorwiegend auf die pädagogischen Aspekte des kindlichen Geschmacks konzentrieren und pauschalisierend von »Kinderlebensmitteln« wie Pommes, Nudeln, Pizza, Würstchen, Nuggets, Pudding und Keksen die Rede ist.[3] Geschmack ist ein umfassendes soziokulturelles Muster, das sowohl das Leben von Erwachsenen als auch von Kindern prägt und strukturiert. Geschmack enthält immer eine individuelle und eine gesellschaftliche Komponente. Betont man die eine mehr als die andere, kann es zu Verzerrungen kommen, die der vielfältigen kindlichen Erlebniswelt nicht gerecht werden. Geschmack als ästhetisches Urteil, das eng mit dem Habitus verbunden ist, verweist nicht nur auf die soziale Herkunft, sondern ist auch in die Lebensführung eines Menschen eingeschrieben: »Der Geschmack wird somit zwischen dem Ausdruck sozialer Zugehörigkeit, an dem sich (mittels Distinktion) auch gesellschaftliche Ungleichheit abzeichnet, und individuellen sinnlichen Wahrnehmungserlebnissen und -erfahrungen verortet.«[4]

Dieses Ineinandergreifen von sozialen und individuellen Faktoren kann den kindlichen Erfahrungshorizont erweitern, aber auch verengen. Die Wahlmöglichkeiten eines Kindes aus weniger privilegierten Verhältnissen sind geringer, so dass auch der Geschmackssinn weniger facettenreich ausgebildet wird. Andererseits gedeiht im Mangel auch eine ungeahnte Kreativität. Das Apfelmädchen lernte die Milch einer auf der Weide grasenden Kuh zu kosten und von der der eingepferchten Kühe im Stall des Nachbarn zu unterscheiden, als es Milchsuppe mit trocken Brot und Salz zur Vesper erhielt. Das Apfelmädchen pflückte Sauerampfer und erschauerte wohlig, wenn die Säure des Wildgemüses beim ersten Biss die Papillen erquickte, um schließlich in einer seltsamen Taubheit zu vergehen. Die Erinnerung an die sanfte Bitternis einer Walnuss und den süßen, mit den Lippen aus der Taubnessel gesogenen Nektar lässt das Universum des Apfelmädchens aufblühen, nicht minder reich an Duftfacetten als die eines bourgeoisen Dichters aus dem 19. Jahrhunderts, und doch so gänzlich verschieden. Herkunft prägt nicht nur Lebensweisen und Berufswege, sondern auch die sinnliche Wahrnehmung der Welt.

Das Apfelmädchen lernte das berühmteste, Kindheitserinnerungen symbolisierende Gebäck, die Madeleine, erst im Erwachsenenalter kennen. Neugierig hätte es als Kind die Zähne in das muschelförmige Küchlein gebohrt, die cremige Masse mit der Zunge zu Kügelchen geformt, bis der zarte Zitronenduft jede einzelne Geschmacksknospe erfasst, und wäre überrascht gewesen vom fremdartigen Geschmack, ohne dabei jedoch Menschen, Landschaften, ein Leben vor dem geistigen Auge zu sehen. Marcel Proust dagegen, einer der berühmtesten französischen Schriftsteller, tunkte das Buttergebäck in Lindenblütentee, und unwillkürlich imaginierte er seine Kindheit in Combray, ein behütetes großbürgerliches Zuhause von materieller Sorglosigkeit. Und doch schwingt ein gleißendes Glück in der Beschreibung dieses Moments mit, das soziale Unterschiede verschwimmen lässt, da es nur dem grenzenlosen, von Normen unbeschränkten kindlichen Empfinden entspringt:

> »Und im gleichen Augenblick, in dem dieser Schluck, mit den Krümeln des Kuchens vermischt, meinen Gaumen berührte, fuhr ich zusammen, gebannt durch das Außergewöhnliche, das sich in mir vollzog. Eine freudige Erregung hatte mich durchströmt, völlig zusammenhanglos, ohne jeden Anhaltspunkt für ihre Ursache. Sie ließ mir plötzlich die Wechselfälle des Lebens gleichgültig erscheinen, seine Unglücksfälle belanglos, seine Kürze nur scheinhaft, ganz in der Weise, in der es die Liebe vermag, und sie erfüllte mich mit einer kostbaren Substanz: aber eigentlich war diese Substanz nicht in mir, sie war ich selbst.«[5]

Marcel Prousts poetische Beschreibung eines Genussmoments in seinem Monumentalwerk *Auf der Suche nach der verlorenen Zeit* genießt in Frankreich einen ikonischen Status. Symbolhaft steht sie für das unwillkürliche Erinnern der Kindheit und ein überwältigendes Glücksempfinden. Das Gebäck selbst ist französisches Kulturgut. Jeder Konditor hat Madeleines in seinem Standardrepertoire und lernt sie ganz nach Gusto und seinen eigenen Kindheitserinnerungen zu variieren. Vanille und Orangenblütenwasser aromatisieren den Teig, gehackte Pistazien verzieren die gerillte Oberfläche, Limonenzesten paaren sich mit Mohn. Doch das Grundrezept einer Madeleine, wie sie auch Marcel Prousts Papillen verzückt haben dürfte, ist seit mehr als 250 Jahren unverändert:

Für 6 Personen bedarf es traditionellen Rezepten zufolge

150 g Zucker
160 g Mehl
150 g Butter
3 Eier
eine Messerspitze Salz
ein paar Tropfen Orangenblütenwasser oder einer Vanilleschote
etwas Butter für die Form

Die Zubereitung ist simpel:

Mehl sieben. Die in kleine Würfel geschnittene Butter im Wasserbad schmelzen. Mit dem Schneebesen die Eier und den Zucker schaumig schlagen, eine Prise Salz zugeben und das Mehl unterheben. Mit Vanille oder Orangenblütenwasser aromatisieren. Das Ganze mit einem Holzspatel kurz verrühren und die geschmolzene Butter hinzufügen. Die gebutterten Madeleine-Formen zu dreiviertel füllen und in den auf 160 Grad vorgeheizten Ofen schieben. Goldgelb backen, sogleich stürzen und nach dem Erkalten servieren. Bon appétit!

Wie so manch andere kulinarische Köstlichkeit verdanken wir auch das Buttergebäck einem Zufall und der Kunst der Improvisation. Während einer Soirée des polnischen Königs Stanislaus I. im Schloss von Commercy in Lothringen brachte der Hofnarr den Chefkonditor so aus dem Konzept, dass diesem ein Malheur mit dem Dessert passierte. Die *Baba au Rhum*, in Rum getränkte kleine Kuchen, waren missglückt, der Abend schien ohne Dessert im Desaster zu enden. Madeleine Paulmier, die Dienerin der Marquise de Perrotin de Beaumont, bot sich flugs an, die Ehre des Schlossherrn zu retten, und rührte in der Küche einen Teig nach dem Rezept ihrer Großmutter an. Da sie keine Backformen zur Hand hatte, goss sie den Teig in die Schalen von Jakobsmuscheln und schob die Zubereitung in den Ofen. Die Gäste waren verzückt von der köstlichen Nachspeise, die der Schlossherr mangels einer Bezeichnung kurzerhand nach seiner Schöpferin benannte. Et voilà, die Geburtsstunde der Madeleines im Jahre 1755!

Dass Madeleines nicht nur ein literarischer und historischer Nimbus umgibt, zeigt sich daran, dass der sogenannte Proust-Effekt in die Neurowissenschaften Eingang gefunden hat. Gerüche besitzen die spezielle Eigenschaft, längst vergangene autobiographische Erfahrungen intensiv wiederzubeleben. In der Psychologie ist dieses Phänomen unter dem Akronym LOVER bekannt. Die Eigenschaften der durch Gerüche ausgelösten Empfindungen sind besonders limbisch (*limbic*), das heißt dem limbischen System zugeordnet, alt (*old*) und damit auf ein frühes Lebensalter bezogen, lebhaft (*vivid*), emotional (*emotional*) und selten (*rare*).[6]

Das Riechen und Schmecken, unser ältester Zugang zur Welt, wird hier als kostbares Sensorium beschrieben, das uns die Welt nicht nur mit kühler Ratio, sondern auch einem warmen Gefühl erkunden und erspüren lässt. Der Facettenreichtum des Geschmacks ermöglicht uns eine Fülle, die im Erwachsenenalter allzu oft in Vergessenheit gerät. Geruchs-Flashbacks sind unwillkürlich und unterscheiden sich dadurch von einer primär sprachlichen Erinnerung. Die Duftforscherin Rachel Herz[7] weist darauf hin, dass unser Sprachregister für Geruchseindrücke wesentlich beschränkter ist als für alle anderen Empfindungen. Es wäre daher ein interessantes wissenschaftliches Unterfangen, nicht nur das Unterscheidungsvermögen für Düfte und Gerüche zu schulen, sondern auch die Kreativität zu deren Benennung zu stimulieren. Aussichtslos ist das nicht, zumal sich das Gehirn der Säugetiere aufgrund eines verbesserten Geruchssinns weiterentwickelte.

Vielleicht könnten wir dadurch zu einer bislang noch unentdeckten sinnlichen Wahrnehmung der Welt gelangen, die auch Proust goutieren würde. Die Düfte sind ein weites Feld, das auch der sprachlichen Erkundung harrt. Riechen wir Veilchen oder nach Vanille duftenden Milchreis, sammeln sich Geruchsmoleküle in der Nase und senden über den Riechkolben Signale in den olfaktorischen Cortex, wo der Geruch analysiert und eingeordnet wird. Gleichzeit werden auch Signale an die Amygdala übermittelt, den Mandelkern, der nicht nur an emotionalen Reaktionen, sondern auch an der Speicherung von Gedächtnisinhalten beteiligt ist. Nur der Geruchssinn bahnt sich einen direkten Weg in diesen evolutionsgeschichtlich alten Teil unseres Gehirns. Da sich dieser Vorgang schon im Mutterleib vollzieht, lernt der Fötus bereits über das Fruchtwasser Gerüche wahrzunehmen und abzuspeichern. Unsere Neigung zum warmen Duft der Vanille hängt nicht zuletzt damit zusammen, dass sie dem Geschmack der Muttermilch nicht unähnlich ist. Vertraute Aromen der Kindheit stimulieren den Hippocampus und die Amygdala, ein Phänomen, das inzwischen per Magnetresonanztomographie nachgewiesen werden konnte. Bis ins hohe Alter funktioniert der Geruchs-Flashback, es sei denn, neuronale Erkrankungen wie Alzheimer oder Parkinson beeinträchtigen das olfaktorische Erinnerungsvermögen.

Bei degenerativen Erkrankungen kann es im Frühstadium bereits zum Verlust des Geruchssinns kommen. Mit dessen Verschlechterung geht ein Abbau der grauen Substanz in den für das Gedächtnis und das Riechen verantwortlichen Arealen des Gehirns einher. Andererseits besteht mittels Dufttherapie bei diesen Erkrankungen aber die Chance, Erinnerungen wiederzubeleben. Auf Düfte, die in ihrem Leben eine wichtige Rolle gespielt haben, reagieren demente Menschen sehr sensibel. Kaffeebohnen oder Lavendel, Aromen von besonderer Intensität, lösen Dufterinnerungen aus, die zu Glücksmomenten führen können. Allerdings erzielen meist nur reine Duftstoffe den heilsamen Effekt. Der Grund dafür liegt im gewandelten Geschmack von Lebensmitteln und überzüchteten Pflanzen, deren Aroma minder subtil oder auch weniger intensiv ist. Die fast traubengroßen Blaubeeren aus dem Supermarkt sind nur noch ein schwacher Abglanz der kleinen herbsüßen Beeren, die wir bei ausgedehnten Spaziergängen von den niedrigen Sträuchern in heimischen Wäldern gezupft haben. Ein dementer Mensch vermag keinen Zusammenhang mehr herzustellen zwischen den Heidelbeeren der Kindheit und einem geschmacksverfälschten Industrieprodukt. Die Reinheit und Wiedererkennbarkeit eines Geschmacks oder Duftes sind Voraussetzung für den Proust-Effekt. Reine Öle aus Eukalyptus, Lavendel und Zitrusfrüchten beleben die Erinnerung. Den Geschmack der Kindheit aber im Obstregal zu finden, ist trotz aller Rückbesinnung auf alte Sorten ein schieres Ding der Unmöglichkeit, da irritierende Geschmacksnuancen in Weiterzüchtungen teils entfallen oder chemischen Keulen zum Opfer fallen.

Es erfordert ausgeklügelte Maßnahmen, um Gärten in ihre Ursprünglichkeit und Natürlichkeit zurückzuversetzen. Christine Zeile[8], eine naturliebende, geschmacksverliebte Autorin, hat sich dieser Herkulesaufgabe gestellt und ist dem Apfelwickler und gierigen Schnecken mit Geduld sowie biologischer Raffinesse zu Leibe gerückt. Alternativen zu Pflanzenschutzmitteln zu finden und mit eigener Hände Arbeit den Aufbau einer Mischkultur zu betreiben, erfordert eine hohe Motivation. Doch die Erinnerung an tiefrote Süßkirschen, die auf der Zunge platzen und ihren köstlichen Saft in den Mundraum ergießen, ist ein formidabler Anreiz, auch gärtnerische Mühsal auf sich zu nehmen. Dem Geschmack der Kindheit wohnt nicht nur ein romantisches Sehnen inne, sondern auch ein emanzipatorisches Potential. Er erinnert uns daran, dass wir uns befreien können von Konsumzwängen, dass wir in der Lage sind, unserer eigenen Stimme, dem Eigensinn unserer Papillen zu folgen. Vorausgesetzt, es gelingt uns, dem verführerischen Sog eines Marktes zu widerstehen, der sich diese außergewöhnliche Kraft des Geruchs und des olfaktorischen Gedächtnisses zunutze macht.

So setzt Neuromarketing auf die Erkenntnis, dass wohlriechende Düfte und warme Gerüche unsere Kauflust steigern. Der Duft nach frischgebackenem Brot, wenngleich künstlich erzeugt, der in Industriebäckereien und Supermärkten versprüht wird, lässt Bilder von rustikalen Holzbacköfen und Bäckern mit gestärkter weißer Mütze vor unserem inneren Auge entstehen. Die durch Gerüche entstehenden Emotionen stellen ein ungeheures Potential für Unternehmen dar: Kaufentscheidungen sind nur in zweiter Linie rational, da das Gehirn emotionalen Themen mehr Aufmerksamkeit schenkt als abstrakten Inhalten. Marken, die mit Gefühl aufgeladen sind, die Abenteuer, Romantik oder Behaglichkeit versprechen, kommen beim Konsumenten besser an als solche, die lediglich Preise und sachliche Faktoren herausstellen. Mit Duftmarketing beeinflussen Unternehmen die Entscheidungen ihrer Kunden. Ein wohliger Geruch erhöht das Vertrauen und die Bindung an eine Marke, vorausgesetzt, der Duft ist auf die Zielgruppe genau abgestimmt. Nelkenöl beispielsweise kann bei jüngeren Konsumenten Erinnerungen an eine gemütliche Adventszeit hervorrufen. Bei älteren Kunden kommen hingegen häufiger unangenehme Gedanken auf, da Nelken früher auch gegen Zahnschmerzen zum Einsatz kamen. Multisensorielles Marketing, das direkt an das limbische System appelliert, kann zu einem intensiven Einkaufserlebnis führen, birgt aber auch die Gefahr, potentielle Käufer zu manipulieren. Es ist kein Zwang, der dabei ausgeübt wird, auch wird nichts angeordnet oder verboten. Die Entscheidungsfreiheit wird dem Einzelnen nicht genommen, aber in die eine oder andere Richtung gestupst, sanft und so wohlig, dass er sich dem Konsum unweigerlich ergibt.

Mündigkeit ist daher immer auch eine Frage des Geschmacks. Wenn bereits Kinder im Visier der Markenstrategen stehen, ist die Gefahr des Missbrauchs unserer Neigung zu behaglichen Düften hoch. Umso mehr ist es geboten, die kindlichen Sinne zu schärfen, um die Resilienz gegenüber subtilen Formen der Konsumverführung zu stärken. Ein schwieriges Unterfangen, da das kindliche Universum nicht nur olfaktorisch, sondern auch visuell manipuliert wird: Emojis in Form von Torten, Lollis, Cupcakes und Pommes sehen weit verlockender aus als Brokkoli, Oliven oder ein roter Apfel, der in seiner einheitlichen Farbe Gleichmaß und Austauschbarkeit signalisiert.

Vielleicht ist es wieder an der Zeit, die Nase in den Wind zu halten, um nicht nur den Geruch eines reifen Apfels zu verspüren, sondern auch den Duft der Freiheit. Dem Apfelmädchen weht der Duft noch entgegen, aus weiter Ferne und doch unwiderstehlich.

Kulinarische Utopien

Umami, eine Sehnsucht

Umami – das Wort fühlt sich an wie in Urvertrauen getaucht, wie ein hauchzarter Teig, der sich um die Zunge windet, eine köstliche Bouillon, die mit ihrem kraftvollen Aroma die Geschmacksnerven betört. Lässt man sich verführen vom Klang und begibt sich auf eine geschmackliche Erkundungsreise, stößt man an eine verwirrende Grenze, an der die Lust auf Unbekanntes, die Beschränktheit des Wissens und die Sehnsucht nach Vertrautheit in einen pikanten Wettbewerb treten.

Im Japanischen bedeutet *umami* wörtlich ›geschmackvoll‹. Im kulinarischen Wortschatz des asiatischen Landes existiert es seit Jahrtausenden. *Umai!*, ›köstlich!‹, rufen Japaner aus, wenn sie einen besonderen herzhaften Geschmack empfinden. Geprägt hat den Begriff im Jahre 1908 der japanische Chemiker Ikeda Kikunae. Er forschte zur Kombu-Alge, einer Braunalgenart, die in Kombination mit getrocknetem Thunfisch eine ganz spezifische Würze in der Dashi-Brühe erzeugt. Der pikante, intensive Geschmack erinnerte ihn an Tomaten und Spargel, die er während eines Aufenthaltes in Leipzig kennengelernt hatte. Um dem Geschmacksgeheimnis auf die Spur zu kommen, extrahierte er eine Aminosäure aus der Braunalge, das Mononatriumglutamat. Als industrielles Produkt ist es verpönt, als Gewürzpaste aus natürlichen Zutaten wie Sardellen, Bohnen, Hefe oder auch Fleisch und Pilzen erzeugt es aber eine Geschmacksempfindung der fünften Art: weder salzig noch süß noch sauer noch bitter, sondern umami. Natürliches Glutamat intensiviert und entfesselt Aromen, es schärft unsere Sinne für überlebenswichtige Bestandteile des Essens. Amerikanische Forscher stellten um die Jahrtausendwende fest, dass wir auf der Zunge spezifische Rezeptoren für umami haben. Sie signalisieren Proteine und machen den Geschmack von Salzen der Aminosäure Glutamat unwiderstehlich.

Sich mit der chemischen Grundlage zu bescheiden, wird der sinnlich-poetischen Dimension des Begriffs jedoch nicht gerecht. Verlässt man den wissenschaftlichen Pfad, eröffnet sich ein Raum für Interpretation und Träumereien. Der französische Kinofilm *Umami*[1] spielt mit dem klassischen Verständnis des Wortes als fünfte Geschmacksrichtung und lockt den Zuschauer dabei auf eine falsche Fährte. Gérard Depardieu verkörpert einen herzkranken, hochdekorierten Chefkoch, der sich aufgrund eines Burn-outs auf die Suche nach einem japanischen Koch begibt, gegen den er einst einen Kochwettbewerb verloren hat. Vordergründig handelt es sich um die Suche nach der fünften Geschmacksdimension, auf einer weit umfassenderen Ebene jedoch um die Erkundung der eigenen Identität. Im Gespräch erzählt der französische Ausnahmemime Depardieu von einer geschmacklichen Reise, die sich als ein Weg zu sich selbst entpuppt: »Umami, der Begriff, bedeutet auch, das zu suchen, was man wirklich ist, ohne religiöse oder sensorische Erfahrungen dabei zu machen. Nein, Umami ist überall. Umami ist in allem, was man ersehnt, mehr noch: Es geht über dieses Sehnen, dieses Verlangen hinaus. Umami findet sich im Überraschenden, ja, in der Verwunderung.«[2]

Depardieus Hymne auf das Überraschende ist auch ein Plädoyer für das Staunen. Eine romantische Sehnsucht nach einer über die Ratio hinausstrebenden Welt- und Geschmackserfahrung klingt darin an. Eine Idee von Freiheit auch, die sich nicht erkämpfen und erobern lässt, sondern selbst als Wunder zu begreifen ist. Umami ist in diesem Sinne utopisch zu verstehen, als kulinarisches Symbol für ein menschliches Sehnen nach einem paradiesischen Ort, an dem sich der Mensch im Gleichgewicht befindet. Und ist es nicht das, was Utopie ausmacht, dieses Nirgendwo, an dem Träumen genauso möglich ist wie Wachsen, Bauen und Gedeihen? Vielleicht ist umami das Zauberwort, das uns die Gestaltungskraft der Kulinarik erkennen und die Enge gegenwärtiger Debatten vergessen lässt?

Wer wie zu speisen hat, was verpönt ist oder genehm, sorgt für heftige Auseinandersetzungen. Die Debatte um gesellschaftliche Aneignung macht auch vor der Gastronomie nicht Halt. Die Parlamentarierin Dawn Butler machte Schlagzeilen, als sie den britischen Starkoch Jamie Oliver der kulturellen Aneignung Jamaikas bezichtigte. Oliver hatte eines seiner auf Reis basierenden Fertiggerichte *Punchy Jerk Rice* genannt. Er berief sich darauf, dass er von einer jamaikanischen Speise dazu inspiriert worden sei. Seine Kritiker ließen den Einwand jedoch nicht gelten und warfen ihm falsche Zutaten sowie die kapitalistische Ausbeutung einer Kultur vor.

Hinter dem Begriff der *cultural appropriation* verbirgt sich weit mehr als ein Streit um Hühnchen in jamaikanischer Sauce oder Foie Gras mit persischem Reis und hausgemachter Teriyakisauce: Zwei Weltsichten und Freiheitsbegriffe stoßen aufeinander. Während die einen die destruktiven Machtbeziehungen zwischen den Kulturen betonen und kapitalistische Gier anprangern, betonen die anderen schöpferischen Austausch und versöhnliche Mélange. Lässt man das durchaus kritikwürdige *de-*

spektierliche Aufgreifen fremder kultureller Elemente einmal außer Acht, eröffnen sich mehr Chancen im kulturellen Austausch, als er Gefahren birgt. Gerade die Kulinarik ist ein Schmelztiegel par excellence, der das Unbekannte schmackhaft macht und zu einer Auseinandersetzung mit neuen Geschmacksnoten anregt. Die Sprache der Kulinarik ist eine andere als die des Rechts. »Kulturdiebstahl« und »Machtmissbrauch« betreffen die rechtliche Normierung von Lebensbereichen. Kochen aber ist per se Zerlegen, Neukomposition und Formveränderung. Kochen ist grenzüberschreitend und kennt keine Eigentümer. Leon Joskowitz geht in seinem Buch *Vom Kochen und Töten* sogar noch über bürgerliche Rechtsverhältnisse hinaus. Er betrachtet Kulinarik als Gegengift zu Gier, Reizbarkeit, spirituellem und moralischem Nihilismus. So wie sich Kulturen immer wieder neu mit Austausch und Grenzziehung befassen, sei selbst die Linie zwischen menschlichem Lebensraum und Tierreich nicht klar fixiert: »Die Übergänge vom Fressen-und-gefressen-Werden der tierischen Natur ins kulturelle Feld der Hominiden sind nie angeschlossen, sondern müssen immer neu verhandelt werden. Wer dazugehört, wer Teil der Gruppe ist und wer ausgeschlossen bleibt, sind die grundlegenden moralischen Fragen. Sie stellen sich immer wieder neu, und der Ort, an dem sie zum ersten Mal virulent verhandelt wurden und bis heute verhandelt werden, ist das Feuer, die Küche, der Tisch.«[3]

Die Rückbesinnung auf die elementaren Dinge des Miteinanders und eine Rückkehr zur Basis der Gemeinschaftsbildung könnte gegenwärtige Debatten erden und mit Eifer ausgetragenen Diskussionen die ideologische Sprengkraft nehmen. Man kann auch im Kochen Brutalität finden, das Wildern und Schlachten verpönen, das Zerlegen und Zerkleinern, oder man entscheidet sich dafür, in der Nahrungszubereitung und im Leben am Feuer die Entstehung menschlicher Kultur zu erkennen.

800 000 Jahre alt sind die ältesten Spuren kochender Menschen, 800 000 Jahre, in denen Menschen experimentiert und probiert haben, gekostet und verworfen, 800 000 Jahre, in denen sie die versöhnliche Kraft eines Mahls schätzen lernten, 800 000 Jahre, in denen sie nicht nur ums Überleben kämpften, sondern auch Zukunftspläne schmiedeten:

> »Die Küche ist ein fantastischer Ort. Ein Ort der Träumerei, der Musik und des Genusses. Eine Werkstatt, eine Bühne, Tribunal, Tempel und Parlament. Alles nimmt hier seinen Anfang.«[4]

Es ist höchste Zeit, sich nicht auf das Trennende zu kaprizieren, sondern Platz zu machen für Zukunftsvisionen. Die Kulinarik ist ein Hort utopischen Schmeckens und Denkens.

Im postrevolutionären Frankreich setzte der Gesellschaftstheoretiker Charles Fourier[5] mit seinen frühsozialistischen Ideen beim Genuss an. Karl Marx und Friedrich Engels malten sich später den Tag so aus, dass man morgens jagen, nachmittags fischen, abends Viehzucht treiben und nach dem Essen kritische Gespräche führen könne. Fourier dagegen schwebte mit seiner sozialistischen Wirtschafts- und Lebensgemeinschaft »Harmonie« ein Gesellschaftsmodell vor, in dem der Mensch seine Leidenschaften zum Wohle der Allgemeinheit auslebe. Die Leidenschaften sind für ihn Triebfeder und gestaltende soziale Kraft. Sie ermöglichen und beschleunigen den Wandel. Utopisches Denken auf Sinnlichkeit zu gründen war ein wahrhaft revolutionärer Gedanke. Liebe und Arbeit versuchte er in Einklang zu bringen durch ein mathematisches Verständnis und eine klare Aufgliederung der Leidenschaften in zwölf primäre, darunter Riechen und Schmecken, und sage und schreibe 810 sekundäre. Fouriers fanatische Präzision bildet einen seltsamen Kontrast zu der von ihm angenommenen anarchischen Urgewalt der Triebe. Geschmeidig soll der Wandel der Gesellschaft dennoch vonstattengehen: Fourier glaubte an die Anziehungskraft der Leidenschaften, die eine Art Selbstorganisation ermöglichen würde. Ökonomie beispielsweise ist für Fourier ohne die sexuelle Energie nicht denkbar. Darin unterscheidet er sich radikal von den Verfechtern des verschmähten Kapitalismus, aber auch anderen mehrheitlich antihedonistisch, wenn nicht gar puritanisch gesinnten Frühsozialisten. Das Ziel Fouriers ist die Überwindung der Zivilisation, die er als perfide und zwanghaft betrachtet, von Chaos und körperlicher Schwäche geprägt. Den Sprung zu einem harmonischen Zeitalter versucht Fourier zu schaffen, indem er sich zum Weltgestalter aufschwingt, der sich mit einem göttlichen Prinzip und den Leidenschaften im Einklang befindet. Als Lebensraum der von Zwang befreiten Menschen entwarf er die Phalanx. Eine *phalange*, in ländlicher Umgebung gelegen, sollte eine autarke Gemeinschaft sein, die idealerweise 1620 Personen umfassen sollte.

Eine zentrale gemeinschaftsstiftende Begierde des Menschen sieht Fourier in der Essenslust. Über diese Passion versuchte er die einzelnen Persönlichkeiten zu in Harmonie befindlichen Gruppenwesen zu entwickeln. Fouriers Gastrosophie ist dabei alles andere als puritanisch. Fourier, der ein Faible für Orgien und Lustbarkeiten hatte, stellte sich die Tafelfreuden der künftigen Gesellschaft strukturiert, lustvoll und ökologisch vor. Die Tafeln im harmonistischen Zeitalter sollten für alle Einwohner einer Phalanx zugänglich sein, nicht essbare Schaustücke sollten vom Tisch verbannt werden und ein Teil der Speisen naturbelassen sein. Bis zu neun Mahlzeiten dürften dabei pro Tag eingenommen werden.

Die Gemeinschaft, organisiert in Gruppen und Serien, funktioniert nach dem Prinzip der Anziehung und Abstoßung: Alle

Gruppen sollten aus unterschiedlichen Individuen bestehen, deren Widersprüche sich in der Summe ausbalancierten. Den Widerstreit der Leidenschaften betrachtete Fourier im Endergebnis als befreiend. In seiner Begeisterung ging er sogar so weit, der Kulinarik ein friedensstiftendes Potential zuzusprechen. Seine »gastrosophischen Weltkriege« gleichen leidenschaftlich, aber friedlich ausgetragenen Concours zwischen Hunderttausenden Teilnehmern. Salut geschossen wird den Gewinnern im Wettbewerb der Pastetenherstellung nicht mit Kanonenkugeln, sondern mit 300 000 Champagnerflaschen. Ein luxuriöses Spektakel, das nicht minder spinnert anmutet als Fouriers Liebesgetändel zwischen sterbenden Sternen am Himmelszelt.

Die Exzentrik aber ermöglicht ein freiheitliches Delirieren, das bodenständigere Gesellschaftskritiker zu ›machbaren‹ Entwürfen anregen kann. Den puritanischen Geist zu erschüttern, richtet ebenso wenig Schaden an wie einen Gott des Genusses ins Spiel zu bringen, der sich nichtsdestotrotz naturwissenschaftlich gebärdet. In diesem Sinne fand August Bebel, der »Vater der deutschen Sozialdemokratie«, zahlreiche erhellende Gedanken in Fouriers Werk, vor allem die Kindererziehung und Gleichberechtigung der Geschlechter betreffend. Dass Fourier zum Außenseitertum verurteilt sein würde, stand für Bebel jedoch fest. Naiv sei es zu glauben, dass Kritik nur als sachlich empfunden werde. Es liege im Wesen der Klassenverhältnisse, dass ein Träumer von den Pfründen fernzuhalten sei. Die herrschenden Klassen »behandelten ihn, und von ihrem Standpunkt aus mit Recht, als ›Narren‹. Wie kann man auch dem Wolf zumuthen, ein Lamm zu werden? Oder verlangen, von den Disteln Trauben zu lesen?«[6]

Bebels zärtliche Solidarität mit der Narretei war ein pragmatischer Umgang mit Hirngespinsten, der sich realpolitisch und parteiprogrammatisch niederschlagen sollte. Fouriers frühe Parteinahme für Feminismus und sexuelle Befreiung befruchtete auch die Feminismusdebatten der Sozialdemokratie.

Mit Paukenschlag und Donnerhall dagegen durchbrachen die italienischen Futuristen Anfang des 20. Jahrhunderts die paradiesischen Harmonien der Frühsozialisten und ihrer Nachfolger. In seinem *Manifest des Futurismus*[7] sang der Italiener Filippo Tommaso Marinetti im hohen Ton einer poetischen Technosprache ein Loblied auf das Heldentum und stählerne Männlichkeit, dagegen forderte er zur Geringschätzung des Weiblichen auf. Geblendet von Stahlrossen und Propellern im gleißenden Licht rief er die »lustigen Brandstifter mit ihren verkohlten Fingern« dazu auf, Bibliotheken niederzubrennen, Museen zu überschwemmen und Städte niederzureißen. Er zündelte nicht nur an der italienischen Vergangenheit, sondern entfachte ein kaltes Feuer im Herzen der italienischen Kultur: der Kulinarik. Am 28. Dezember 1930 veröffentlichte die Turiner Zeitung *Gazzetta del Popolo* Marinettis *Manifest der futuristischen Küche*. Elf Regeln definierten das perfekte futuristische Mittagessen. Zahlreiche Neuerungen sollten zu einem ungekannten Geschmackserlebnis führen.[8] Die Allianz aus Rauschhaftem und Artifiziellem war Programm: Alle Sinne sollten gereizt werden. Der kunstvolle Einsatz von Parfums, die gezielte musikalische Untermalung und spezielle Esswerkzeuge aus Kunststoff versprachen ein synästhetisches kulinarisches Abenteuer. Zwar waren politische Gespräche bei Tisch nach klassischen Gepflogenheiten untersagt, doch bedeutete das Essen selbst bereits einen revolutionären Akt. Durch die Chemie des Magens und die Künstlichkeit der neuen Nahrung würde sich der Mensch von selbst verwandeln. Zum Einsatz gelangen sollte dabei die Technik der neuen Zeit: »Ozonisatoren« sollten Gerichten den Geruch von Ozon verleihen, UV-Licht sollte Nahrungsmittelsubstanzen aktivieren und Chemie zur Prüfung von

Saucen eingesetzt werden. Vor allem aber sollte der traditionellen italienischen Kost und Lebensweise der Garaus gemacht werden, um im Gleichschritt mit Benito Mussolini einer kriegerischen Zukunft entgegenzugehen.

Der neue Mensch bedurfte einer Nahrung, die seine Virilität fördern sollte. *Basta con la pasta*! Schluss mit den Nudeln und ihren schwächlichen, schlappen, untätigen Adepten! Pastaverfechtern sagte Marinetti den Kampf an. Die Gegenbewegung ließ nicht lange auf sich warten: Italienische Hausfrauen schrieben pastaentflammte Bittbriefe, in Neapel kam es zu Demonstrationen für das italienische Leibgericht. Der Pastaprotest verbreitete sich bis nach Little Italy. Die *New York Times* schrieb am 4. Januar 1931: »Marinetti attackiert Makkaroni als Fluch Italiens«[9].

Marinetti aber nutzte den Aufruhr, um die italienischen Gaumen, mit dem Segen des *Duce* höchstpersönlich, mit seiner neuen futuristischen Kost zu erregen. Am 8. März 1931 eröffnete er in Turin die Taverna del Santopalato (›Taverne des Hl. Gaumens‹), das weltweit erste futuristische Restaurant. Der Speisesaal, ausgekleidet mit Aluminium, symbolisierte die Sprengkraft der neuen Küche. Bombastisch hörten sich auch die Ankündigungen der Eröffnung an: Die Taverna sei von so außergewöhnlicher Bedeutung für die Kochkunst wie die Entdeckung Amerikas, der Sturm auf die Bastille oder der Vertrag von Versailles.

Eine grundlegende Umwälzung der Essgewohnheiten stand also bevor. Exzentrische, für einen Aufruhr der Papillen sorgende Gerichte standen auf dem Speiseplan: Das *Porcoeccitato* (›erregtes Schwein‹) bestand aus gehäuteter roher Salami serviert in einer Schale Espresso vermischt mit einem kräftigen Schuss Kölnisch Wasser. Das *Svegliastomaco* (›Magenaufwecker‹) stellte eine Kombination aus Sardinen, Ananas, Thunfisch und Walnüssen dar. *Trote immortali* (›Unsterbliche Forellen‹) waren in dünne Scheiben Kalbsleber gewickelte Forellen. Das *Gelato simultaneo* (›Simultanes Eis‹) verwirrte die italienischen Eishersteller mit einer Mélange aus Sahne und rohen Zwiebelstückchen. Das *Pollofiat* (›Fiat-Huhn‹) war ein mit Stahlkugeln gefülltes Huhn, eine mit Schlagsahne servierte Hommage an das Fiat-Werk. *Signature Dish* der Futuristen aber war das *Aerovivanda*, eine Luftspeise, bestehend aus vier Elementen. Mit der rechten Hand nimmt der Speisende Oliven, Fenchelherzen und kandierte Früchte zu sich, mit der linken streicht er gleichzeitig über ein taktiles Element aus rotem Damast, schwarzem Samt und Schmirgelpapier. Wagner-Klänge stimulieren das Gehör, Nelkenduft erfüllt die Nasenhöhlen. Sowohl taktil als auch mit Geräuschen und Gerüchen prägt sich dieses Esserlebnis ein, das sich Marinettis Futuristen-Kollege Fillia ausgedacht hat.

Die Futuristen, begeisterte Fans der italienischen Luftfahrtpioniere Italo Balbo und Francesco de Pinedo, beabsichtigten, der Küche eine Leichtigkeit zu verleihen, ihr Gewicht und Volumen zu nehmen, sie fit zu machen für einen kulinarischen Höhenflug und den Senkrechtstart in die Zukunft. Die Rezepte aus dem Kochbuch *La Cucina Futurista*[10] schlugen zwar so manchem auf den Magen, ihr revolutionäres, die Sinne verwirrendes, gelegentlich auch betörendes Potential findet sich aber in abgewandelter Form auch heute wieder: Das Aroma der sinnlich-technischen Küche ist hinübergeweht nach Spanien, wo es Ferran Adrià in Gels und Sphären eingefangen hat.

Es liegt allerdings ein schmaler Grat zwischen beflügelndem utopischem Denken und der Dystopie, zwischen Freiheitsstreben und politischen Irrungen. Wie Mäuse, Ameisen und Katzen hätten sich die Menschen bisher ernährt, erst die Futuristen erschüfen eine menschliche Küche, behaupteten Marinetti und seine Kompagnons – und doch beinhaltete die Zerlegung der Nahrung in Elementarteilchen bereits die Dystopie. »Elektrolyseure« sollten Säfte und Extrakte zersetzen, »Kolloidmühlen« Mehle, Trockenfrüchte und Gewürze pulverisieren.

Die Zerstörung der Materie betrachteten die Futuristen noch als nützlichen Prozess für den Aufbau eines neuen Kosmos. Der von Marinetti propagierte faschistische Mensch aber machte vor der Nahrung nicht Halt. Er stürzte die Welt in einen Abgrund, der als Dystopie in der Nachkriegszeit auch auf der Leinwand thematisiert wurde. *Soylent Green*, ein Kultfilm Richard Fleischers aus dem Jahre 1973, spielt hingegen in einer beklemmenden Zukunft, in der die Klimakatastrophe mit voller Wucht eingetreten ist. Die Meere sind leergefischt, Tiere ausgerottet, Überbevölkerung und Hungersnöte versucht man in einem totalitären Gesellschaftssystem mit künstlicher Nahrung in den Griff zu bekommen. Dass die pulverisierte Substanz nicht wie bei Marinetti aus italienischen Regionalprodukten hergestellt wird, wird dem Zuschauer schnell bewusst. *Soylent Green* basiert auf dem Prinzip menschlicher Auslese: Unbrauchbare Mitglieder der Gesellschaft, Alte und Kranke werden in Euthanasiezentren zu Lebensmittelsurrogaten aus Menschenfleisch verwertet. Zwar haben wir das Jahr 2022, in dem sich die ökodystopischen Ereignisse des Films zutragen, bereits hinter uns, ohne dass sich das grausame Szenario bewahrheitet hätte. Vor Nahrungsmittelknappheit, totalitären Herrschaftsformen und menschenverachtenden Selektionsmechanismen sind wir aber noch längst nicht gefeit.

Die Frage nach Maß und Exzess nahm Bazon Brock bereits 1977 ins Visier. Mit »höchster Verwunderung und gemischten Gefühlen« nähmen wir die Gestaltlosigkeit moderner Experimentalnahrung wie Astronautenkost oder Filet Bourguignon und Pekinger Mastente in Pillenform wahr. Als Folge der Gier und Sinnentleerung der Gesellschaft sieht er »Placebo-Speisen« voraus, »Nahrungsmittel, die keine mehr sind, sondern nur noch die Gestaltqualität und Genußsubstantialität von Nahrungsmitteln haben«.[11] Permanentes Essen, Handlungsunfähigkeit und Auflösung des Sozialverbandes seien die Folge, da die natürliche und soziale Bedürfnissteuerung ausgeschaltet sei.

Gegenwärtige Tendenzen scheinen Bazon Brock Lügen zu strafen. Die Überflussgesellschaft scheint sich aufzusplitten in eine Gesellschaft des Mangels und eine der normbewussten Konformität. Eine Vielzahl von Menschen hat mit Hunger zu kämpfen. Privilegiertere Bevölkerungsschichten versuchen sich an einer maßvollen Ernährung, die dem eigenen körperlichen Wohl dient, aber auch eine gerechtere Verteilung der Güter anstrebt. Zahlreiche Apps und Gadgets bestimmen die optimale Ernährungsphysiologie, die von Bazon Brock bereits inkriminierten Placebo-Speisen ohne Nährwert geraten mehr und mehr in Verruf. Nur eine geringe Zahl an Konsumenten erlaubt sich den Luxus beziehungsweise vermag sich den Luxus zu erlauben, ausschweifend und verschwenderisch mit Essen umzugehen. Zur Schau getragene Dekadenz ist verpönt in einer bürgerlichen Gesellschaft, die sich mehr einem Verzichtsethos zuneigt als kulinarischer Exzentrik. Die Nachfolger des befreiten Sklaven Trimalchios und royalistischen Prassens ziehen sich darum in Zelebrationsséparées des orgiastischen Genusses zurück.

Man trifft sich in Burgrestaurants im Allgäu oder Privatgemächern in der Hauptstadt und »gönnt sich« ungeniert am »Abend des weißen Trüffels«. Serviert werden – ich weiß es aus sicherer Quelle – vierzehn Gänge mit üppigen Portionen Trüffeln, die sich der Gast mit der eigenen Trüffelreibe nach Belieben über die Gerichte rieseln lässt. Gänsestopfleber mit gebratenen Hefeknöpfle und Gänsekonfit mit Quitten oder Jakobsmuschel auf Sellerieespuma mit Ossietrakaviar vom deutschen Stör und knusprigem Schmalzchip zählen zu den Entrées, Kräuter-Chlorophyllnudeln mit Steinpilzduxelles und ein Polentacube mit gebackenem Eigelb und Fondutasauce zu den Folgespeisen. Kernig geht es weiter mit Kalbshaxe, bei 65°C 72 Stunden im Beutel sous-vide gegart, mit Wurzelgemüse und schwarzem Salz und Taube auf der Karkasse gebraten mit Taubendreck, gefülltem Spitzkohl und Apfelzylinder. Unverzichtbar scheinen die Dessertkreationen des Maître Pâtissier, wenngleich die Gäste nach dreizehn trüffelüberhäuften Gängen kaum mehr aufnahmefähig sind für üppige Süßspeisen. Einige der Herrschaften gehen nach dem siebten Gang bereits zu schlichten Bratkartoffeln mit ein paar Trüffelspänen über oder genehmigen sich gar ein Verdauungsnickerchen bei Tisch. Die Weinbegleitung trägt ein Übriges zur Sättigung der Sinne bei: Die Damen und Herren der erwähnten Gesellschaft sind allesamt stolze Besitzer von Weinkellern, die so edle Tropfen wie einen Margaux aus dem Jahre 1970, einen Château Latour aus dem Jahre 1964 oder einen Château Haut-Brion aus dem Jahre 1959 ihr Eigen nennen. Die von ihnen mitgebrachten Weine werden kredenzt, verkostet und in Spucknäpfen auf der Mitte der Tafel entsorgt, falls sie nicht munden. Die großzügigen Gaben der Gäste werden von einem Liebhaber des Protokollarischen mitsamt Geschmacksnoten (»ein Hauch Tomate«, »eine Hibiskusnote«) in ein liniertes Heft notiert.

Diese verschämte, fast preußisch anmutende Décadence wird konterkariert von einer antibürgerlichen Geldelite, die mit Prunk keine Probleme und den Beat des Big Money zu ihrem Markenzeichen gemacht hat. Anstatt das System stürzen zu wollen, kapern sie den Kapitalismus und überspannen ihn in einem schwindelerregenden Maße. Der amerikanische Rapper Jay-Z steht unverhohlen zur hyperkapitalistischen Selbstvermarktung: »I'm not a business man. I'm a business, man!«[12] Hip-Hop wird zur Cash Cow von sozialen Aufsteigern, die Champagner- und Cognacmarken in ihren Texten hypen und im Real Life in Strömen fließen lassen.

Parallel dazu boomen Kochbücher für die Hartz-IV-Küche und Websites, die schmackhafte Ein-Euro-Essen empfehlen. Geldknappheit führt nicht zwangsläufig zu kulinarischer Beschränkung, so das Credo. Kohldampf sollen diese Rezepte zum Sparen machen mit einem Retroflair, das direkt aus Omas Küche hereinzuwehen scheint. Eintopf aus gelben Rüben mit Würstchen oder Hering mit Bratkartoffeln stehen auf dem Sparspeiseplan. Das mag appetitlich und sogar gesund sein, ein bitterer Nachgeschmack bleibt dennoch bei der Lektüre der Rezeptideen für die bescheidene Küche. Die Diskrepanzen zwischen Arm und Reich treten schmerzhaft auch bei Tisch zu Tage.

In *Eat the Rich*, einem Kultfilm aus dem Jahre 1988, schart ein entlassener Kellner ein paar Underdogs um sich und reißt die Macht im Nobelrestaurant Bastards an sich. Er tauft den Gourmettempel in »Eat the Rich« um und macht den Namen zum Programm. Die reichen Gäste haut er in die Pfanne und serviert sie eiskalt ihresgleichen. Der Film zeugt von frühem künstlerischem Gespür für eine gesellschaftliche Selektion, die sich auf den Tafeln der Nation zuträgt.

Dieser Sozialkannibalismus ruft das Bedürfnis nach Veränderung hervor, weckt die Sehnsucht nach einer gerechteren Gesellschaft. Eine Verzichtsethik gewinnt an Zuspruch, die eine Befreiung von Gier und Unersättlichkeit verspricht. Diese Form der freiwilligen Beschränkung vermag sich in einer Gesellschaft herauszubilden, die ein gewisses Maß an Wohlstand bereits erreicht hat, in der der Kampf um Nahrung gewonnen ist. Der Verzicht auf bestimmte Nahrungs- oder Genussmittel wie Fleisch oder Kaffee ist Ausdruck einer Askese, eine Einübung in eine Lebensweise, die einem höheren Zweck dient. Eine Motivation für ihre Selbstbeschränkung finden die Anhänger einer Ernährungsaskese im Klima- oder Tierschutz oder dem Wunsch nach Gesundheit und Schlankheit. Religiöse Gründe werden seltener ins Feld geführt, obschon die Idee des freiwilligen Verzichts auch eine biblische Grundierung hat. Einer streng gesetzmäßigen, moralisch rigorosen Verzichtsethik stellt der Apostel Paulus eine pragmatische Handlungsweise entgegen. Über die heidnische Praxis des Verzehrs von Götzenopferfleisch schreibt er: »Aber Speise wird uns nicht vor Gott stellen. Weder haben wir, wenn wir nicht essen, einen Nachteil, noch haben wir, wenn wir essen, einen Vorteil.« Und doch fügt er hinzu: »Wenn Speise meinem Bruder und meiner Schwester zum Anstoß wird, will ich nicht mehr Fleisch essen bis in Ewigkeit, damit ich meinem Bruder und meiner Schwester keinen Anstoß gebe.« Paulus wirbt bei den Korinthern also für eine sich selbst regulierende Gesellschaft, die Verzicht nicht aus Pflicht, sondern aus Respekt vor der Gemeinschaft praktiziert.

Dass in der freiwilligen Selbstbescheidung um der anderen willen auch der Kern des Gruppenzwangs angelegt ist, macht die paulinische Ernährungsempfehlung zu einer gesellschaftlichen Herausforderung. Die Frage des Maßes stellt sich nicht nur in Bezug auf die Kalorienanzahl, einen Überschuss an Kohlenhydraten, Proteinreichtum und den Zellstoffwechsel fördernde Wildkräuter, sondern auch im Hinblick auf eine Balance aus Gesundheit, Verantwortlichkeit für Fauna und Flora sowie Genuss. Der mit einem Michelin-Stern gekrönte Berliner Koch Stephan Hentschel, erster vegetarischer Sternekoch Deutschlands im Berliner Restaurant Cookies Cream, nähert sich dieser Trias ganz unideologisch. Der aus dem Erzgebirge stammende Koch erkennt in allem eine sinnliche Dimension, in der schimmernden Scheibe Kohlrabi ebenso wie im erdigen Schmelz eines Stücks Roquefort. In seinem mit der Journalistin Nina Ruge verfassten *Verjüngungs-Plan* greift er das aktuelle Begehren nach ewiger Jugend auf, verwandelt das spröde Unterfangen aber in ein genießerisches Spiel. Spitzenreiter der Verjüngungsingredienzen wie

Mangold oder Holunderbeeren flicht er ganz nonchalant in so raffinierte wie natürliche Gerichte ein. Dem Schlichten und der Schönheit des Unscheinbaren erweist er ebenso die Ehre wie dem exzentrischen Igelstachelbart oder einem nahrhaften Bohneneintopf mit Birne. Regionalexotisch wird es bei dem Gericht Schwarzwurzel mit Topinambur in Ceylon Assam[13]:

200 g Schwarzwurzel
100 g Topinambur
1 kleine Zwiebel
1 Artischockenherz
50 g Maronen
2 EL Ceylon-Assam-Tee
2 EL Olivenöl
Salz
1 Lorbeerblatt
100 ml Sojasahne
Pfeffer, geriebene Muskatnuss und 1/4 Bio-Zitrone

1. Die Schwarzwurzel schälen, in 2–3 cm große Stücke schneiden und in Zitronenwasser einlegen.
2. Topinambur abschrubben und in Würfel schneiden. Die Zwiebel schälen und ebenso wie das Artischockenherz würfeln.
3. Den Schwarztee kochen, ziehen lassen und abgießen.
4. Schwarzwurzel, Topinambur und Zwiebel in erhitztem Olivenöl anbraten. Das Lorbeerblatt hinzufügen, mit Schwarztee übergießen und 10 Min. köcheln lassen.
5. Maronen, Sojasahne und Artischockenwürfel hinzufügen. Den Topf vom Herd nehmen und ziehen lassen. Mit Salz, Pfeffer und Zitronensaft abschmecken.

Es ist eine praktikable und nichtsdestotrotz lustvolle Kost, die Hentschel serviert. In Etappen führt er die Leser an eine vegetarische Küche heran, die Muscovado-Eiscreme mit Mandarine, Pilz, Kardamom, Verjus ebenso umfasst wie selbstgemachte Brühwürfel aus Pastinaken, Möhren, Sellerie und Liebstöckel.

Eine dem Hedonismus nicht abgeneigte Naturküche scheint auch auf das Wohlgefallen des *Guide Michelin* zu stoßen. Im Rutz, dem einzigen Berliner Restaurant, das mit drei Macarons und zusätzlich einem grünen Stern für nachhaltiges Arbeiten ausgezeichnet worden ist, verdichten sich Natur und Geschmack in einem vielschichtigen ästhetischen Gebilde. Der Chef de Cuisine Marco Müller begnügt sich nicht mit dem Oberirdischen, sondern spürt den Wurzeln und den Sporen nach, der Sonnenblumenwurzel und den Morcheln. So entstehen Geschmackslandschaften, deren Schöpfer auch nach einer neuen Sprache suchen. »An der Lichtung« nennt sich ein Gericht aus Laubporling und Heu. Experimentiert wird mit Synästhesien, die über die simple Aneinanderreihung von Substantiven wie Steinpilz, Thymian, Ei hinausreichen. Camille Corots Gemälde der »Sitzenden Ziege beim Flötenspiel auf einer Lichtung« taucht beim Verkosten vor dem inneren Auge auf oder auch Van Goghs »Lichtung in einem Park«.

Die Kulinarik weist einen friedvollen Weg in die Zukunft, so scheint es. Dass dabei auch Laborfleisch aus Stammzellen, Insektenmehl für die Proteinzufuhr, Algen und von ihren Giften befreite Quallen zum Einsatz kommen werden, mag für unsere Papillen noch gewöhnungsbedürftig sein. Die Lust am kulinarischen Experiment aber ist dem Menschen eigen. Der Philosoph Peter Sloterdijk sieht gar einen »energetischen Pazifismus« nahen, der große mikrobiotische Farmbetriebe einschließe. Der »Stoffwechsel mit der Natur« werde durch pilzartige biomechanische Organismen »im Modus einer Super-Joghurtkultur« geleistet. Es ist eine nahe Zukunft, eine nicht allzu ferne Gegenwart, die sich auf feinstem Porzellan ebenso abzeichnet wie auf Palmblattschalen und Weizenstrohtellern.

Dass es dabei auch zu Verirrungen kommen kann, ist menschlich. Ein veganer Burger der schwedischen Marke Oumph! wurde mit Kreativitätspreisen ausgezeichnet, weil er nach Menschenfleisch schmecken soll. Ein Veggieburger aus Soja, Pilzen, Weizenprotein und pflanzlichen Fetten mit kannibalistischer Aura, dem Ruch des Verbotenen im ökologisch Erwünschten? Was heute als Scherz daherkommen mag oder als infantile Verführung zum Veganen, erinnert auch an prekäre Zeiten, in denen Nahrungsmittelknappheit bitterer Ernst war. Die russische Künstlerin Elena Luksch-Makowsky malte im Jahre 1900 einen glasig in die Ferne blickenden Kuttenträger, der eine Katze als Beute mit sich trägt. »Der Katzenfresser« nannte sie das Mahnbild für menschliche Not.

Umbruchssituationen und Paradigmenwechsel bergen immer Gefahren für die Freiheit, aber auch Chancen. Die Geschichte der Freiheit kommt nicht ohne Geschmacklosigkeit aus, ist aber durch und durch menschlich, ob roh, gegart oder hartgesotten. Kulinarische Revolutionen setzen Wagnisse und Irrtümer voraus. Der amerikanische Science-Fiction-Autor Norman Spinrad schreibt in seinem Buch *La Cuisine Humaine: How to Cook Like a Human Being*[14]:

> »Wenn es um Politik, Wissenschaft, Philosophie oder den Umgang mit einem planetarischen Ökosystem geht, hat uns diese unreife Zivilisation vielleicht tatsächlich nichts zu lehren, aber wenn es um die kulinarischen Künste geht, könnten wir alle unsere galaktische Küchenkultur und interstellare Esszimmerzivilisation sicherlich verbessern, indem wir lernen, wie ein Mensch zu kochen.«

Schlusswort

Nur ein Tropfen genügt, um den Geschmack der Freiheit auf der Zunge zu verspüren. Ein Satz, der für unsere auf Vernunft, Konzepte und Diskurse geeichten Köpfe unverständlich, wenn nicht gar pathetisch wirken mag. Verstörend empfinden wir den Gedanken, dass Freiheit verkostet werden könne, kleinlich die Idee, sich mit dem Geringen bescheiden zu müssen. Denken wir an Freiheit, verbinden wir mit ihr philosophische Überlegungen und Definitionen, die über Jahrzehnte, Jahrhunderte im Laufe der Menschheitsgeschichte immer wieder in Frage gestellt wurden. Freiheit assoziieren wir mit politischen und bürgerlichen Rechten, einem gesetzten Rahmen, innerhalb dessen wir unsere Freiheit genießen können. Versuchen wir diesen Rahmen zu sprengen, begeben wir uns in das Reich der Literatur, in dem wir unsere Fesseln abstreifen und mit Verve weite, unbegrenzte Welten entwerfen. Wir stürzen uns in gedankliche Abenteuer, immer aber bleiben wir dem Wort verhaftet.

Befremdlich finden wir die Idee, den Schutzraum unserer Konstrukte zu verlassen, den Raum zu öffnen für unsere sieben Sinne. Erschreckend ist manchen die Vorstellung, die Welt mit Händen zu erkunden, nicht nur Auge oder Ohr zu vertrauen, sondern auch der Nase und dem Mund. Fern scheinen die Zeiten, als die Sonne unsere Haut kitzelte, eine Handvoll Schnee in der Mundhöhle schmolz und die erste Auster die Kehle hinunterglitt. Die aufregenden ersten Male, das Verbotene und das unerwartet Vergnügliche bedeuten ein unbändiges Gefühl von Freiheit, ohne dass wir es mit Punkt und Komma fixieren müssten. Wir erleben eine Loslösung, die uns glauben lässt, dass wir doch nicht nur durch Libido, Macht und Selbsterhaltungstrieb bestimmt sind. Dem Drang nach Sinnlichkeit wissen wir Lebensfreude abzugewinnen, dem Machtstreben die maßvolle Beherrschung unserer Gelüste.

Das Maßhalten aber ist immer auch eine Frage des Wissens. In diesem Buch habe ich mich nicht nur von meiner Begierde nach Düften, Aromen, Geschmacksexplosionen leiten lassen, sondern bin auch durch die Historie flaniert. Mit Marie-Antoinette habe ich Erdbeeren aus Versailles genossen, mit französischen Revolutionären bei Tisch gesessen, flüchtigen Adligen bin ich nach Hamburg gefolgt, am Tischgedeck habe ich den russischen und italienischen Touch entdeckt. Während ich die Schonkost der Literaten des 19. Jahrhunderts kritisch beäugte, haben mir mein »Leibkoch« und meine »Hauspâtissière« gefüllte Tintenfischchen und hausgemachte Macarons mit Himbeeren und Rosenwasser serviert. Dass ich ein Faible für die Kochkunst habe und mich gelegentlich auch hinreißen lasse zu Exzess und Traum, ist Ihnen bestimmt nicht gegangen.

Mein Buch, den Geschmack der Freiheit, verstehe ich deshalb als ein köstliches Buffet, von dem Sie naschen ganz nach Gusto. Vielleicht haben Sie mit den märchenhaften Süßigkeiten der Kindheit begonnen oder sind klassisch einem Gang, pardon, Kapitel nach dem anderen gefolgt. Am Herzen liegt mir, dass Sie sich vergnügen und auch an Unbekanntem, Fremdem delektieren. Die Kenntnis der Geschichte der Kulinarik ist für mich unabdingbar dafür, die eigene Genussfähigkeit zu entdecken und zu erweitern. Das Abstoßende, Ekelerregende, vor dem ich mich weder im Buch noch im Leben hüte, helfen uns, die eigenen Grenzen auszuloten und gegebenenfalls zu durchbrechen. Hemmungen abzuwerfen und sich offenen Geistes der Welt zuzuwenden, ist ein einfacheres Unterfangen, wenn man den Genuss als Mittler erkennt. Bei Tisch lässt sich vortrefflich streiten, aber auch versöhnlich speisen.

Freiheit, diese universelle Sehnsucht, hat einen verführerischen Geschmack. Ich leugne es nicht, ein träumerisches, auch synästhetisches Moment ist in diesem Satz enthalten. Kürzlich ist mir ein französisches Kinderbuch in die Hände gefallen. Entzückende Strichmännchen tragen Blaubeeren, Schnittlauch, Tomaten als Frisuren auf dem Kopf. Die Freiheit schmecke süß wie eine Blaubeere, wenn man sie genießt, bitter wie Kaffee, wenn man sie erdulde, aber hocharomatisch, wenn man sie gemeinsam genieße, heißt es da. Meinem eigenen kindlichen Empfinden und meiner frühen literarischen Lust schon an synästhetischen Gedichten kommt dieser Gedanke sehr entgegen. Bei Georg Trakl ist die Stille blau und golden, Kristalle singen im Weiher. Die sinnliche Welt in ihrer verwirrenden Vielfalt zu schätzen, ist ein guter Ausgangspunkt für Erkundungsreisen in die Welt des Geschmacks. Dass dabei auch ein Funke Geheimnis bleibt, ist schön, denn die transformative Kraft der Sprache ist menschlich.

Dass diesem Geheimnis Spiritualität innewohnt, ist nicht abwegig zu vermuten. So sprach schon der Buddha nicht von der Idee oder dem Konzept der Freiheit, sondern von ihrem Geschmack. Freiheit müsse man schmecken. Unter Geschmack versteht man in seiner Sprache Pāli vor allem eine Flüssigkeit, die keine bestimmte Form hat. Geschmack und Freiheit sind fluide. Freiheit und Geschmack können sich äußern in philosophischen Lehren und Regeln, in Kochstilen und der Kunst des Genießens, niemals aber können sie ganz damit identifiziert werden. Im weiten Ozean von Geschmack und Freiheit kommen wir alle auf unsere Kosten. Ein Tropfen genügt.

Anmerkungen

Eine kulinarische Revolution. *Freiheit geht durch den Magen*

1 Marcel Proust, *Chardin et Rembrandt*, Gouville-sur-Mer 2009.
2 www.wienerzeitung.at/nachrichten/kultur/film/2132824-Es-ist-Zeit-fuer-mehr-Genuss.html.
3 Petron, *Satyricon*, 55,6, Stuttgart 1982, S. 64.
4 Ebd., 47,4, S. 56.
5 Dazu auch Friedrich Vittinghoff, »Soziale Struktur und politisches System der hohen römischen Kaiserzeit«, in: *Historische Zeitschrift* 1 (1980) H. 1.
6 Dazu Bettina Kaemena, *Studien zum Wirtshaus in der deutschen Literatur*, Frankfurt a. M. 1999.
7 Siehe Martin Scheutz / Wolfgang Schmale / Dana Štefanová, *Orte des Wissens*, Bochum 2004.
8 Ebd., S. 176.
9 Wolfgang Schivelbusch, *Das Paradies, der Geschmack und die Vernunft. Eine Geschichte der Genussmittel*, Wien 1986, S. 59 ff.
10 Birgit Schwaner, *Das Wiener Kaffeehaus. Legende. Kultur. Atmosphäre*, Wien 2007, S. 13 ff.
11 Norman Ohler, *Der totale Rausch. Drogen im Dritten Reich*, Köln 2017.
12 Adelheid Wölfl, »Der ›Türkentrank‹, der zur Rebellion anstiftete«, in: *Der Standard*, 24. 1. 2016.
13 »On apprête le café de telle manière qu'il donne de l'esprit à ceux qui en prennent.« Montesquieu, *Lettres persanes*, Lettre XXXVI, 1721. Dt. Ausgabe: Montesquieu, *Persische Briefe*, übers. und hrsg. von Peter Schunck, Stuttgart 1991, S. 71.
14 »Mais ce qui me choque de ces beaux esprits, c'est qu'ils ne se rendent pas utiles à leur patrie, et qu'ils amusent leurs talents à des choses puériles.«
15 Louis Vian, *Histoire de Montesquieu*, Paris 1879.
16 François Furet / Denis Richet, *La révolution française*, Paris 1973.
17 Alexis de Tocqueville, »Lettre à Francisque de Corcelle«, 17. 9. 1853, in: *Œuvres complètes*, Paris 1983, S. 81. Eigene Übersetzung. Original: »Je suis bien convaincu que les sociétés politiques sont, non ce que les font leurs loi mais ce que les préparent d'avance à être les sentiments, les croyances, les idées, les habitudes de cœur et d'esprit des hommes qui les composent, ce que le naturel et l'éducation ont fait de ceux-ci.«
18 Dazu www.br.de/radio/bayern2/sendungen/kalenderblatt/2403-friedrich-ii-empfiehlt-kartoffeln-100.html.
19 Anne Muratori-Philip, *Parmentier*, Paris 2006.
20 Michel de Montaigne, *Tagebuch der Reise nach Italien über die Schweiz und*

Deutschland von 1580 bis 1581, übers., hrsg. und mit einem Essay von Hans Stilett, Frankfurt a. M. 2002.

21 Es handelt sich um eine Verballhornung folgenden Bibelverses: »Venite ad me omnes, qui laboratis, et onerati estis, et ego vos restaurabo«. Von Martin Luther wie folgt übersetzt: »Kommt her zu mir, alle, die ihr mühselig und beladen seid; ich will euch erquicken.«

22 Zur Entstehungsgeschichte der ersten »Speisewirthschaften« auch Jean Anthelme Brillat-Savarin, *Physiologie des Geschmacks oder Physiologische Anleitung zum Studium der Tafelgenüsse*, übers. von Carl Vogt, Weimar 1984, S. 315 ff.

23 Eigene Übersetzung.

24 Christoph Ribbat, »Seien Sie unser Gast! Eine Sozialgeschichte des Restaurants«, in: *Neue Zürcher Zeitung*, 13. 12. 2018.

25 Rebecca Spang, *The Invention of the Restaurant. Paris and Modern Gastronomic Culture*, Cambridge/London 2000, S. 65.

26 Karl Heinz Burmeister, *Olympe de Gouges. Die Rechte der Frau 1791*, Göttingen 2003.

27 Brillat-Savarin, *Physiologie des Geschmacks.*

Pikante Allianzen. *Goldene Löffel auf Reisen, im Exil*

1 Torkild Hinrichsen, »Rainville, César Lubin Claude«, in: Franklin Kopitzsch / Dirk Brietzke (Hrsg.), *Hamburgische Biografie*, Bd. 2, Hamburg 2003, S. 333 f.

2 Friedemann Pestel, »›Das Exil hat, wie alle Lagen des menschlichen Lebens, sein Gutes‹. Französische Revolutionsemigranten in Hamburg und Altona«, in: Nele Maya Fahnenbruck / Johanna Meyer-Lenz (Hrsg.), *Fluchtpunkt Hamburg*, Bielefeld 2018, S. 173.

3 Pestel, »Französische Revolutionsemigranten«, S. 170.

4 Johann Heinrich Voß, »Der Abendschmaus«, in: J. H. V., *Idyllen*, Reutlingen 1802, S. 148 f.

5 Pestel, »Französische Revolutionsemigranten«, S. 166 ff.

6 Charles-François Dumouriez, »Ueber das Exil: Nebst Rathschlägen für die französischen Ausgewanderten von allen Classen«, in: *Beiträge zur Beruhigung und Aufklärung* 5 (1796) S. 246. Siehe auch Pestel, »Französische Revolutionsemigranten«, S. 157 ff.

7 François-René de Chateaubriand, *Courier de Londres* 47, Nr. 26, 1. 4. 1800, S. 208. Zitiert nach Friedemann Pestel »Französische Revolutionsmigration nach 1789«, in: *Europäische Geschichte online* (EGO), hrsg. vom Leibniz-Institut für Europäische Geschichte, Mainz 2017, S. 30.

8 Dazu Tilman Krause, »Dieser grandiose Dichter hat die Romantik erfunden«, in: *Welt*, 4. 9. 2018.

9 Jacques de Saint Victor, »Marie-Antoinette: révélation sur les liaisions dangereuses de la reine avec le comte de Fersen«, in: *Le Figaro*, 29. 9. 2020.

10 Hakan Baykal, »Die Macht der Verleumdung«, in: *Spektrum Geschichte* (2021) H. 2.

11 André Desfeuilles, *Félix Berger, cuisinier d'Axel de Fersen – d'après une correspondance inédite 1801–1807*, Avignon 1953.

12 Charlotte Bellamy, »French Cooks in Sweden (1740–1820)«, in: *Food & History* 15 (2017) H. 1–2, S. 219.

13 Samuel Auguste Tissot, *Von den Krankheiten vornehmer und reicher Personen an Höfen und in großen Städten*, übers. von Johann Lorenz Drechsler, Frankfurt a. M. / Leipzig 1771.

14 Michèle Villemur, *À la table de Marie-Antoinette*, Paris 2013.

15 Sean James Rose, »L'art à la bouche«, in: *Libération*, 13. 12. 2001.

À la carte! *Freiheit auf dem Silbertablett serviert*

1 Le Grand Véfour, 17, rue de Beaujolais, 75001 Paris. Ursprünglich hieß das Lokal Café de Chartres. Nach einer wechselvollen Geschichte verlor das Restaurant 2021 seine beiden Michelin-Sterne.

2 Dazu Bee Wilson, *Am Beispiel der Gabel. Eine Geschichte der Koch- und Esswerkzeuge*, übers. von Laura Su Bischoff, Berlin 2014.

3 Peter Peter, *Kulturgeschichte der italienischen Küche*, München 2007. Hannes Etzlstorfer (Hrsg.), *Küchenkunst und Tafelkultur*, Wien 2006.

4 Patrick Rambourg, »À table! Comment la France mitonne sa cuisine depuis les Gaulois«, in: *Historia, mensuel* 788, August 2012.

5 Jürgen Kocka / Ute Frevert (Hrsg.), *Bürgertum im 19. Jahrhundert. Deutschland im europäischen Vergleich*, München 1988.

6 Patrick Rambourg, *À table ... le menu!*, Paris 2013.

7 Hans-Werner Hahn / Dieter Hein (Hrsg.), *Bürgerliche Werte um 1800. Entwurf – Vermittlung – Rezeption*, Wien 2006.

8 Pierre Bourdieu, *Meditationen. Zur Kritik der scholastischen Vernunft*, übers. von Achim Russer, Frankfurt a. M. 2001, S. 178.

9 Andreas Reckwitz, *Die Gesellschaft der Singularitäten*, Berlin 2017.

Gens de lettres. *Schonkost für den empfindsamen Geist*

1 Victor Turner, »Das Liminale und das Liminoide in Spiel, ›Fluß‹ und Ritual. Ein Essay zur vergleichenden Symbologie«, in: V. T., *Vom Ritual zum Theater. Der Ernst des menschlichen Spiels*, übers. von Sylvia M. Schomburg-Scherff, Frankfurt a. M. 1989, S. 41.

2 Siehe auch Svenja Flaßpöhler, *Sensibel. Über moderne Empfindlichkeit und die Grenzen des Zumutbaren*, Stuttgart 2021, S. 78.

3 Norbert Elias, *Über den Prozeß der Zivilisation. Soziogenetische und psychogenetische Untersuchungen*, Frankfurt a. M. 1997.

4 Francois Rabelais, *Gargantua. Pantagruel*, übers. von Wolf Steinsieck, Stuttgart 2013.

5 Danny Kringiel, »Kunstpupser Joseph Pujol. Der Darmwindkünstler von Paris«, in: *Der Spiegel*, 22. 8. 2012.

6 Sigmund Freud, »Charakter und Analerotik«, in: S. F., *Gesammelte Werke*, Bd. 7: *Werke aus den Jahren 1906–1909*, Frankfurt a. M. 2010.

7 Flaßpöhler, *Sensibel*, S. 26 ff.

8 Dazu Kersten Knipp, *Die Erfindung der Eleganz. Europa im 17. Jahrhundert und die Kunst des geselligen Lebens*, Stuttgart 2022.

9 Dazu Yashar Mohagheghi, »Von der Zeitverschwendung zur Muße. Luxuskritik und Zeitdiätetik bei Rousseau«, in: Christine Weder / Ruth Signer / Peter Wittemann (Hrsg.), *Auszeiten. Temporale Ökonomien des Luxus in Literatur und Kultur der Moderne*, Berlin/Boston 2021, S. 91 ff.

10 Friedrich Nietzsche, *Halkyonia. Nachmittage eines Glücklichen*, NL 1887 10 (1) KSA 12 451; zit. bei Barbara Neymeyr, Kommentar zu Nietzsches *Unzeitgemäßen Betrachtungen*, Berlin/Boston 2020, S. 205.

11 Siehe Mohagheghi, »Von der Zeitverschwendung zur Muße«.

12 Honoré de Balzac, »Nouvelle théorie du déjeuner«, in: *La Mode*, 29. 5. 1830. www.bmlisieux.com/curiosa/balzac04.htm.

13 Balzac, »Nouvelle théorie« (eigene Übersetzung, wie auch die nachfolgenden Zitate).

14 Robert Pfaller, *Die Einbildungen. Das Zwiespältige. Die Geselligkeit*, Wien 2020, S. 67.

15 Ebd., S. 64.

Restaurants als Hotspots. *In aller Munde sein*

1 Louis-Antoine de Caraccioli, *Paris, le modèle des nations étrangères ou l'Europe françoise*, Paris 1777.

2 Ebd., Vorwort. https://gallica.bnf.fr/ark:/12148/bpt6k1156961/f7.item.

3 Dazu Gerhard Kurz, *Das Wahre, Schöne, Gute. Aufstieg, Fall und Fortbestehen einer Trias*, Paderborn 2015, S. 27 f.

4 Alexandra Schauer, *Mensch ohne Welt. Eine Soziologie spätmoderner Vergesellschaftung*, Berlin 2023.

5 Gustave Flaubert, *Madame Bovary. Sittenbild aus der Provinz*, übers. von Ilse Perker und Ernst Sander, Stuttgart 2021, S. 60.

6 Ebd., S. 63.

7 Brillat-Savarin, *Physiologie des Geschmacks*, S. 312.

8 Ebd., S. 310.

9 Joseph Berchoux, *La Gastronomie, ou l'Homme des champs à table. Poème didactique en IV chants*, Grenoble 1989.

10 Joseph Jurt, »Über das Essen schreiben. Die Ausbildung eines kulturellen gastronomischen Feldes in Frankreich«, in: Ottmar Ette (Hrsg.): *Lebens-*

mittel: essen und trinken in den Künsten und Kulturen, Zürich 2013, S. 47–60.

11 Ebd., S. 52.

12 Eigene Übersetzung. Jaucourt in: *L'Encyclopédie*, 1. Ausg., Bd. 7, Paris 1757, S. 754: »N'en soyons pas étonnés, la gourmandise est un mérite dans les pays de luxe & de vanité, où les vices sont érigés en vertus.«

13 Dazu Petra Missomelius, »Wandel der visuellen Wahrnehmung«, in: *Augen-Blick. Marburger Hefte zur Medienwissenschaft*, H. 39: *Technisierung des Blicks* (2007) S. 12.

14 Brillat-Savarin, *Physiologie des Geschmacks*, S. 319.

15 Dazu Karin Becker, *Der Gourmand, der Bourgeois und der Romancier. Die französische Eßkultur in Literatur und Gesellschaft des bürgerlichen Zeitalters*, Frankfurt a. M. 2000.

16 Balzac, »Nouvelle théorie«.

Restaurantkritik und kulinarische Gesprächskultur. *Die Worte auf der Zunge zergehen lassen*

1 Immanuel Kant, *Anthropologie*, Bd. 10, S. 619, zit. nach Markus Fauser, *Das Gespräch im 18. Jahrhundert. Rhetorik und Geselligkeit in Deutschland*, Stuttgart 1991, S. 297.

2 Herbert Jaumann, *Critica. Untersuchungen zur Geschichte der Literaturkritik zwischen Quintilian und Thomasius*, Leiden / New York / Köln 1995, S. 193.

3 Alain Drouard, *Le mythe gastronomique français*, Paris 2016.

4 Dazu Harald Lemke, *Ethik des Essens*, Bielefeld 2016.

5 Ludwig Feuerbach, »Zur Ethik: Der Eudämonismus«, in: L. F., *Ausgewählte Schriften II*, hrsg. und eingel. von Alfred Schmidt, Frankfurt a. M. 1985, S. 229.

6 Ludwig Feuerbach, *Sämmtliche Werke*, Bd. 9, Leipzig 1866, S. 196.

7 Eugen F. C. Baron von Vaerst, *Gastrosophie oder Lehre von den Freuden der Tafel*, München 1975.

8 Dazu auch Kurt Röttgers, *Kritik der kulinarischen Vernunft*, Bielefeld 2009.

9 Feuerbach, »Der Eudämonismus«, S. 257.

10 Ludwig Jäger [u. a.] (Hrsg.), *Sprache – Kultur – Kommunikation*, Berlin 2016.

11 Hartmut Böhme, *Natur und Subjekt*, Frankfurt a. M. 1988, und www.hartmutboehme.de/static/archiv/volltexte/texte/natsub/sade.html.

12 Nach Theodor Kissel, »Der Gourmet der ersten Stunde«, in: *Spektrum.de*, 22. 12. 2017.

13 Charles Monselet, *Poésies complètes*, Paris 1889, S. 92 (eigene Übersetzung):
»Mérites précieux et de tous reconnus!
Morceaux marqués d'avance, innombrables, charnus!
Philosophe indolent, qui mange et que l'on mange!
Comme dans notre orgueil nous sommes bien venus

A vouloir, n'est-ce pas, te reprocher ta fange?
Adorable cochon! animal roi! – cher ange!«

14 Carl Friedrich von Rumohr: *Der Geist der Kochkunst*, Berlin 1978. Nachfolgende Zitate stammen aus der Einleitung, S. 30 ff.
15 Ebd., S. 32.
16 Ebd.
17 Ebd., S. 36.
18 Ebd., S. 40.
19 Ebd.
20 Wolfgang Siebeck, »Ein Teller von Eckart Witzigmann«, Interview, in: *Effilee*, Januar/Februar 2011.

Der Boom der bürgerlichen Küche. *Varenne, Carême und Escoffier*

1 Brillat-Savarin, *Physiologie des Geschmacks*, S. 441.
2 Bartolomeo Scappi, *The Opera of Bartolomeo Scappi (1570). The Art and Craft of a Master Cook*, Toronto 2008, und vgl. Edward White, »Cooking for the Pope«, in: *The Paris Review*, 3. 3. 2017.
3 François-Pierre de la Varenne, *Le Cuisinier François*, Paris 2013.
4 Dazu Philippe Alexandre / Beatrix de L'Aulnoit, *Le Roi Carême*, Paris 2003.
5 Alexandre / de l'Aulnoit, *Le Roi*, S. 429.
6 Alexandre / de l'Aulnoit, *Le Roi*, S. 21 (eigene Übersetzung).
7 Auguste Escoffier, *L'Art Culinaire* (eigene Übersetzung): »L'Art Culinaire, pour la forme de ses manifestations, dépend de l'état psychologique de la société; il suit nécessairement et sans pouvoir s'y soustraire les impulsions qu'il reçoit de celle-ci. Là où la vie aisée et facile n'est troublée par aucune préoccupation, où l'avenir est assuré et à l'abri des chances de la fortune, l'Art Culinaire prend toujours un développement considérable, parce qu'il contribue à l'un des plus agréables parmi les plaisirs qu'ils soient donnés à l'homme de goûter.«
8 Escoffier, *L'Art Culinaire*. Zit. nach Peter Hahn, »König der Köche und Koch der Könige«, in: *Frankfurter Allgemeine Zeitung*, 5. 10. 2005.
9 Zit. nach Björn Stüben, »Meisterkoch Auguste Escoffier – der König der Haute Cuisine«, in: *Dlf Kultur*, 28. 10. 2021.
10 *Les annales politiques et littéraires*, 2 6. 1912. https://gallica.bnf.fr/ark:/12148/bpt6k5791821d/f3.item.r=(prOx:%20%22escoffier%22%205%20%22bernhardt%22).zoom.

Herzhafte und deftige Regionalküche. *Zurück zu den Wurzeln!*

1 Gilles Deleuze, *Differenz und Wiederholung*, übers. von Joseph Vogl, München 2007, S. 16.

2 Stewart Brand, *Das Ticken des langen Jetzt*, übers. von Martin A. Baltes, Frankfurt a. M. 1999, S. 8.

3 Rumohr, *Geist der Kochkunst*, S. 43.

4 Henriette Davidis, *Praktisches Kochbuch für die gewöhnliche und feinere Küche. Mit über 1500 Rezepten*, hrsg. und bearb. von Gertrude Wiemann, Hamburg 2015.

5 https://cordis.europa.eu/article/id/31647-traditional-foods-can-sustain-european-cultures/de.

Nouvelle Cuisine. *Mit Leichtigkeit*

1 Ludwig Wittgenstein, *Philosophische Untersuchungen*, Berlin 2003, §309.

2 Reckwitz, *Singularitäten*, S. 17.

3 Michel de Montaigne, »Von der Pedanterey«, in: M. de M., *Essays I*, Zürich 1992, S. 213 ff.

4 https://www.letelegramme.fr/ar/viewarticle1024.php?aaaammjj=-20081231&article=44447 08&type=ar.

5 Eigene Übersetzung:
»Tu ne cuiras pas trop.
Tu utiliseras des produits frais et de qualité.
Tu allégeras ta carte.
Tu ne seras pas systématiquement moderniste.
Tu rechercheras cependant ce que t'apportent les nouvelles techniques.
Tu éviteras marinades, faisandages, fermentations, etc.
Tu élimineras les sauces riches.
Tu n'ignoreras pas la diététique.
Tu ne truqueras pas tes présentations.
Tu seras inventif.«

6 Pierre Carrey, »Nouvelle cuisine: un pavé dans l'assiette«, in: *Libération*, 8. 6. 2018.

7 Robert Musil, *Der Mann ohne Eigenschaften*, Hamburg 1981, S. 16.

8 Zitiert bei Colette Monsat, »Paul Bocuse, l'empereur de la cuisine française est mort«, in: *Le Figaro*, 20. 1. 2018.

9 Zitiert nach ebd.

10 https://slub.pageflow.io/kuchenwunder-c84edb8a-5850–4933–9df8–961a887b66cf#315551.

11 https://www.hangar-7.com/de/restaurant-ikarus/das-ikarus-team/eckart-witzigmann/.

12 Ebd.

Schaumschläger und Küchengötter. *Metamorphosen in der Molekularküche*

1 https://www.falter.at/heureka/20011121/entzauberer-der-kochkunst/_1719250005.
2 Hervé This, *La cuisine note à note en douze questions souriantes*, Berlin 2012.
3 https://chefsimon.com/articles/litterature-herve-this (eigene Übersetzung).
4 Ebd.
5 Ebd.
6 Ebd.
7 Hervé This-Benckhard, *Kulinarische Geheimnisse. 55 Rezepte – naturwissenschaftlich erklärt*, Heidelberg 1998.
8 Byung-Chul Han: *Transparenzgesellschaft*, Berlin 2012.
9 A. Ameri-Siemens, »Die geheime Botschaft der Auster«, in: *Süddeutsche Zeitung*, 17. 5. 2010.
10 www.documenta12.de/presse/pressemitteilungen/pressemitteilungen-archiv.html.
11 https://elbullifoundation.com/elbulli1846/en/what-is-elbulli1846/.
12 Peter Sloterdijk, *Sphären*, 3 Bde., Berlin 2004.

Kulinarische Ästhetik. *Kirschen auf der Sahnetorte*

1 Pierre Bourdieu, *Die feinen Unterschiede*, übers. von Bernd Schwibs und Achim Russer, Frankfurt a. M. 1987, S. 36.
2 Das Rezept findet sich in: Christophe Adam, *Tomates, Tome 4*, Paris 2019.
3 Robert Pfaller, *Die Einbildungen. Das Zwiespältige. Die Geselligkeit*, Wien 2020, S. 69.
4 Gerd E. Schäfer, *Was ist frühkindliche Bildung? Kindlicher Anfängergeist in einer Kultur des Lernens*, Weinheim/München 2011, S. 135.
5 Michel Onfray, *La Raison gourmande*, Paris 1995, S. 166 f.
6 Ebd., S. 168, eigene Übersetzung: »quintessence, une synthèse de l'universel et du particulier sous forme de singularité.«
7 Bazon Brock, *Ästhetik als Vermittlung. Arbeitsbiographie eines Generalisten*, Köln 1977.
8 Ebd., S. 541.
9 Dazu Hannah Ginsborg, »4. Interesseloses Wohlgefallen und Allgemeinheit ohne Begriffe (§§ 1–9)«, in: Otfried Höffe (Hrsg.), *Immanuel Kant: Kritik der Urteilskraft*, Berlin/Boston 2018, S. 55–72.
10 Dieter Roth in der Ausstellung *Knalle Balle* im Kunstmuseum Stuttgart. Zit. nach www.deutschlandfunkkultur.de/dadaistische-kunst-literaturwuerste-und-kotelett-gedichte-100.html.

Kulinarik und Erotik. *Die Geschmacksknospen öffnen*

1 Sigmund Freud, *Drei Abhandlungen zur Sexualtheorie*, hrsg. von Lothar Bayer und Hans-Martin Lohmann, Stuttgart 2010, S. 85.

2 Joann Ellison Rodgers, »Flirting Fascination«, in: *Psychology Today*, 2. 10. 2020.

3 Heinrich Heine, *Aus den Memoiren des Herren von Schnabelowopski*, Stuttgart 1967, S. 40.

4 Ebd., S. 41.

5 Ebd.

6 S. 42.

7 Heinrich Heine, *Lutetia. Berichte über Kunst, Politik und Volksleben*, Hofleben 2014.

8 Dazu Luzius Keller, »Proust und der Spargel«, in: *Neue Zürcher Zeitung*, 14. 11. 2009.

9 Marcel Proust, *Auf der Suche nach der verlorenen Zeit*, Bd. 1: *Auf dem Weg zu Swann*, Stuttgart 2013, S. 170.

10 Martin Suter, *Der Koch*, Zürich 2011, S. 44.

11 Ulrike Draesner, *Vorliebe*, München 2010, S. 87.

12 Das Originalrezept findet sich in einem Beitrag aus dem Jahre 2005 unter www.kitchn.de/rezepte/tampopos-nudelsuppe. Auch die Website der japanischen Botschaft verweist auf das auf Basis des Films erstellte Rezept.

13 Heinz Ludwig Arnold / Christiane Freudenstein (Hrsg.), *Das literarische Bankett*, Leipzig 1996, S. 226–246.

14 Larry Tremblay, *Der feiste Jesus*, übers. von Michael von Killisch-Horn, Leipzig 2020.

15 Georges Bataille, *Das obszöne Werk. Die Geschichte des Auges / Madame Edwarda / Meine Mutter / Der Kleine / Der Tote*, Reinbek bei Hamburg 1988, S. 26.

16 Michel Houellebecq, *Vernichten*, übers. von Stephan Kleiner und Bernd Wilczek, Köln 2022, S. 66.

17 Ebd., S. 568.

18 Ebd., S. 570.

19 Ebd., S. 568.

20 Dazu Jean-Marc Quaranta, *Houellebecq aux fourneaux*, Paris 2017.

21 Interview Ute Cohen mit Raphaël Enthoven: »Ich glaube an moralische Epiphanien«, in: *Die Tagespost*, 1. 6. 2023.

22 Ebd.

Küchenkarrieren, Küchentragödien. *Der Griff nach den Sternen*

1 Proust, *Auf dem Weg zu Swann* S. 171.

2 Ebd., S. 171 f.

3 Seneca, *Thyestes*, Berlin 2002.

4 Peter Sloterdijk, *Die Reue des Prometheus. Von der Gabe des Feuers zur globalen Brandstiftung*, Berlin 2023, S. 35.

5 Ebd., S. 31.

6 René Girard, *Shakespeare. Theater des Neides*, München 2011, zit. nach Sloterdijk, *Die Reue des Prometheus*, S. 55.

7 https://chefsimon.com/articles/litterature-herve-this (eigene Übersetzung).

8 www.konbini.com/lifestyle/pourquoi-la-critique-gastronomique-a-change/.

9 www.bmj.de/SharedDocs/Gesetzgebungsverfahren/Dokumente/Digitale_Gewalt_Erlaeuterungen_Eckpunkte.pdf?__blob=publicationFile&v=3.

10 Heinz Schuler / Dominik Schwarzinger, *Die Masken der Psychopathen. Wie man sie durchschaut und nicht zum Opfer wird*, München 2022, S. 111.

11 Anthony Bourdain, *Kitchen Confidential. Adventures in the Culinary Underbelly*, London 2001.

12 www.latimes.com/entertainment-arts/books/story/2022-09-29/anthony-bourdain-final-texts-biography-family-response.

13 www.freitag.de/autoren/the-guardian/bye-bye-noma-warum-ein-kritiker-der-spitzengastronomie-keine-traene-nachweint.

Der Geschmack der Kindheit. *Märchenhafte Süße*

1 Tilman Allert, *Der Mund ist aufgegangen. Vom Geschmack der Kindheit*, Springe 2016. Allert verweist auf Claude Lévi-Strauss' Forschungen zu den Mythologien der Völker, aber auch auf Jean Piaget, Sigmund Freud und Maurice Merleau-Ponty: »Ihren Forschungen verdanken wir die Einsicht, dass sich die sensomotorische Aktivität und das Einverleiben als eine unerschöpfliche Quelle reichhaltiger Eingebungen, origineller Schlüsse und Sinnstrukturen verstehen lässt.« (S. 11)

2 Wilhelm Busch, *Max und Moritz. Eine Bubengeschichte in sieben Streichen*, Nachw. von Willi Huntemann, Stuttgart 2023, S. 85–90.

3 Siehe auch Burkhard Fuhs, »Kindergeschmack. Überlegungen zu Ästhetik und Bildung in der Kindheit«, in: Sebastian Schinkel / Ina Herrmann (Hrsg.), *Ästhetiken in Kindheit und Jugend. Sozialisation im Spannungsfeld von Kreativität, Konsum und Distinktion*, Bielefeld 2017, S. 55–75.

4 Ebd., S. 55, und Pierre Bourdieu, *Die feinen Unterschiede. Kritik der gesellschaftlichen Urteilskraft*, übers. von Bernd Schwibs und Achim Russer, Frankfurt a. M. ^{3}1984.

5 Proust, *Auf dem Weg zu Swann*, S. 67.

6 Markus Antonius Wirtz, *Dorsch – Lexikon der Psychologie*, Göttingen ^{20}2022.

7 Rachel Herz, »Perfume«, in: Jay A. Gottfried (Hrsg.), *Neurobiology of Sensation and Reward*, Boca Raton 2011, S. 360.

8 Christine Zeile, *Auf der Suche nach dem Geschmack der Kindheit. Mein Leben als furchtlose Gärtnerin*, München 2019.

Kulinarische Utopien. *Umami, eine Sehnsucht*

1 Deutsch: *Der Geschmack der kleinen Dinge*, Regie: Slony Sow, Frankreich 2022.
2 Interview Ute Cohen mit Gérard Depardieu, in *Welt*, 6. 2. 2023. www.welt.de/kultur/plus243616049/Gerard-Depardieu-In-Amerika-wird-es-bald-einen-Buergerkrieg-geben.html.
3 Leon Joskowitz, *Vom Kochen und Töten. Kulinarische Meditationen über den Anfang der Menschheit*, Frankfurt a. M. 2023.
4 Ebd., S. 130.
5 Dazu Marvin Chlada / Andreas Gwisdalla, *Charles Fourier. Eine Einführung in sein Denken*, Aschaffenburg 2014.
6 August Bebel, *Charles Fourier. Sein Leben und seine Theorien*, Stuttgart 1890.
7 Filippo Tommaso Marinetti, *Manifeste des Futurismus*, übers. von Stefanie Golisch, Berlin 2018 (zuerst erschienen in *Le Figaro* am 20. 2. 1909).
8 Dazu: https://betulla.eu/la-taverna-futurista-del-santopalato-torino-via-vanchiglia-2/.
9 www.nytimes.com/1931/01/04/archives/assails-macaroni-as-bane-of-italy-one-of-londons-famous-fogs.html.
10 Filippo Tommaso Marinetti, *Die futuristische Küche*, übers. von Klaus M. Rarisch, Stuttgart 1983.
11 Brock, *Ästhetik als Vermittlung*, S. 542.
12 Zit. bei Daniel Haas, *Hip-Hop. 100 Seiten*, Stuttgart 2023.
13 Nina Ruge / Stephan Hentschel, *Der Verjüngungs-Plan*, München 2023, S. 98 (Rezept leicht gekürzt zitiert).
14 Norman Spinrad, *How to Cook Like a Human Being*, [o. O.] 2018.